浙江金融职业学院 2019 年"金苑文库"学术著作资助项目

U0749707

普通高校特殊体育教育
教学研究

朱海莲　著

浙江工商大学出版社 | 杭州
ZHEJIANG GONGSHANG UNIVERSITY PRESS

图书在版编目(CIP)数据

普通高校特殊体育教育教学研究 / 朱海莲著. —杭州：浙江工商大学出版社，2020.12

ISBN 978-7-5178-4224-8

Ⅰ. ①普… Ⅱ. ①朱… Ⅲ. ①体育教育－特殊教育－教学研究－高等学校 Ⅳ. ①G76②G807.4

中国版本图书馆 CIP 数据核字(2020)第 259454 号

普通高校特殊体育教育教学研究

PUTONG GAOXIAO TESHU TIYU JIAOYU JIAOXUE YANJIU

朱海莲 著

责任编辑	王黎明
封面设计	观止堂_未氓
责任印制	包建辉
出版发行	浙江工商大学出版社
	（杭州市教工路 198 号　邮政编码 310012）
	（E-mail:zjgsupress@163.com）
	（网址:http://www.zjgsupress.com）
	电话:0571-88904980,88831806(传真)
排　　版	杭州朝曦图文设计有限公司
印　　刷	广东虎彩云印刷有限公司绍兴分公司
开　　本	710mm×1000mm　1/16
印　　张	12
字　　数	228 千
版 印 次	2020 年 12 月第 1 版　2020 年 12 月第 1 次印刷
书　　号	ISBN 978-7-5178-4224-8
定　　价	49.00 元

前　言

　　增进学生健康、增强学生体质始终是学校体育的主要教育目标。学校对体育本质的探究未曾停歇，对体育生存与发展的思考也不曾停止。体育在中华人民共和国的发展征程中一直发挥着重要的作用，现在乃至将来它依然承担着很多责任和期望。同时，它的发展始终存在矛盾。具体体现在我国竞技体育的辉煌和学校体育教育普及程度不高等因素之间的不协调，青少年体质情况的不断下滑就是最有力的佐证。因此，探讨体育的本质，对现有体育教育教学进行改革已成为学校体育举足轻重的问题。

　　特殊体育教育是学校体育教育中的组成部分。各级各类学校特殊学生的数量随着教育大众化进程的推进还在不断扩大，目前，这个特殊群体已对健康校园产生了不可忽视的影响。理想的学校体育，应该实现所受教育者身心全面和谐发展，目前这种理想状态与现实却存在巨大落差。人们对特殊体育认识的不足和学校体育本身在教育系统不受重视的尴尬决定了特殊体育在学校体育改革中必然路途坎坷。目前，特殊体育教育的发展还没有被正确认识，没有正确的认识就很难被真正关注，就算被关注也不会有实际的行动。那么，特殊学生群体在整个教育体系中应该处在何种位置？什么才是对特殊学生群体真正的尊重？作为体育工作者应建立什么样的特殊体育教育理念，又如何在实践中践行？这是本书想要回答的问题。

　　特殊体育教育是庞大教育系统中的一个分支，有其特定的体系。没有完善的体系支持，比如学校体育行政支持、特殊体育教育支持、志愿者服务支持等，教育本身的发展就很难维系。因此，要研究特殊体育教育，就必须对这些系统进行分析甚至建构。虽然靠一本书很难解决复杂问题，但我们必须面对，一步步解决这个问题。

　　本书共八章二十九节及附录。第一章主要讲述残疾人观与残疾人体育发展简史；第二章主要对普通高校特殊体育教育教学进行研究；第三章主要对普通高校特殊体育课程进行开发；第四章主要介绍目前普通高校特殊体育教学方法；第五章主要介绍普通高校特殊学生体育学习运动处方与健康干预；第六章对普通高校特殊体育教育支持系统进行研究;第七、第八章主要是普通高校特殊学生的体育诉求与学校体育教育改革;附录是对特殊教育及特殊体育教育的政策进行介绍。

　　本书积攒作者多年致力于普通高校特殊体育教育的研究成果,想把此书献给为普通高校特殊体育教育辛勤耕耘的同仁,也献给普通高校特殊体育群体及特殊体育家庭与朋友们。鉴于作者研究水平有限,书中错漏及不当之处在所难免,敬望各位学者批评指正。

朱海莲

2020 年 6 月于杭州

目　录
CONTENTS

第一章
特殊体育教育概述

提纲介绍

　　本章主要介绍残疾人观与残疾人体育的发展；介绍体育与教育、特殊教育、特殊体育教育的发展历程；分析普通高校特殊体育教育和普通高校特殊体育学的界定等。

第一节　残疾人观与残疾人体育发展简史

　　体育作为一种上层建筑，总是受特定历史时期的政治、经济、文化的影响。残疾人的体育参与除了上述因素的影响外，还受不同历史时期人们对残疾人态度和观念的影响。不同历史时期、不同文化形态下人们对残疾人的态度是不同的，导致不同国家和不同历史时期产生了不同的残疾人体育。它经历了从愚昧、受嘲笑到发展的阶段。

一、残疾人体育的蛮荒阶段

　　残疾是伴随着人类的产生而产生的。原始社会人类处于茹毛饮血的状态，在与自然界的斗争中处于弱小地位。原始人缺乏与自然界抗争的能力，产生了万物有灵的原始崇拜。为了能从自然界获得维持生存所必需的食物，原始人开始了最初的劳动，人们通过采集、渔猎等劳动将人与其他动物分离，劳动过程中的跑、跳、投掷、攀爬等技能的掌握成为最初体育的萌芽。这一时期，生存需要足够的体力，残疾意味着失去了生存的资本。基于迷信和对残疾的恐惧，社会对残疾人的认识有两个方面：一方面是出于对残疾原因的不理解，认为残疾人是拥有魔力的，是魔鬼的化身；另一方面是部落战争和食物获得对体力的需求，导致人们认为残疾人不能为部落做出贡献，往往做出处死或者限制残疾人的行为。从漫长的原始社会直到奴隶社会时期,始终存在着杀死残疾新生儿的现象。医学的极度不发达使人们没有任何技术来发展残疾人的技能,也没有能力使残疾人康复。残疾人的生存存在极大的威胁,其体育参与更是无从谈起。

二、残疾人体育的嘲笑阶段

古希腊山多地少,不宜经济作物种植,特殊的地理环境造就了古希腊的商业,出现了海上贸易,逐渐养成了不断开拓、勇于竞争的民族性格,公民敢于自我肯定,勇于追求自我的目标,在人类历史上第一次形成了人的全面发展的观念,并推崇人体美。体育运动被用来缔造一个优美、和谐的身体。此外,古希腊的医药对于人体的组成具有独到见解,在解剖学上也有丰硕成果。而斯巴达人为了镇压奴隶的反抗,建立起了基于军事训练的教育制度、体育制度。法律规定,身体虚弱的婴儿不得存活。婴儿出生后就由富有经验的长老检查,如果发现身体虚弱或患有先天残疾,就直接将婴儿抛到悬崖下面任其死去。[1]特殊的教育制度和特殊的体育制度,为斯巴达培养了一支纪律严明、能征善战的军队。在氏族社会向奴隶制社会过渡的阶段,在古罗马父亲是家庭的主宰,也是家庭教育的主要实施者。婴儿一出世,便被放在父亲脚前,如果父亲抱起婴儿,就表示他愿意承担抚养和教育的责任;如果婴儿体弱、畸形,或者家庭负担过重,父亲便不予理睬,这就决定了婴儿的命运——死。[2]年老体弱的残疾人被当作培养战士勇气的活靶子,供刺杀练习。智力障碍者,法律规定可以抛弃这类人,也有贵族将其领回家任意娱乐、取笑或玩弄。

古希腊时期后期,人们对残疾人逐渐有了比较科学的认识,认为这些人并不是丢掉了魂魄,更不是鬼魂的作用,而是自然发生的疾病在人体上的反应。因此,有些人开始提出主张不仅不流放、不处死他们,反而要保护他们,并利用宗教来治疗疾病,残疾人的康复治疗开始盛行。渐渐地,其他医疗手段也逐渐产生,如断食疗法、沐浴疗法、锻炼疗法等,尤其是通过体育锻炼促进残疾人的康复发挥了重要的作用。由于古希腊哲学和文化的发达,在人们思想中播下了平等、人权等观念,尤其是人们认识到了身体运动对于健康的促进作用。

三、残疾人体育的发展阶段

公元 15—17 世纪中叶,是欧洲历史上的一个伟大时期,欧洲的资本主义从萌芽到壮大。"人本主义"成为文艺复兴的思想武器,也成为文艺复兴的象征和标志。人本主义主张以人为中心,认为人是生活的创造者和主人,提出"人本位",强调尊重人和塑造人,尊重人的社会价值和能力价值,同时,把人塑造为权利的主体和责任的主体。确立残疾人也是人,他们的各种权利也应受到尊重。这是人类对残疾人认识的一次重大突破,奠定了残疾人有权分享教育的思想基础。

回顾西方的教育史,著名人物的思想仍然熠熠生辉。文艺复兴时期英国教育家洛克(Loke)提出了"健康的精神寓于健康的身体",因此,当时的人特别重视体育,重视人的全面发展。法国启蒙思想家卢梭提出了"天赋人权""社会契约"的思想。认为人与人之间是自由平等的,每个人除了年龄、体力、生理上存在差别外,不存在任何的不平等。他们高举自由的旗帜,捍卫人的基本权利。在意大利文艺复兴的影响下,德国的宗教改革先驱马丁·路德宣扬信仰自由、思想自由。"只要有信仰就能得救",冲破了只有依靠教士才能求得与上帝沟通的束缚。而有信仰的人的行动包括提出参加体育活动、娱乐活动都应当是自由的,这就传递出了上帝面前人人平等的理念,反映在教育上,则是人人享有平等的受教育的权利。人道主义驱使人们用医药来治疗残疾,用教育引导智力残疾者,人们开始运用心理学、教育学知识帮助智力残疾者,并为他们设立了专门学校。特殊教育学校诞生于文艺复兴时期的意大利。意大利教育家蒙台梭利最初致力于智力缺陷儿童的心理教育问题,她确信心理缺陷和僵尸病儿童通过运动和感官训练活动,可以使身体协调,智力得到发展。随着法国大革命的爆发,科学技术的蓬勃发展极大地改变了人们的观念,残疾的原因已经能够科学地解释,残疾人不再是上帝的弃儿。尤其是在"人是环境的产物""教育万能"等教育思想的引领下,残疾人的教育也逐渐被重视,特殊教育逐渐涌现。

四、残疾人体育蓬勃发展阶段

(一)从"个体残疾"到"社会残疾"

长期以来,残疾的医学模式始终占统治地位。医学模式又称个体模式,关注展出导致个体残疾的原因,为某种残疾列出一系列的症状,然后将这些症状向个体身上套用,这些详细描绘的症状中只要有一项符合,就给人贴上了残疾的标签。进入20世纪以后,资本主义出现了发展的不平衡,爆发了人类历史上规模最大的世界大战。战争带来了恐怖和流血牺牲以及无尽的痛苦和精神的创伤。"一战"期间,欧洲战场上致残的士兵自发组织起来进行的体育康复活动,可能是现代残疾人体育的雏形。"二战"之后,英国的古度曼博士为了促进脊髓损伤的退伍军人的康复,组织的轮椅体育比赛是现代残疾人体育的发端。1952年,荷兰退伍伤残军人的加入以及国际斯托克·曼德维尔运动联合会的成立,[6]成为国际性残疾人体育运动的发端。战后伤残军人的出现再加上经济危机的爆发,使人们意识到残疾不一定是由遗传因素、环境恶化、意外伤害、疾病等原因造成,贫困不一定是个人没有能力导致,也可能是社会造成的。例如,不把他们当作完全的人看待,通过政策把他们排斥在外;设置环境障碍,剥夺他们做决定的机会;消磨他们的自信心,即使他们对某些事情是胜任的;过分夸大缺陷,把他们归于社会的寄生虫而不是纳税人。残疾人运动的发展使人们不再把残疾视为"个人悲剧",而是开始检讨"社会的残疾",提出了残疾的"社会模式"。因此,社会对残疾人和穷人的救助力度加大,欧美等国家的社会福利和社会保障制度不断完善。残疾作为社会问题不断得到世界各国的关注,学校出现了通过体育对残疾人进行教育的思想,医疗部门把体育当作残疾人康复的手段;社会为残疾人组织体育活动丰富他们的文化生活,体育在实现残疾人融入社会方面发挥了越来越大的作用。

第二节 特殊教育与特殊体育教育

在谈到体育与特殊教育时,我们首先要把中国特殊教育的发展历程简单回顾一下,因为体育特别是特殊体育,是在特殊教育发展到一定阶段才开始的。特殊教育的现状直接影响着特殊体育教育的发展,而特殊体育教育要想做出突破,也必须在现有特殊教育的基础上进行有针对性的变革,因为体育与特殊教育是联姻的。

这里需要对本书中所使用的概念进行说明。出于对研究对象的尊重,本书中采用"特殊学生"代替"残疾""残障"概念,但在分析和讨论一些特定概念时,比如日本研究中常用的"障碍"、我国的"残疾人健身指导员"等,将依然延续原有概念表述。

在此,我们将沿着三条主线来回顾中国特殊教育。

一、第一条主线:中华人民共和国成立后中国特殊教育发展的历史轨迹(沿着时间轴进行)

1951 年 10 月,由周恩来总理签发的《关于改革学制的决定》,规定"各级人民政府应设立聋、哑、盲等特种学校,对生理上有缺陷的儿童、青年和成人施以教育"。从此,特殊教育作为人民教育事业的一个组成部分被纳入我国教育体系之中。1953 年中央教育部设立了盲聋哑教育处,它是国家主管特殊儿童学前教育和义务教育的职能部门,1980 年改称特殊教育处。

1966 年,全国有特殊教育学校 226 所,学生数超过 2.28 万;1987 年发展到 504 所,学生数超过 5.2 万。根据 2010 年全国教育事业发展统计公报显示,全国特殊教育学校为 1706 所,在校生 42.56 万人,专任教师 3.97 万人;普通小学、初中随班就读和附设特教班在校生 25.96 万人。教育部 2014 年全国教育事业发展统计公报显示,全国特殊教育学校为 2000 所,在校生 39.49 万人,专任教师 4.81 万人;普通小学、初中随班就读和附设特教班在校生 20.91 万人。可以看出,我国的特殊教育事业是不断发展的,但与全国残疾人总数相比而言,发展速度还不够快。1987 年全国残疾人抽样调查显示,我国现有残疾人 5164 万人,占全国总人口的 4.0%;

2006 年第二次全国残疾人抽样调查显示,残疾人总数为 8296 万人,占全国总人口的 6.34%。

1988 年 11 月,在北京召开了"全国特殊教育工作会议",这是中华人民共和国成立后首次专门研究残疾人教育问题的全国性会议。

在此后的数年里,国家先后制定实施了《中国残疾人事业"八五"计划纲要 1991 年—1995 年》(1991 年)、《中国残疾人事业"九五"计划纲要 1996 年—2000 年》(1996 年)、《中国残疾人事业"十五"计划纲要 2001 年—2005 年》(2001 年)、《中国残疾人事业"十一五"计划纲要 2006 年—2010 年》(2006 年)。"十一五"期间国家修订了《中华人民共和国残疾人保障法》,批准加入了联合国《残疾人权利公约》,完成了一系列重大举措。

2011 年为全面贯彻落实《中共中央国务院关于促进残疾人事业发展的意见》(中发〔2008〕7 号),加快推进残疾人社会保障体系和服务体系建设,进一步改善残疾人状况,促进残疾人平等参与社会生活、共享改革发展成果,依据《中华人民共和国国民经济和社会发展第十二个五年规划纲要》,制定了《中国残疾人事业"十二五"发展纲要 2011 年—2015 年》。

为了更好地贯彻计划纲要,国家教委和中残联分别于 1992 年 5 月和 1996 年 5 月制定了《残疾儿童少年义务教育"八五"实施方案》和《残疾儿童少年义务教育"九五"实施方案》,此后被不断修订和延续下来。

我国在特殊教育法治建设方面也在不断完善。

1982 年 12 月颁布的《中华人民共和国宪法》第四十五条规定:国家和社会帮助安排盲、聋、哑和其他有残疾公民的劳动、生活和教育。这让特殊教育事业有法可依。

1986 年 4 月颁布的《中华人民共和国义务教育法》第九条规定:地方各级人民政府为盲、聋哑和弱智的儿童、少年举办特殊教育学校(班)。包含四个主要内容:①残疾儿童的教育与普通儿童一样是义务教育;②教育对象除了传统的盲、聋哑残疾外,增加了弱智(智力落后)儿童;③受教育的地方除了特殊学校外,还可以有在普通学校的特殊班;④再次明确了由地方人民政府负责,是政府行为。

1990 年 12 月 28 日第七届全国人民代表大会常务委员会第十七次会议通过并颁布了《中华人民共和国残疾人保障法》,第三章第 18—26 条针对特殊教育,规定了国家职责、发展方针、办学渠道、特殊和普通教育方式、成人教育、师资等内容。从执法层面又扩大了残疾人特殊教育对象的范围,给残疾人下的定义是:"指在心理、生理、人体结构上,某种组织功能丧失或者不正常,全部或者部分丧失以正常方式从事某种活动能力的人。"包括视力残疾、听力残疾、言语残疾、肢体残疾、智力残疾、精神残疾、多重残疾和其他残疾的人。2008 年 4 月 24 日第十一届全国人民代表大会常务委员会第二次会议对该法进行了修订,对第三章内容进行了补充和完善。

1994年8月23日颁布实施了《中华人民共和国残疾人教育条例》,这是我国第一部有关残疾人教育的专项法规。它的颁布实施从法律上保障了我国残疾人平等受教育的权利,促进残疾人教育事业的发展。其中第二十九条规定:普通高级中等学校、高等院校、成人教育机构必须招收符合国家规定的录取标准的残疾考生入学,不得因残疾而拒绝招收。国务院2009年起,将《残疾人教育条例(修订草案)》列入修订的议程。经过3年时间,2013年初教育部政策法规司将《残疾人教育条例(修订草案)》送审稿递交国务院法制办。2015年国务院办公厅印发《国务院2015年立法工作计划》,进一步明确:为了进一步完善残疾人教育法律制度,推动残疾人教育事业发展,修订残疾人教育条例。

教育部中国残疾人联合会2015年4月21日颁布了《残疾人参加普通高等学校招生全国统一考试管理规定(暂行)》,这是我国第一次从国家层面对残疾人参加普通高考而专门制定的管理规定。其中第二条明确指出:各级招生考试机构应遵循高考基本原则,为残疾人参加高考提供平等机会和合理便利。

二、第二条主线:了解中国特殊教育体系

特殊教育体系从结构上看与普通教育体系是相似的,包括学前教育、义务教育、高中及职业教育、高等教育,但具体实施时因各种条件的限制表现得异常复杂。

学前教育阶段,因为面对的是特殊学生,所以相对更复杂些,包括普通教育机构,招收特殊学生的普通幼儿园或设立有特殊学生班级的幼儿园;特殊教育机构,则是由相关职能部门办的特殊幼儿园;福利机构,如儿童福利院等;康复机构,包括残疾人联合会或卫生部门下设的康复中心等;特殊学校学前班或普通小学的学前班(随班入园)。

义务教育阶段,包括各类特殊教育学校;福利机构或普通中小学的特殊教育班;普通中小学的随班就读。目前受到融合教育的影响及融合教育理念的普及,形式上有了很多转变,这将在后面论述。

高中及职业教育阶段,包括特殊教育学校;特殊职业高中(中专、中技);相关机构的职业训练中心;普通职业高中;普通高中。

高等教育阶段,包括高等特殊教育院校;普通高校专门为残疾学生设立的专业;普通高等院校;各类成人教育等。

三、第三条主线:探究我国特殊教育发展中的理念演变

追溯中国特殊教育发展的历史,会发现中国的特殊教育有悠久的历史和文化渊源。据我国学者陆得祥和日本学者福森信昭1996年考证,我国在周代就出现了公有性质的残疾人教育。1874年,英国长老会牧师威廉·穆恩(William Murray)在北京东城甘雨胡同创建了中国第一所盲校"瞽叟通文馆",1920年迁址到北京西郊八里庄,改名为"启明瞽目院";1927年10月3日创办的南京市盲哑学校,是我国近代第一所公立特殊教育学校;1982年12月2日,教育部正式启用"南京特殊教育师范学校"印章,中国第一所中等特殊教育师范学校宣告成立。纵观历史,中国特殊教育还是在中华人民共和国成立后才得以真正发展的,有实质意义的特殊教育理念自此才得以形成和发展。因此,这里主要谈中华人民共和国成立后的特殊教育理念的演变。

中国特殊教育理念经过了因不了解而造成的隔离阶段、了解认识后的学习阶段、理解后的发展阶段、依托国情的开创阶段等发展历程。

隔离阶段是特殊教育发展初期必然要经历的一个过程。一方面由于对特殊学生的误解,认为特殊学生与普通人存在很大的差异,无法接受相同教育,在认识上就在特殊学生与普通人之间划定了一个界限;第二方面则由于传统对特殊学生的偏见,认为特殊学生不应该与普通人一起接受教育;第三方面则出于社会对特殊学生的人道和关爱,设置有针对性的特殊教育。

此阶段主要问题还在于对特殊学生缺乏正确理解,更多考虑的是特殊学生生理问题,而忽视了作为社会的一个组成部分,特殊学生与社会的联系,特殊学生心理层面及社会层面的需求、特殊学生自我拥有的价值等。因此隔离阶段,特殊学生很难获得真正的尊重和全面的教育。

正是基于以上考虑,人们开始意识到将特殊儿童完全置于特殊学校进行教育,特殊儿童缺乏正常的社会交流,对于特殊儿童的身心发展是不利的;同时,开始意识到特殊儿童与正常儿童之间并不存在绝对的界限。对"特殊"内涵认识的提高,促成了20世纪60年代末开始出现的特殊教育正常化思想。

所谓正常化,就是主张特殊学生每天的生活模式应尽可能接近主流社会,通过这种方式克服由残疾引起的功能障碍以及由于隔离造成的其他障碍,并能在主流社会中承担一定的角色。正常化思想的推进,让更多的人开始理解残疾,对教育系统也产生了很大触动,但正常化思想在形式上的改变并不能真正解决特殊儿童教育隔离的问题,如何在普通班级接受教育、如何真正融入社会等这些现实问题摆在了人们的面前。

如何将形式上的改变转化成真正意义上的回归,让特殊儿童在普通学校也能得到全面的教育,由此导致了一场将特殊儿童从特殊学校回归到普通学校的教育运动,即"回归主流"运动。美国特殊儿童学会在1976年的代表大会上对回归主流的定义是:回归主流是一种有关特殊儿童教育安置的措施和过程的理论。这个理论认识到每个儿童都应在最少受限制的环境中接受教育,因为在最少受限制的环境中儿童教育和发展上的有关需要才可以得到令人满意的满足。回归主流运动，在国内也称之为"一体化教育"或"融合教育"，在后面的论述时将使用大家比较熟悉的"一体化教育"这一概念。

1981年，"国际残疾人年"正式提出了"一体化"的概念。一体化教育经过不断的积淀，可以说是特殊教育理念的一次飞跃和转折。

首先，它改变了人们对特殊学生及特殊教育的观念。人们开始真正理解"特殊"的含义，特殊学生与普通学生的差别不应该被人为地放大，这种差别只是种类和程度的不同，每个人都有区别于别人的地方，也就是特殊的地方。因此，应该正视特殊学生与普通学生的差别，这种差别只是表现方式不同而已。从人全面发展的角度进行考虑，每个社会个体都不应该被孤立出去，应该享有公平、公正的权利和尊重，也应该根据各自能力尽到社会的义务。特殊学生不需要"特殊照顾"，特殊学生更期待的是"平等"，而一体化为这种"平等"提供了机会，也让特殊学生正常回归社会成为可能。

其次，它打破了存在于普通教育与特殊教育之间的坚冰，让孤立的特殊群体开始真正回归主流教育。一体化也让普通教育开始思考怎么样有效接纳特殊教育而不是像以前那样只是形式上的结合，此时的教育不仅要考虑特殊群体的需要，同时也要考虑普通学生的需要。教学形式、教学内容、教学评价、教师配置、教学设施等都要发生相应的转变和改造。当然一体化只是一种教育理念，在具体实施时，并不能刻板地去操作。常见的方式有两种：一是在普通学校设置特殊班级，特殊群体的课程学习基本在特殊班级里完成，其他部分则和普通学生共同参与，这在一体化开展初期经常使用；二是根据特殊学生情况将教学分别安排在普通班级和特殊班级里进行，也有的安排在特殊学校进行。

最后，特殊学生与普通学生完全在一起学习生活。

一体化教育理念最显著的意义就是"去特殊化"，剥去特殊学生外面那层带有歧视色彩的神秘面纱，还原作为社会人的本来面目，使其"正常化""普通化"。人们在考虑特殊学生教育时，应该主要考虑的是他们的生理、心理、社会层面的需求，而不是单纯的照顾和怜悯。这种"去特殊化"不仅让特殊学生获得了真正的理解和尊重，同时对于全体大众来说，也能更好地理解人类自身的需求、价值、社会公平与公正、权利和义务等问题。

随着社会的进步、国际交流的增加、特殊教育理念的引入，国内对特殊教育有了新的认识和理解。受到正常化运动、一体化教育理念的影响，中国学者开始反思特殊教育，"随班就读"作为一种教育理念，也作为一种特殊教育实施方式，在国内得到推广。

1989年，原国家教委试行在全国开展"随班就读"工作。在发给各地的《关于开展残疾儿童少年随班就读工作的试行办法》中对"随班就读"的定义是："随班就读就是让具有一定能力的视障、听障、弱智等残疾儿童少年就近进入普通学校同普通学生一起学习、一起活动,共同进步。"

随班就读应该是一体化教育理念在中国的实践,在理论层面两者基本是一致的,但在实践层面随班就读有其自身的特点。首先,随班就读是符合中国国情的,中国的人口总数和特殊群体总数在世界上都是最多的。同时,我国的经济资源、社会资源、教育资源等发展不均衡,偏远农村更是如此,在实践上完全模仿欧美的做法是很难行得通的。随班就读可以充分利用现有资源,最大化满足特殊学生的需求,保证特殊学生的入学率。其次,随班就读具有一定机动性,可以分层次、分阶段进行一体化教育理念的推广,想要在全国达到一体化教育的要求是不现实的,从资源配置相对完善、经济文化相对发达的地区进行相对充分的融合,在积累了经验后再向其他地域推广是符合我国国情的路径。最后,一体化模式对现行教育体制是有一定冲击的,因为这不仅仅是学生人数或简单设施的补充问题,一体化几乎要涉及普通教育的各个方面,同时还要在此基础上进行相应的补充。而随班就读的多种操作模式,让这种冲击得到缓冲,能够让普通教育有一个适应、改变、发展和完善的过程,也有利于一体化教育理念的真正落实。

但是,一体化也并非是完美的,它在推进过程中依然存在许多问题。比如,它不是面对全部特殊学生的,一些重度、极重度、多重残疾的儿童还无法进入普通学校接受教育;它主要针对接纳特殊学生的普通学校进行改革,但这种改革也不彻底;它主要针对的是特殊学生的教育,考虑的是特殊教育及特殊学生向普通教育及普通学生靠拢的问题,没有将两者统一考虑,这很容易造成两者间的矛盾。在重新审视这些问题后,20世纪90年代全纳教育作为一种新的教育思潮被提出。

1990年,联合国教科文组织等在泰国宗迪恩召开了"世界全民教育大会"(World Conference on Education For All),大会通过了《世界全民教育宣言》。这次大会提出的"全民教育"强调:教育是人的基本权利;教育对于个人的发展和社会进步极为重要;必须普及基础教育和促进教育平等;全民教育的目标是满足所有人基本的学习需要。

1993年在中国哈尔滨举行的联合国教科文组织亚太地区残疾人教育研讨会提出,承认每个儿童都享有接受良好基础教育的基本权利;认识到每个儿童都具有独特的品质、兴趣、能力和需要;了解所有儿童、青年和成年人都应该有机会达到并保持令人满意的知识水平;承认儿童的基本学习需要各不相同,应该通过多种多样的教学系统来加以满足;有必要对残疾人的学习需要给予特殊注意,有步骤地向作为教育体系组成部分的各类残疾人教育提供同等机会。

1994年,联合国教科文组织在西班牙萨拉曼卡召开"世界特殊需要教育大会:

入学和质量"（World Conference on Special Needs Education：Access and Quality），大会通过了《萨拉曼卡宣言》。这次大会提出每个人都有其独特的个性、兴趣、能力和学习需要，学校要接纳全体儿童，并满足他们的特殊教育需要。《萨拉曼卡宣言》首次正式提出"全纳教育"，并号召世界各国广泛开展全纳教育。

2008年，联合国教科文组织在瑞士日内瓦召开第48届国际教育大会，主题为"全纳教育：未来之路"（Inclusive Education：the Way of the Future）。此次会议就是希望国际教育系统能够认识到现存社会和教育体制仍存在多种形式的排斥现象，最为重要的是应从长远角度观察与反思、进行切实变革、制定与实施新政策，从而建立全纳社会，实现全民教育目标及终身教育。联合国教科文组织将全纳教育定义为："全纳教育是通过增加学习、文化与社区参与，减少教育系统内外的排斥，关注并满足所有学习者多样化需求的过程"。

在全纳教育总的框架下，对全纳教育的理解也不尽相同，但有几个特征是全纳教育区别于一体化教育的。

第一，全纳教育的对象不再只是特殊学生，它面对的是社会全体成员。全纳教育再一次把特殊学生置于一个更广阔的空间，不再只是拘泥于学校和学校教育，而应该是整个社会这个大系统，也就是说特殊教育将与更多领域发生联系，而不只限于教育系统本身。更多的领域将参与到特殊教育之中，特殊教育将得到更充分的支持和保障。这种"特殊需要教育"不仅仅是特殊学生，普通学生的特殊需要也将置于全纳教育体系里，这更体现了特殊学生的特殊与普通学生的特殊本质是一样的，只是形式不同而已。这种理念最终会让大众对于特殊学生就像看待人的高矮胖瘦一样，能够坦然面对并且接受。

第二，全纳教育要求学校做出相应的变革，但这种变革不再是简单的修改和补充，而是整个体系的重新布局和调整，涉及教学、场地、师资、设施、资金以及家庭、社会资源支持等多方面。同时，在此基础上要求整个教育体系进行相应的调整，涉及评测体系、师资培训体系、课程教材体系、教育科研体系、康复支持体系等，配合并给予学校改革以支持，否则学校的变革只能是无源之水而已。而教育体系的外围还需要其他系统的进一步支持，涉及医疗系统、社区服务系统、立法系统、家庭、福利、志愿者服务系统等。所以全纳教育的实施其实是一个长期的过程，在现有基础上进行有的放矢的规划，才能最终达成目的。

从这三条主线看，我国特殊教育的发展也经历了排斥歧视、认识隔离、理解结合、发展融合四个阶段。

依据上述我国特殊教育的发展历史，中华人民共和国成立后，从政府层面来说就已经开始重视并着手发展特殊教育。从最初的规定，到相关条例、法规法律的制定、颁布和实施，特殊教育的被重视程度和地位都在不断提升，特殊学生也得到了越来越多的尊重和关怀。因此,排斥歧视阶段主要来自大众的不理解,甚至教育系统内部的排斥。另外,对特殊学生的相关知识,在普及力度上应该说还存在不足,例如对自闭症、渐冻症的理解不足,对各种残障常识缺乏了解。在实际教学中碰到特殊学生时,很多人会出于怜悯和同情在特殊学生不需要帮助时出手相助,这反而让特殊学生的自尊心受到打击;而真正需要对他们提供支持时,可能由于认识上的不足,会忽略例如盲道设置、信号灯语音、轮椅坡道出入口堵塞等实际问题。忽视特殊学生的需要,其实一直贯穿于特殊教育发展的整个过程,这也是特殊教育在发展过程中面对的主要问题。这种认识的提升、理解的加深、观念的改变往往比盲目的实际行动更重要,也需要花费更多的时间、精力去普及。在这方面,发达国家因为发展的相对成熟,在细节方面体现得更充分,比如在公共场所基本都有无障碍设施,特殊学生基本的学习、生活都不受限制。特别值得一提的是电视上的许多教学节目往往会考虑特殊学生的情况,配置相关字幕或示范,例如体操教学,会有两人示范,一个针对普通人群,另一个则针对特殊人群;连洗衣机、ATM、遥控器等日常用品都有相应盲文或语音等的提示,正是这些细节体现了整个社会对于特殊群体的关怀。在这种全社会关怀的氛围下,特殊教育的开展就变得理所应当了,在大众眼里这仅仅是社会为人们的需要提供的一种方式而已。当特殊教育成为普通群体生活的一个组成部分,而不是特殊或特例时——当一位母亲领着残障的孩子走在街上,不再引起那么多人的"关注"时,当她能毫无顾虑地与别人交流育儿经验时,它的发展才能得到内外部的支持,这种发展才能是全面的、真正的发展。

目前,在我国作为教育理念和教育实践的"随班就读"运行了十几年,已经跨过了认识隔离阶段,特殊教育开始逐渐回归主流教育阶段,进入理解逐渐结合阶段。但我们也可以看到这种结合还远没有达到融合的程度,还存在两个系统并存、特殊群体的入学率还远没有达到发达国家水平的现实,在一些不发达地区,甚至连隔离教育也很难达到。面对全纳教育的思潮,是否需要等到满足了全纳教育要求再去实践呢?答案是否定的。全纳教育是一种教育方式,更是一种教育思想、教育理念。深刻理解全纳教育理念的意义在于,全纳教育下的特殊教育,其内涵和外延都得到了更大的拓展,我们可以站在一个更高的高度去审视特殊教育,虽然在很多方面可能还不能满足全纳教育的条件,但可以充分利用现有的基础,汲取其他发达国家的发展经验,在可能范围内践行全纳教育。例如,随班就读时考虑的主要是特殊学生,那么现在就需要将普通学生的需求一起进行思考;随班就读考虑的还是学校的部分变革,现在就需要考虑从整体进行一个体系的变革;随班就读主要寻求的是教育系统内部的支持,全纳教育则要求校内外全面的支持,因此这种内外的变革应该在现有条件下尽可能同步进行,如果还是按照原有思路进行改革,就会出现相互之间发展不均衡、易产生矛盾的后果。当前,有一些学者根据国情,提出了"差异教学"的思路,这些思路就是践行全纳教育过程中的一种过渡方式,也可以说是对全纳教育的补充。总之,改变思路,努力探求,认真实践,特殊教育一定会走向一个更高的平台。将特殊教育和体育的发展路径进行比较,会发现两者有很多相似之处。特殊教育是从"隔离"到"回归",体育则是从"孤立"到"融合"。两者都面临着相同的问题:如何让人们正确认识自己?如何不再孤独地前进?如何融入主流教育?如何让其再次发展?看似分属不同领域的两个事物之间其实有许多的契合点,特殊教育的发展让更多的特殊群体进入学校,因此特殊体育教育才成为可能。而体育在身、心两方面的特定功能又是特殊教育所必需的,所以两者的结合也是社会发展的一种必然。体育与特殊教育的结合不仅符合全纳教育理念,也是两者内在需求的体现:体育与特殊教育的结合,虽然不是强强联合,但更凸显了社会理念的变革、社会关注和社会价值观的提升。

由于研究侧重点的原因,本书重点讨论的是大学特殊体育教育。

一是这方面研究虽然起步早,也有学者在这方面做了有价值的研究,但特殊体育教育一直没有得到真正的重视和发展。同时,在实施特殊体育教育的高校,还存在诸多问题有待解决,特殊体育教育更多的只是一种形式的存在,完全没有达到特殊体育教育及体育教育的目的。因此,有太多的实际问题需要我们继续研究和关注。

二是高校特殊体育教育的研究能够起到示范作用,对于中小学特殊体育教育及全纳教育的实施都有借鉴意义。

在讨论特殊体育教育时,还是有必要再对残疾人体育进行一个简单的回顾。为什么与特殊体育教育似乎直接相关的残疾人体育反而是简单回顾呢?这有两个原因:一是我国残疾人体育主要针对的是残疾人竞技体育,而残疾人竞技体育的发展模式与竞技体育基本一致,因此,前面对竞技体育的分析基本适用于残疾人体育。二是目前我国残疾人体育与特殊体育教育之间基本是分割的,存在"两条腿走路"的现状,两者存在更为严重的脱节。残疾人体育与特殊体育教育之间基本没有交集,但两者应该有着密切联系,如何审视这个问题,后面还会就此进行详细讨论。因此,这里对残疾人体育的回顾,目的是让大家了解残疾人体育,便于理解本书后面就相关问题的讨论。

中华人民共和国成立后,残疾人体育逐步走向正规化、制度化和法律化,国家有关部门先后制定和颁布了一系列法律法规,为中国残疾人体育事业的发展提供了保障。

《中华人民共和国残疾人保障法》(1990)第三十六条规定:国家和社会鼓励、帮助残疾人参加各种文化、体育、娱乐活动,努力满足残疾人精神文化生活的需要。第三十七条规定:残疾人文化、体育、娱乐活动应当面向基层,融入社会公共文化生活,适应各类残疾人的不同特点和需要,使残疾人广泛参加。《中华人民共和国体育法》(1995)第十六条规定:全社会应当关心、支持老年人、残疾人参加体育活动。各级人民政府应当采取措施,为老年人、残疾人参加体育活动提供方便,学校应当创造条件,为病残学生组织适合其特点的体育活动。第四十六条规定:公共体育设施应当向社会开放,方便群众开展体育活动,对学生、老年人、残疾人实行优惠办法,提高体育设施的利用率。《全民健身计划纲要》(1995)第十五条规定:广泛开展残疾人体育健身活动,提高残疾人的身体素质和平等参与社会活动的能力。丰富残疾人体育健身方法,培养体育骨干,提高残疾人体育运动水平。

《2001—2010年体育改革与发展纲要》(2000)对今后10年体育运动的发展进行了详尽的阐述和规定。其中第十一条规定:关注老年人、残疾人体育。老年人、残疾人是一个弱势群体,各类体育组织应当为他们参加体育活动提供帮助。新建体育场馆要照顾老年人、残疾人的特点。体育组织要为老年人、残疾人参加体育活动进行科学指导。

《中国残疾人事业"十二五"发展纲要》(2011)指出:加强残疾人群众体育工作,促进残疾人康复健身,提高社会参与能力。提高残疾人竞技体育水平,在重大残疾人国际赛事中争取优异成绩。

我国残疾人体育组织主要有中国残疾人体育协会(对外称中国残疾人奥林匹克委员会)、中国聋人体育协会(中国聋人奥林匹克委员会)、中国弱智人体育协会(中国特殊奥林匹克委员会)。全国各省、自治区、直辖市都成立了相应组织,部分市、区、县也成立了相应的残疾人体育组织。

10余年来,我国的残疾人体育工作进入了快速发展时期,取得了历史性的进展。具体表现在以下几个方面。

一是蓬勃发展的群众性体育。继1987年成立中国残疾人体育协会之后,中国弱智人体育协会、中国聋人体育协会及全国各省、自治区、直辖市残疾人体育协会也相继成立;在福利企事业单位、社区、特教学校广泛开展了形式多样的群众性体育活动;举办了各级残疾人体育业务培训班近300个,万余人次接受了培训;参加地、市、县级举办的残疾人运动会和选拔赛的业余运动员累计20余万人次;残疾人体育专职干部由20世纪90年代初不足10人发展到近30人,有近百名高水平教练员、裁判员参与残疾人体育训练、竞赛组织工作;成功地举办了五届全国残疾人运动会,与此同时还举办了近40次全国单项赛事,参赛项目由20世纪80年代的4个拓展到14个,参加全国性比赛的残疾人运动员累计超过万人次。二是走向世界的中国残疾人体育。中国残疾人体育协会已相继加入了国际残疾人奥林匹克委员会(IPC)、国际残疾人体育组织(ISOD)、国际盲人体育会(IBSA)、国际脑瘫者体育协会(CPISRA)、世界聋人体育联合会(CISS)、国际轮椅运动联合会(ISMWSF)、国际特殊奥林匹克委员会(SOI)、远东及南太平洋地区残疾人运动会联合会(FES-PIC)等国际性组织。

自1982年以来,我国参加了五届残疾人奥运会、五届"远南"残疾人运动会、四届特殊奥运会、两届聋人奥运会以及盲人运动会和多项世界锦标赛,共获得1600余枚金牌、破(超)185项世界纪录;中国残疾人体育代表团在1996年美国亚特兰大举行的第十届残疾人奥运会上首次进入世界残疾人体育"十强";2000年第十一届残疾人奥运会上中国体育代表团位居金牌榜第六位;中国代表团在第五届、第六届、第七届"远南"残疾人运动会上连续保持金牌、奖牌总数第一。

可以看出,残疾人体育的发展受到整个体育大环境的影响,重竞技轻教育也是很明显的,导致了特殊体育教育的发展十分滞后。高校的特殊体育教育目前普遍的称谓是"体育保健课"或"特殊体育课",而体育保健课被正式提出是在1992年颁发的《全国普通高等学校体育课程教学指导纲要》。纲要中对保健课的解释为:保健课,系为个别身体异常和病、弱学生开设的必修课或选修课,应有针对性地组织康复、保健体育教学。2002年教育部颁布的新纲要第四部分第十条又明确规定:对部分身体异常和病、残、弱及个别高龄等特殊群体的学生,开设以康复、保健为主的体育课程。可以看出,体育与特殊教育的结合很晚,虽然有相关体育政策法规进行约束,但根据相关学者的调查表明,全国尚有许多高校未开设体育保健课。在开设的高校中,也存在对特殊体育教育认识不充分、无专用教材、无专任教师、无相关设施器材、教学缺乏针对性、教学内容单一等诸多问题。纵观高校及高校特殊体育教育的发展,这其实是一个显而易见的事情,所以在此无须再去证明这个问题存在的真实性。时代已经进入21世纪,更重要的是面对现状,特殊体育教育的研究不能再停留在单一的现状调查、就事论事的简单分析、提出对策建议的阶段了,有必要也必须对特殊体育教育进行深入全面的考量。通过以上分析,可以总结如下:

第一,体育必须回归从"孤立"到"融合"的正常教育体系,它是体育摆脱目前发展不均衡、体育认识不足、观念薄弱、体育高素质后备人才缺乏、教学科研缺少多学科支持等困境的必经之路。也正因为如此,体育与特殊教育的结合变得十分困难,特殊教育领域的最新成果很难渗透到体育领域,因为体育具有很多的特征,双方的合作基本也是各自为政,这一方面不利于双方学科的发展,另一方面造成大量人力、物力的重复投入。体育的正常化,将有效带动特殊体育教育的回归和发展。

第二,特殊教育"一体化教育"的进一步深入和"全纳教育"的升华,是特殊体育教育发展的源泉,否则特殊体育教育将变成无本之木、无源之水。特殊体育教育将是特殊教育的有益补充和有力尝试。

第三,特殊体育教育与残疾人体育应该是一个统一整体。残疾人体育身处体育大环境,受其影响是不可避免的,但必须自己主动寻求改变,而不是被动或坐等机遇的到来。残疾人体育的发展最终需要特殊体育教育作为后援。

第四,特殊体育教育担负着"体育"与"特殊教育"发展的双重任务,而这两者各自特点又是如此鲜明,因此,也就注定特殊体育教育将面临更多的困难。但特殊体育教育又是一面镜子,它映射着两者的发展,见证着社会的进步。作为体育工作者,有义务担负起这个责任。

第三节　高校特殊体育学生

在我国,随着高等教育由"精英教育"时代到"大众化教育"时代的转变,教育公平理念的确立,越来越多的特殊学生在教育民主和教育机会均等的名义下,跨进了大学校门。随着社会现代化的迅猛发展,关注特殊学生已日益引起并得到世界各国家的重视、关怀和支持。

首先,要界定清楚特殊体育的教育对象。既然是特殊教育,当然要将所有残障者的学生包括进来,也就是说"特殊学生的学校体育教育是以在心理、生理、人体结构上,某种组织、功能丧失或者不正常,全部或者部分丧失以正常方式从事某种活动能力的学生"。包括视力残疾、听力残疾、肢体残疾、言语残疾、智力残疾、精神残疾、多重残疾并存和其他残疾的人。但是,特殊体育教育又有其独特性,一些由于突发因素受伤、肥胖、某种疾病、体弱等不适宜运动的学生也都是特殊体育教育的对象。因此,特殊体育教育的对象包括所有残障者(特殊需要群体)及除此之外因生理、心理、肢体原因不能正常参与体育教学并拿到了入场券的高校特殊需要群体。

按照目前国际对残障者学生无歧视的称谓是"特殊学生群体",但这并不包含此处定义的特殊体育教育中的残障之外的学生群体。为了统一,同时考虑到特殊体育教育的特殊性,此后都将特殊体育教育的全部对象统称为"特殊学生群体"。这也符合全纳教育的理念,因为特殊需要不仅仅是针对残障群体的,而是针对全部有特殊需要的群体。

明确了特殊体育教育的对象,根据特殊体育教育的特性,将其定义为:特殊体育教育是指因病、残、弱及高龄等原因不能参与正常体育教学的学生而开展的一系列教学、康复、支援活动的总称。

为什么如此定义呢? 本书是基于如下考虑。

(1)特殊体育教育的特殊性决定了它区别于一般的教学,面对特殊学生的特殊性,应该提供科学合理的教学设计。

首先,应该制订出特殊群体学生鉴定及分类标准。对于残障学生的鉴定及分级可以参考目前我国《残疾人实用评定标准》,并根据其所持证件作为依据。对于除此之外的学生,也应该制订明确的申请条件及程序:明确规定生理、心理及肢体出现了什么问题才能申请特殊体育教育,申请的具体流程包括哪些;应该明确到什么机构进行检查鉴定,出具何种医学证明。在上述基础上,对于特殊体育教育的学生还应制订分类标准、类别特征手册:制订相关的特殊体育教育分类标准以及各类别主要特征、注意事项、紧急处理措施等,以便有针对性地进行教学和康复;个人健康档案,应包括学生个人信息、残障或伤病情况、治疗情况、注意事项等信息;教学康复手册包括参与项目、原始依据、康复目标、阶段检查评定、学年评定等项目。

其次,就是教材的制订。通过访谈了解到,目前全国还没有统一的特殊体育教育教材,也没有统一的体育规定,加上特殊体育教育支持的严重缺损,课程开设基本由任课教师自行安排,任课教师多数由体育教师兼任。目前开设的特殊体育课程内容,主要存在以下问题。

①盲目设定教学目标。课程开设没有统一的教学大纲、教材,均由任课教师自定教学计划、自选教学内容、自行设计考核项目和要求,开设的目的及要解决的问题也不明确,很多高校是为应付上级检查而开课。

②教材内容安排做不到区别对待。访谈同时也了解到,学生要么自由选择自己喜欢的项目练习,要么教师统一安排传统养生类项目,对身体条件不同的特殊学生来说,不能做到区别对待。

③授课形式比较单一,缺乏对特殊学生个性化考虑。教学组织一般就是"教书匠"式的单一知识传递。

④特殊体育学生的理论教材主要参考普通教材版本,缺乏有针对性的医疗保健、康复知识内容以及缺乏锻炼指导及健康的生活方式等实用性较强的理论知识。

⑤由于特殊学生的身体原因,很难有完全适合特殊学生的实效性锻炼方案。开展特殊体育课或体育保健课的高校,很多是选择易于参与的项目,绝大多数高校为应付检查而设课,至于学生能受益多少就无法求全。基本都是集中授课,缺少针对性,更没有分类、分批授课或康复训练,所以很难达到特殊体育教育的目的。

笔者认为,特殊体育教育的教材应包括按照特殊学生类别特征而有针对性设置体育教学,不仅包括实践教学,还包括康复训练,另外还应有康复健身理论。实践教学和康复训练主要根据前面分类标准进行教学及康复的设计,而教学手段、教学内容应该根据学生具体情况做出有针对性的安排。康复健身理论帮助学生更好地认识他人及自己生理、心理状况,掌握必要的健身、康复知识,理解特殊体育教育的实质,主动并积极配合教学、康复活动。至于教学模式到底选择"单设特殊体育教学班"模式,还是"随班就读教育"模式,或采用"混合模式",这在后面会具体论述。

最后,还涉及教学技术的开发和利用。这里的教学技术主要指特殊体育教育过程中所涉及的教学及康复器材、器具,辅助教育器材、器具,CAI课件制作等。虽然这需要一些专业领域的支持,但体育部门在力所能及的情况下,借助高校力量,根据学生具体情况,自己设计、研发应该是相对高效、实用和经济的方式。

(2)对于特殊体育教育而言,教学只是目的之一,另外需要解决的就是学生康复问题,这是体育所能胜任的范围内给予特殊学生最大的专业支持。

首先,要解决的是健康诊断和评价。这是在前面分类标准和健康档案的基础上,对学生运动能力、运动素质的进一步测试和评估。诊断和评估的目的有两个:一个是为教学所用,在教学中体现体育的康复功能;另一个是在课余,学生自己、志愿者或有计划进行的康复训练。

其次,因为受到教学时数的限制,仅仅依靠课堂教学是不能满足特殊学生康复目的的,而且也缺乏系统性。因此,根据高校自身条件应该建立相应的体育康复俱乐部。俱乐部是教学的延续和补充,一方面巩固教学内容,另一方面补充教学所不能完全涉及的内容,达到康复的目的,从而使教学与康复相得益彰。

最后,是特殊体育教育教师及相关健身指导员的培养。特殊体育教育的师资,要求有较全面的体育及体育康复的专业知识和专业技能。目前,国内有残障体育健身指导员的培训,但培养形式及培养人数都十分有限。因此,特殊体育教育师资的培养应该采用什么形式才能更快速、更适合满足目前特殊体育教育的需求,能否将残障体育健身指导员的培训与特殊体育教育师资培养有机结合,是否也可以充分利用高校资源进行多种形式的培养,这是我们需要考虑的问题。

(3)无论从特殊体育教育的实际入手,还是从"全纳教育"的理念出发,特殊体育教育要想达到对特殊学生的全面支持,仅仅依靠体育部门和体育教师是不现实的。

首先,高校内部应该制定相应的制度,协调、规范相关部门配合体育部门并主动承担相应的责任,在政策上保证特殊体育教育及配套活动的开展和实施。相关部门应该包括与特殊体育教育可能发生联系的校医院、团委、学生会、体育俱乐部、心理咨询室等组织,以及相关学科的技术支持、网络中心的技术覆盖,让制度变成一种习惯,习惯变成一种意识,意识变成一种理念,一种为特殊学生主动服务的理念。

其次,是志愿者团队的培养、组织和运作。特殊教育开展得比较好的像日本等国家,其志愿者团队也一定能跟上并相对比较完善的。志愿者团队应该是有组织、有目的、有延续性的培养过程,志愿者需要对特殊学生有一定的了解并有爱心,同时最好具有一定的专业技能。志愿者团队应具有延续性,最好能形成自己的培养、运作模式,成为校园体育文化的一部分,吸引和感染更多的人参与。

再次,无障碍设施及环境的建立与改造。目前国内高校的无障碍设施还不是很完善,特殊学生如果想在校园正常学习和生活会碰到诸多困难,相关的体育场馆、体育设施也很少考虑特殊学生的需求。这些都应该适应特殊体育教育的需要进行建立与改造,以保证特殊学生在课余也能进行康复训练和体育参与。

最后,就是要努力获得校外的支持。校外支持包括很多,首先是政府相关部门的支持,目前虽然有相关法律法规要求对特殊群体参与体育进行支持,但高校与相关部门的合作还不畅通,需要双方努力,加强相关交流与合作。同时,还要获得社区、社会团体、社会组织以及家庭的支持,这种网络结构、网络支持构成一张大网,特殊群体学生无论在任何一个节点,都能获得来自多方面的支持,这是特殊体育教育也是整个特殊教育发展的理想状态。

基于上面的分析,可以清楚地看出,特殊学生从数量和能量上较之正常学生相对有限,但他们的存在,是大学校园必须面对的一个现实,他们的受教问题会直接影响"和谐健康校园"建设。特殊体育教育是以特殊体育学生为教学对象,通过学校有计划、有组织、有步骤进行的各种体育活动,使学生身心健康,促进学生在德、智、体、美、劳等各个方面得到全面发展的体育活动,是一个集教学、康复、支援活动为一体的综合性教育过程。这也说明了它的复杂性、长期性。但从另一侧面也说明正确看待并对待特殊群体是一种具有道德良知的社会必备的品格。特殊体育教育开展的状况,反映了整个社会发展的文明状况,它就像一面镜子,映射着社会的文明。

第二章
普通高校特殊体育教育教学现状分析

提纲介绍

　　本章主要介绍高校特殊体育教育理念，分析了特殊学生的特殊情况、特殊学生体育需求、特殊体育教学模式。

第一节　高校特殊体育教育理念

　　大家都知道，理念是行动的目标、方向，也是行动的准则，一个科学的理念远远胜过盲目的行动。我国高等特殊教育起于 20 世纪 80 年代中期，1985 年山东滨州医学院成立了医疗二系，招收残疾大学生，开创了我国高等特殊教育的先河；1987 年长春大学成立了我国第一所高等特殊教育学院；1992 年国家教委颁布的《全国普通高等学校体育课程教学指导纲要》中对病、残、弱学生的体育课做出必修规定，这应该是我国普通高校特殊体育教育的开始；2002 年教育部颁布的新纲要第四部分第十条明确指出："对部分身体异常和病、残、弱及个别高龄等特殊群体的学生，开设以康复、保健为主的体育课程"，为特殊体育教育的开设提供了法律保障。随着世界范围内特殊教育理念的不断发展和更新，我国普通高校特殊体育教育也逐渐被重视，但现有教育理念和教育模式已经难以满足学生的实际需求，也无法和社会的发展同步。日本的特殊体育教育与我国特殊体育教育的发展在时间节点上大致相同，但其后期发展迅速并积累了一定的理论和实践经验形成了自己的特色，可以为我国高校特殊体育教育改革提供一定借鉴。

一、国外(日本)特殊体育教育的发展背景

(一)日本特殊体育教育的机遇

随着日本特殊教育的发展与推进,特殊体育教育也逐渐成长,整个发展过程中,日本特殊体育教育经历了三个重要时期,对其起到了极大的推动作用,促进了日本特殊体育教育的飞速发展。

1.第一个时期:1964年日本承办的东京残奥会

东京残奥会不仅让日本民众认识了残疾人体育,也进一步认识了障碍者。以此为契机,1965年日本在国民体育大会秋季大会后直接召开了旨在"恢复身体障碍者机能及加深社会对障碍理解"的国内障碍者大会。经过一系列推进活动,1992年召开了纪念"联合国障碍者的10年"的"全国精神障碍者体育大会",大会宗旨就是"促进认识障碍者自立及社会参与,进一步加深社会对障碍的理解"。2001年开始,为了让"障碍者通过参与体育,体验体育的乐趣的同时,加深社会对障碍者理解,推进障碍者的社会参与",把前面两个体育大会合并为"全国障碍者体育大会"。通过多年发展,一方面,体育作为医疗指导的手段被认可和推广,另一方面,随着体育环境的不断完备,在满足普通大众体育休闲的同时,也越来越关注障碍者体育休闲。同时,日本开始考虑让更多的障碍者能够参与体育,包括心脏、肾脏、呼吸器官等内部障碍者和精神障碍者也能够有适宜的体育需求。在日本障碍者体育发展过程中,相关学会发挥了重要作用,比如:

(1)日本障碍者体育·SPORT研究会:成立于1977年,在保持、加强与其他相关团体合作的基础上,旨在促进日本障碍者体育及障碍者参与体育的指导及研究活动。在残疾人奥林匹克运动会方面发挥着重要作用,是日本障碍者体育理论与实践研究的重要平台,在障碍者体育理论和实践方面都有突出贡献。

(2)日本障碍者体育研究会:主要研究通过适当的体育运动帮助轮椅使用者提高健康状况,维持、恢复或增强身体素质。同时,协同障碍者体育研究会与环境、设施、器具等领域进行合作研究,促进障碍者方便有效地参与体育运动。

(3)障碍者健康促进国际联盟:1973年成立于加拿大大魁北克的障碍者健康促进国际联盟,每两年在世界各地举行障碍者健康促进国际会议(International Symposium of Adapted Physical),障碍者健康促进国际联盟是世界各国交流障碍者体育的重要平台,在理论和实践方面相互交流,成为把握国际最新动向的重要场所,对日本障碍者体育在理论和实践两方面都产生了巨大的影响。

(4)医疗体育研究会:医疗体育研究会致力于医疗体育指导研究,旨在扩大障碍者体育研究范畴,加强在实际中的运用。1999年开始,医疗体育研究会与日本

分会联合举行科学大会,这一合作对于日本障碍者体育更加科学地发展起到了重要作用。

(5)亚洲障碍者体育·SPORTS 学会:亚洲障碍者体育·SPORTS 学会自1986 年以来,一直致力于亚洲障碍者体育研究和实践的促进和推广,2003 年发行《障碍者体育科学》杂志。很多日本学者积极参与组织、推广及运作,日本障碍者体育被日本理解、认知,并发挥了重要作用。

日本通过国内学会积极联合相关领域的学者一起致力于障碍者体育理论和实践研究,因为体育发展的模式不同,在日本体育领域与其他领域没有特定的"壁垒",所以这种合作就相对容易且更有成效。而中国国内单纯依靠体育领域来发展特殊体育教育就存在心有余而力不足的情况。

2. 第二个时期:1979 年养护学校义务教育法规实施

这一法规的实施促使身心有障碍的儿童能够回归学校接受教育,也有机会参与体育,并获得特殊体育教育的机会。

3. 第三个时期:1998 年长野冬季残奥会的成功举办

长野冬季残奥会的举办推进了残疾人体育向竞技体育范围的进一步拓展。

日本特殊体育教育经过长期的发展,基本做到了幼儿园、小学、中学、大学的良好衔接。普通高校特殊体育教育不是只针对个体的教育,它更加重视整个社会和学校教育的协同发展。对其现状进行研究将对我国特殊体育教育发展起到一定的借鉴作用。

(二)障碍者体育发展条件的日趋完善

1. 障碍者体育协会的成立

1965 年日本成立"身体障碍者体育协会"。1999 年在制度改进基础上,又将认知障碍者体育的振兴纳入整个体系,更名为"日本障碍者体育协会"。协会由各都道府县、指定城市的障碍者体育协会、各竞技团体及障碍者体育指导者三者共同组成。经过不断努力,2000 年该协会成为日本体育协会正式团体,在协会中同时设立有日本障碍者残疾人奥林匹克委员会(JPC),同时,还有医学、技术、科学三个专门委员会共同承担相应工作。

2. 各级障碍者体育指导员的培养

1965 年日本全国障碍者体育大会的召开促成了体育指导员培养的开始。以此为开端,从 1971 年起,日本国立身体障碍中心也加入进来共同举办会议,春、秋两季各进行为期 6 天的会议,对于身体障碍者体育指导员的培养发挥了重要作用。1972 年起,地方区域性指导者培训讲习会开始起步,主要针对障碍者日常生活,以培养障碍者指导员及促进障碍者运动能力提升作为目标。1979 年,创立了国立身体障碍者医疗指导中心,随着全国身体障碍者综合福祉中心的成立,障碍者指导员培养的主体由日本身体障碍者体育协会移交到日本医疗指导协会,1997年又移交回日本障碍者体育协会。经过一番变革,1985年逐渐形成了较为完整的障碍者指导员体制,2001年开始实施日本体育协会公认的中级体育指导员培训讲习会,在培养优秀障碍者指导员的同时,也着重培养有国际竞争力的障碍选手,这成为指导员培养的新课题。

3. 障碍设施的完备

1969年开始,每5年文部省会对体育运动设施现状进行调查。身体障碍者体育中心必须以"**任何时候、即使1人,也有相应的指导员及能够使用的设施**"为目标,如果中心运作成功,便会逐渐在全国进行推广。于是,身体障碍者福祉中心、障碍者复兴中心、身心障碍者体育设施、身心障碍者教养文化体育设施等相继出现,也对普通体育设施进行安全及实用性方面的改造,以利于障碍者使用。

(三)学校特殊体育教育的发展

在"二战"前,日本的政策是"富国强兵""振兴产业",因此,学校以培养劳动力和兵力为主,学校体育授课内容以柔道、剑道、相扑等为主,并对15—25岁的男子按照"体力章程测定"进行初级、中级、高级评价。在这种背景下,对障碍者的认识仍存在偏见和歧视。

"二战"后,日本受到美国的影响,"民主主义教育"受到重视,学校体育也废除了战时武道等内容,取而代之的是美国实施的篮球、排球、田径等课程。受此影响,障碍者体育也出现了新的变化,有了盲人排球、盲人棒球等,但仅限于少数障碍儿童。1947年日本宪法明确规定,儿童有"接受教育的权利",也有"让其接受教育的义务",以此为基准,学校教育法也体现了这一点,障碍者学校有义务进行相关设置建设,但由于经济发展等原因,在1954年新宪法颁布前,障碍者并未受到真正重视,甚至有规定"由于病弱、发育不全等原因,入学困难的,在得到确认后,可以免除其入学",其实免除就是排除,说明障碍者并未受到重视。后来,盲、聋、哑、养护学校慢慢发展起来,并根据障碍者种类和程度开始尝试"障碍儿体育",这为1979年以后养护学校体育的发展奠定了一定基础。

1979年修订的"盲校、聋校及养护学校小、中学部学习指导纲要"规定,体育教育是学校教育活动的一部分,必须通过切实的方法进行贯彻。无论小学部的体育课还是中学的保健体育课都要以健康、安全及增强体质作为目标,在给予特别活动、养护、训练等充分指导的同时,也要努力促进在日常生活中体育实践活动的开展。在盲、聋、养护学校要根据障碍儿童实际情况进行有针对性的体育课程安排,此时,日本提出了障碍者体育的理念——适应性体育教育(Adapted Physical Education)。这不仅要考虑障碍者的情况,也对指导者提出了更高的要求。这个理念在最初实施时,主要包括三个方面的内容:第一,体育操作化的开发。这主要是针对有障碍的学生而设计的,因为学生的障碍种类各异,按照普通模式进行授课,障碍学生将无从适应,因此,要开发适合他们的操作化规范,让他们从旁观者变成参与者。第二,统合体育课程的开发。这是一个非常新颖的想法,也就是说针对障碍学生,打破体育与其他课程的界限,将全部课程或部分课程进行统合,在进行体育课程的同时,也兼顾了其他课程的学习,特别是对于重度障碍学生,单一体育教学很难承受,而统合课程则可以将上课时间充分利用并适合其自身的需求。第三,在养护、康复训练中体现体育功能。在养护学校,养护和康复的目的是:"改善学生身心障碍,学习必要的知识和技能,培养良好态度和习惯,促成身心的健康发展。"在这里,体育与医疗指导紧密联系,学校体育直接或间接参与到学生养护和康复中,达到适应性教学的需要。

日本文部科学省 1998 年修订、2002 年实施的新学习指导纲要特别指出:在轻松愉快中培养每个学生的生存力;强调教育的个性化、丰富的人性、自我学习思考的能力。在修订学习指导纲要时特别对生存力进行了解释:生存力是学生必备的,无论社会如何变化,自己有发现问题的能力、学习的能力、思考的能力、更好解决问题的判断力、行动力。同时,能够自律、体谅他人,有协作精神和丰富的情感,而这些都离不开健康的体魄。纲要再次强调体育对生存力的重要性。对于障碍学生也是如此。遵循"盲、聋、哑、养护学校小、中学学部指导纲要",学校要通过各种途径开展体育,体育也要参与到学校的其他活动中去。除此之外,在谋求家庭、地域社会合作的同时,在日常生活中也要努力开展相适应的体育活动,培养能够终身受益的生活方式。特别是体育参与养护训练时,以培养学生自立能力作为重要原则。

二、日本特殊体育教育理念

伴随着世界特殊教育理念的不断推进,日本一直在寻求适合本国实际的特殊体育教育理念。随着国内相关法律法规的健全,特殊教育理念的不断创新,残障健身体育指导员制度的建立等各种条件的完善,日本开始形成具有自己特点的特殊教育理念。2003 年开始使用"适应性体育"(Adapted Sport,AdS)一词。

(一)适应性体育

目前特殊学生的体育教育,被众多高校以特殊化的方式实施。特殊学生被人为地划分在了普通大学生体育教育之外,看似照顾了他们的身体,但伤害的却是他们的心灵,他们的体育教育被特殊化了。其中包含两方面的问题:一是对于特殊学生,目前普遍缺乏有针对性的、适合他们身心发展需求的体育课程(教材、活动、场地、教师等);二是将他们孤立于正常体育教育轨道之外,成为体育的边缘群体,丧失了与正常教育环境的互动,这就成为他们日后不能很好地融入社会且与社会脱节的原因之一,因为他们不仅仅需要身体的健康,更需要尊重、理解、交流和信任等精神上的健康。

目前,国际上已经不太使用"残疾人"这一有歧视含义的叫法,而以前使用的Adapted Physical Education(APE,残疾人体育),也被 Adapted Physical Activity(APA)所取代,APA强调"平等"和"协调"。"平等"是指在体育教育中,不再以特殊眼光看待残疾人,而是作为普通的社会人来对待。"协调"是指能够让特殊学生以自己适合的体育参与(活动)方式与周围的学生(人)、环境(社会)充分融合,共同进步。日本则根据自己日译习惯及日本国情将"Adapted"和"Physical Activity"组合日译成"Adapted Sport,AdS",AdS 即适合于每个人的体育,面对的对象是障碍者、高龄者等身体能力欠缺者。本书按照理解将其翻译成"适应性体育"。

（二）适应性体育在特殊学生体育教育中的具体体现

适应性体育在提出时,一方面是满足所有特殊学生的需求,将以前忽视的群体也纳入体育服务体系,另一方面更强调体育对人的综合素养的培养,也就是"身""心"的全面发展。适应性体育的具体体现主要是两个方面。

1. 生存能力的培养

对于特殊学生,在体育教育的过程中,要体现教育的个性化、人性化及学生的自我完善。何为"生存能力"? 也就是说通过体育教育,在具备健康的身体和坚强的意志品质的前提下,力求让学生学会当面对纷繁复杂的社会时,能够自己发现问题,通过自我学习、自我思考、自我判断,找出解决问题的方法。同时,能够自我约束,并能与他人和社会进行良好的合作。在这里,体育教育只是特殊学生整个教育的一个环节,但必须发挥其特有的功能和作用,不仅要重视学校内的教育,也要谋求家庭和区域社会的合作;体育不仅要促进其健康的发展,也要培养其健康的"生存的态度"。

2. 体育教育中"Normalization"的体现

1981 年即联合国残疾人年,基于"Normalization"的理念提出了残疾人的社会参与要"完全参与和平等"这一主题。围绕这一主题,自 1983 年开始世界许多国家进行了努力和尝试。

在普通高校的体育教育中,许多高校将特殊学生的体育教育与正常学生的体育教育相分离。他们之间没有交流和互动,正常学生的许多体育活动,特殊学生都无法参与,或者说没有资格参与,这就在形式上背离了"Normalization"的理念。而"完全参与和平等"不仅是特殊学生的权利和义务,也是正常学生的权利和义务,在学校体育教育中让他们真正地交流和互动,让特殊学生展现自我、建立自信,同时也让正常学生理解他们、尊重他们,这是一个互相学习、互相促进的双向过程。学校教育中的"完全参与和平等"最终会延伸到社会的"完全参与和平等",这才是体育教育的真正目的。

这种思潮逐渐被许多国家所接受,人们逐渐认识到,"Normalization"的思潮不仅仅适用于智障者追求平等的生存空间,让整个社会和谐地发展,对于其他残疾人乃至正常人都有深远的意义。

第二次世界大战后,在英国的曼德维尔医院举行了小儿麻痹患者的运动会,目的是促进治疗和恢复,这也为日后残疾人运动会的召开奠定了基础。随后瑞典人尼利埃担任国际伤残人体育组织(ISOD)理事,将 Normalization 理念引入运动会。在 1984 年伦敦举行的国际残疾人体育大会,断肢及视觉障碍者也被允许参加运动会。从 1980 年开始脑瘫患者及从 1984 年开始肢体障碍患者都具备了参赛资格。1984 年洛杉矶奥运会轮椅赛跑被列为表演项目,1985—1987 年加拿大的理克·哈森用轮椅周游了世界,随后,他和他的团队向时任国际奥委会主席萨马兰奇递交了"作为人类挑战自我的奥林匹克应该包括残疾人"的提案。1988 年在汉城(现韩国首尔)举行了国际残疾人体育大会。这届奥运会后,残奥会与奥运会使用同一运动场馆的传统被延续下来。

日本在经历了从东京残奥会再到长野残冬奥会等一系列事件后,整个社会对残疾人有了新的认识,在前面所述的多方条件的碰撞下,对残疾人的认识也从"歧视"变为"正常"。

正常化就是无论身体的状况如何,他们都有展现自我、实现自我的愿望,这与有无残疾或障碍没有关系。无论他们残疾或障碍的程度和情况如何,自身所具备的能力有多大,他们都有融入周边环境或社会的欲望和要求,而体育教育就要满足他们这一需求,并且体育是他们实现这一期望的有效途径。国际残奥会主席罗伯特曾经说过"残奥会选手必须也能够展现自我"。对于选手来说,追求的不仅仅是成绩,更重要的是完善人格、被社会认可和尊重,同时通过自我挑战,成为教育别人及社会的典型和楷模。这在体育教育中同样适用。特殊学生经过体育学习,通过有序的运动,建立日常生活所需的秩序。随着社会的发展,体育教育从以往的"生存"到"有意义的生存"、从"生活"到"人生"开始转变。体育作为他们走向社会、参与社会、回归社会的一个台阶,直接或间接地让他们得到锻炼和训练,提高他们日常运动能力的同时,使他们积极地面对人生,建立与正常学生相同的意识形态,构建自己丰富的人生。即通过体育参与,发现自己潜在的能力,在现实的环境中,不断开拓展现自己的领域,从自我表现逐渐到自我实现,让自己的生活更加丰富,身心更加健康,而这些都将成为他们日后走向社会接受新的挑战和自我实现的基础和原动力。

（三）适应性体育理念的具体目标

第一，科学给予障碍者以支援。就是针对障碍者不同的实际情况，通过适应性体育的介入和干预，提高障碍者的身体机能，促进障碍者的康复。很多学者针对脑瘫、认知障碍、视觉障碍、脊髓损伤等不同障碍者情况进行体育的干预治疗，取得了一定的成果，积累了很多的经验。

第二，让障碍参与者体验到运动的快乐。"适应性体育"就是选择障碍者适合自己特征的体育项目参加，并能通过体育增进健康、增强体质、促进康复，但这只是目的之一。如果障碍者在参与体育的过程中不能感受到体育的快乐，没有满足感，那么前面的目的就算一时达到了，却不能持久下去，适应性体育也就失去了意义。所以选择体育项目时应该考虑障碍者的个体特征，切实从他们的实际需求出发，认真准备和设计符合他们身心特点的体育活动，让他们能够从内心享受到参加体育运动带来的乐趣，这样才能保证他们持续参与的动机，这种快乐是从最初的盲目、不安、紧张，再到有目的的兴奋和愉悦。对指导者具体指导来说，要善于利用各种指导方法，帮助障碍者尽快获得这种体验，因此，对指导者的专业知识、爱心及洞察力等有较高的要求。

第三，运动安全性支援。对于障碍者体育的支援有一点是最重要的，那就是障碍者的运动安全。虽然适应性体育是根据他们的个体特征进行设计的，但在实施时障碍者参与的环境、个体特征、指导方式等都会存在安全的隐患。比如认知障碍者，可能因为对参与规则的不理解，造成在运动时，做出一些反应，从而给自己或他人造成一定伤害。一些障碍者也可能在运动中因为运动强度、运动量不合适而受到伤害，也可能因为自身协调性的问题导致受伤。如果不注意安全保护或没有提前做好准备，随时会导致障碍者伤害事故的发生。

三、我国特殊体育教育理念

据《2007 年中国残疾人事业发展统计公报》显示，全国特殊教育学校已发展到1667 所，在校的盲、聋、智残学生达到 58 万人；全国有 5234 名残疾人被普通高等院校录取，1086 名残疾人进入特殊教育学院学习。另据教育部统计数据显示，1986 年至今，仅全国义务教育特教学校及普通学校附设特教班在校生就从 4.72万人发展到 41.3 万人。

值得一提的是，2008 年北京残奥会提出"超越、融合、共享"的理念和"同一个世界，同一个梦想"的口号以及"两个奥运，同样精彩"的承诺，向世界展示了中国政府和人民对残疾人的人文关怀，也确立了新时期残疾人体育的核心内涵和发展目标。当 147 个国家和地区的 4000 多名残疾人运动员进入国家体育场，共享和欢庆盛会时；当在汶川地震中失去左腿的 12 岁小姑娘李月在轮椅上跳起优雅的芭蕾舞时；当盲人杨海涛深情歌唱《天域》并独白：假如给我三天光明……北京、中国、全世界感受到 6 亿多残疾人发出的同一个声音：超越生理和心理障碍，融入社会大家庭，共享人类文明。[3]残疾虽然发生在一部分人身上，但却是人类社会发展进程中不可避免要付出的一种社会代价。2008 年，一场突如其来的大地震给中华民族带来了巨大的灾难，灾难给了我们一次深刻的生命教育，学会了对人类及人的生存状况和生存意义最深层次的关注和热爱。弱者能够获得怎样的保障和尊严，是一个社会文明程度的试金石。仅就中国而言，8000 多万残疾人口的生活质量和精神状态，既关乎很多家庭的幸福程度，更关乎社会的文明状况。国际奥委会名誉主席萨马兰奇曾经说过，残疾人运动是唤醒人类良知的运动。理解和支持残疾人，人类需要不断提升自己的良知，这也是人道主义的必然要求，是人类文明程度的标尺，需要世人携手努力。关爱残疾人，关键要让他们无障碍地融入社会生活，要支持残疾人克服文化、经济和体力方面的限制，创造条件满足他们的需求。这需要物质支持、法规的完善和社会道德的不断提升。[4]对此，全社会责无旁贷。

其实，在探讨特殊体育教育理念时，需要解决两个问题：一是目前特殊教育理念如何来理解；二是在实际面对特殊体育教育时，我们应该如何贯彻理念。

（一）对特殊体育教育理念的解读

特殊教育理念大概经历了"隔离教育""一体化教育""全纳教育"三个主要阶段。一个理念的提出，往往是社会需求和社会进步的体现。因此，正确地解读理念，对于特殊教育的发展是非常重要的。就中国而言，特殊教育的发展相对滞后，特殊体育教育更是如此，所以只有正确地领悟当前理念，才能对特殊教育发展有更好的把控。在这里我们主要谈谈对"全纳体育"的理解。虽然目前特殊体育教育发展还处于启蒙阶段，但对于特殊体育教育而言，既是机遇又是挑战。机遇即我们可以借助国内、国际特殊教育发展的经验和基础，跨越一些过程，得到快速发展。挑战则是面临和需要解决的问题，因为没有前面递进式的发展和积累，前进中碰到问题可能会更加棘手，需要理顺的关系更加错综复杂。

1."全纳体育"提出的背景

"全纳体育"当然是根据"全纳教育"理念提出来的。1994 年联合国教科文组织在西班牙的萨拉曼卡召开了有 92 个国家及 25 个国际组织参加的国际会议，会议的主题是"Special Needs Education"，旨在推进"全纳教育"理念，由此发布了"萨拉曼卡宣言"。宣言的核心内容是：学校教育应该具有包容性，只有具有包容的教育理念才能战胜歧视和偏见，让所有的人都能接受教育，从而构筑一个包容（Inclusive）的社会，提供面向所有孩子的教育，提高整个教育系统的效率。

这次会议在"面向所有人的教育"的前提下，着重将有障碍的孩子的教育作为主要问题展开讨论,将具有特殊情况的所有孩子都考虑了进来。比如将贫穷地区、不同种族、不同民族、不同阶层、不同家庭背景的孩子都纳入我们的教育视野,创造没有"特殊孩子"的社会。"包容、包含、共享、协作"正是"全纳教育"的本质和核心。

随着"全纳教育"理念的推进,其影响也带动了体育领域,而体育通过身体、运动、竞争、合作、挑战困难等更能充分展现个性。因此,体育更需要排除性别、年龄、人种、政治、宗教等偏见,创造一个共同参与的"全纳体育",发挥自己特定的功能和作用。

2."全纳体育"的解读

"全纳体育"对于特殊学生的教育尤为重要。而目前普通高校对于特殊学生的体育设置不尽如人意。体育教育对身体练习的要求使得其特殊性较之其他学科更为迫切,但是,现状却正相反。因特殊学生身体的部分功能短时或长期残缺甚至丧失,再加上某些客观条件的限制,特殊体育教育多处于"游离于学校场域"的状态,即使有些条件较好的大学开设保健体育课,也多数流于形式。虽然是基于良好的出发点考虑,但实际操作时人为地割裂了他们与正常教育的联系,使他们脱离了正常的教育轨道,其实这已经违背了"全纳教育"的理念。因此,"全纳体育"的创造就是让他们回归到正常的教育轨道上来,使他们成为真正的教育主体。对"全纳体育"的解读主要包括以下几点。

第一,正视能力的差别。虽然现在许多高校对于特殊学生的体育课程设置是基于他们身体方面的考虑而做出的人性化处理,但另一方面常常将特殊学生与能力弱或能力差等同起来,主观认为他们不能跟上正常的体育教学课程,因此将他们与正常学生分离开来分别教学。当然从整体来看,特殊学生的运动能力与正常学生是有差距的,但从个体而言,正常学生中有运动能力弱者,特殊学生中有运动能力强者;就项目而言,有擅长此者,也有擅长彼者。能力的差距在某种程度上只是相对而言,并不存在绝对的强与弱。

另外,能力上的表现并不能说明一切。对于普通高校学生来说,技能的学习不是体育教育的全部,也不是学习价值的全部体现。当通过自身努力终于取得进步而得到同学的鼓励和赞赏的时候、当通过团结协作共同取得成功而欢呼雀跃的时候、当帮助别人战胜困难而展现自我的时候,这其中所得到的喜悦、尊重才是体育教育的真正内涵。因此,"全纳体育"就是要打破现在特殊学生体育教学模式和观念,摆脱"能力观"的束缚,让特殊学生与正常学生走到一起,这对于教学和管理是一种挑战,但它的意义却是深远的。

第二,特殊教育是面向全体学生的教育。特殊学生需要特殊教育,但特殊教育并不是仅仅面向特殊学生的,而是面向全体学生的。首先,当我们说起特殊教育时，往往会想到特殊学生，其实普通学生由于主客观原因会造成学习上的很大差异，在教学上也同样需要区别对待，在这点上与特殊学生是一致的；其次，针对特殊学生的教育还需要普通学生去理解和认识，这需要创造机会和环境让他们相互接触、加强联系，让普通学生真正理解特殊学生的教育只是教育的一部分，也让特殊学生正确认识自己，自己并不特殊；最后，基于上述分析，特殊教育是面向全体学生的，因此，将特殊学生的体育教学纳入普通体育教学中是必要和可行的，这对教师提出了较高的要求，但所达到的效果是值得为之付出努力的。

第三，从对障碍的理解到对个性的理解。普通学生与特殊学生在没有接触、相互不了解的情况下，特殊学生的身体障碍就会成为双方首先考虑的因素，最终变成双方交流的屏障。而通过"全纳体育"的实施，我们期待双方能互相理解、互相信任，在体育教学中使双方得以充分接触和交流，从而让双方都能正视障碍，不再把身体障碍作为交流时的第一考虑，而是放在了次要的位置，更多关注的是对方的优点，即个性的发挥，从而在互相尊重的前提下做到正常的交往。

第四，通过"全纳体育"达成共同的发展。通过"全纳体育"的实施，让普通学生和特殊学生互相接触，共同体验体育活动带来的成功与失败、付出与收获；在体育运动中体会别人的心情，释放自己的感情，共同感受喜怒哀乐，这其中蕴含着赞赏、叱责、争执、鼓励。在学生们共同参与过程中，他们充分体验了"分歧"和"摩擦"、"理解"和"信任"。也正是在这种互动过程中，普通学生与特殊学生都理解了"差别"和"个性"、"公平"和"竞争"、"约束"和"自由"的意义。障碍的有无、身体的差异将不再是他们交流的屏障，最终他们能够做到平等地看待对方，从而超越身体的障碍，达到身心的理解和统一，最终得以"共同发展"。

第五，"全纳体育"的尝试和实施会产生一种连带效应。虽然"特殊体育教育"无论是在教育领域，还是在特殊教育领域，都只是整个网络的一个"点"而已，但我们不能忽视这个"点"所带来的连带效应。每个点的正常运行都会带动与之相关联节点的发展，最终保证整个网络的完整性。因此，"全纳体育"就是将以前脱离开整个网络体系的特殊体育的这个"点"与其他节点建立联系，回归为这个网络体系的组成部分。

其连带效应首先就是打破了目前特殊体育教育只属于单一部门负责的格局，力求将校内资源整合并加以利用，在此基础上继续寻求校外力量的支持，并同整个特殊教育相协同，做到资源共享，最终形成整个社会对于特殊教育的支持网络。特殊学生在这个网络体系中，与之相匹配的节点都能得到一个综合支持，确保其在生活、学习、康复、休闲、就业等各方面的需求得到满足。"全纳体育"是在体育领域的尝试和补充，对于整个特殊教育而言也是非常重要的。特殊教育中特殊学生的康复需要与体育相配合，而体育参与是特殊学生社会化的重要手段之一；体育的缺失将直接导致特殊教育的不完整,特殊教育是对"全纳教育"理念的贯彻,其中体育是重要的一环。

第六,通过"全纳体育"改变相关群体对特殊学生认识上的偏见和不足,从而影响并带动整个社会对特殊学生、特殊教育认识的改变。同时,通过全纳体育模式,体育本质得到了回归,体育开始承担更多的教育和社会责任,同各领域的联系也更紧密,能够帮助体育"去竞技化""去金牌化",让体育回归教育、回归社会、回归生活。而高校有这种优势,能够起到引导和示范作用,因此,"全纳体育"的尝试从高校开始具有很多便利条件。

（二）"全纳体育"如何实施

特殊体育教育从 1992 年正式提出至今已快 30 年了,但它的发展相当缓慢,很多方面还处于起步阶段,例如大纲教材、器具设施、支援体系、场馆配置等基本还处于零起点。在这种现状下,如果一开始就全面进行"全纳体育"是不现实的;如果分阶段进行,而特殊体育教育又处于初级阶段,那么需要花费相当长的时间。而现在的情况是,中国特殊教育已经有所发展,在很多方面奠定了一定的基础、积累了大量经验;国际上发达国家的特殊教育在软硬件上都给了我们很好的借鉴和启发。在这种情况下,采用"混合模式"可能是较快发展特殊体育教育的主要方式。

所谓"混合模式",就是根据实际条件、实际情况,采用多种模式并存的方式,在"全纳体育"体系构建及具体实施,从而达到既满足现实教育需要,又不会与特殊教育整体发展相脱节,在条件和机会成熟时能够迅速衔接和转变,但最终目的是实现全纳教育。因此,"全纳体育"的发展大致可分成以下几个阶段。

1. 第一阶段——改造及初建阶段

首先,让特殊体育教育正常化。也就是先保证特殊体育教学的正常进行,基本满足特殊学生的教学与健身需求。首要任务就是编写适合于特殊体育教育的教材、教学计划、教学大纲等,还要加强师资的培训,配置基本的教学器具和设施等,而这些准备在初期就要考虑以后与"全纳体育"的衔接问题,应该有前瞻性。此时的特殊体育教学可以按两种模式进行:一种就是目前大部分高校采用的单设特殊体育班的教学模式。即把特殊学生集合起来单独授课,但需要改变和注意的是,在志愿者服务、课外活动指导等方面需要进行补充,并加大校内部门的支援力度,改变过去完全隔离的状态。这种模式的优势就是能够充分利用现有条件,有精力去解决主要矛盾。另一种可以采用"随班就读"体育教学模式。"随班就读"就是让特殊学生与普通学生一起平等参与。这种模式在外部环境的改造和构建上与第一种模式基本一致,但由于教学方式的改变,在教学实施时会有更多困难需要面对,它对教师驾驭课堂的能力很具挑战性。几种模式各自怎么实施后面章节会重点论述。

其次,科学建立特殊学生的信息。应该按照科学的分类,建立特殊学生的个体信息、教学信息、康复信息,最好能够电子化、网络化,以利于资源共享,便于各部门间协作配合,但应注意学生个人信息的保密和规范,特殊学生与普通学生在特殊体育教育方面的一个重要区别就是特殊学生需要教学之余的康复,信息化的好处就在于共享的便利性,这符合"全纳教育"的理念。特殊学生在校内外接受特殊教育、康复训练或社会活动时,个人信息能够被共享,相关机构可以及时全面了解其目前状况,更具针对性。

最后,按照"全纳教育"理念构建支援体系。这点会在后面重点分析,这里简单做一下解释。全纳教育就是让所有有"特殊需要"的个体都能接受到适合的教育,这就决定了全纳教育理念下的全纳体育要构建网络。这个网络能够与体育自身体系、特殊教育体系、整个教育体系融会贯通,只有这样才能保证特殊学生真正回归并融入正常社会。特殊体育教育虽然处于初级阶段,但在构建支援体系时,应该有这种意识,既保证自身体系的开放性,随时能够与外界网络建立必要的联系,也应该担负社会责任,利用高校资源优势,在自身具备一定能力时,能够为社会特殊学生提供一定支援,而不只是满足校内学生的需求。

2. 第二阶段——转变和过渡阶段

在特殊体育教学基本成熟、校内支援体系相对稳定、校外支援初具雏形时,就到了准备向"全纳体育"转变和过渡的阶段。当然此时既需要认清特殊体育教育所处的真实位置,同时要对特殊体育及整个教育发展保持敏锐的洞察力,适时地进行转变。

此时的特殊体育教育已经基本正常化,更多的是开始考虑所有学生的"特殊需要",而不仅仅是特殊学生。体育教学体现的是"差异",而不是"特殊",特别是在体育教学之外,有越来越多的体育活动能够让有特殊需要的学生参与。随着校内、校外网络的成熟,特殊学生能够得到系统的体育康复支援,并能从体育支援体系较顺利地进入其他体系,得到必要的支援。这个阶段,特殊学生在校内的体育支援基本"正常化",体系间的沟通较为通畅,此时就可以考虑向第三个阶段过渡了。

3. 第三阶段——全面实施阶段

这个阶段是需要"天时""地利""人和"的,即特殊体育教育自身条件已经成熟,所处体育系统、特殊教育系统、教育系统、社会系统之间能形成双向的,甚至是多向的沟通和协作,系统间无壁垒。特殊体育教育能够承担所有有特殊需要学生的任务,并能获得体系内外的全面支援,而这种支援具有延续性、互补性。

第二节 普通高校特殊学生情况分析

特殊教育是指对所有有特殊需要的群体进行的旨在达到一般和特殊培养目标的教育,它的目的和任务是最大限度地满足社会特殊群体的教育需要,发展他们的潜能,使他们增长知识、获得技能、完善人格,增强社会适应能力,成为对社会有用的人才。

1994年8月国务院颁布了《中华人民共和国残疾人教育条例》。这是我国第一部有关残疾人教育的专项法规,它的颁布实施,从法律上进一步保障我国残疾人平等接受教育的权利,促进残疾人教育事业的发展,属于我国教育法规体系的重要组成部分。普通高级中等学校、普通高等院校和成人教育机构必须招收符合国家规定录取标准的特殊考生入学,不得因残疾而将其拒收;特殊学生教育应当根据特殊学生身心类别和接受能力,采取普通教育方式或者特殊教育方式,充分发挥普通教育机构在实施特殊学生教育中的作用;残疾儿童、少年特殊教育学校(班)的教育工作,应当坚持思想教育、文化教育、劳动技能教育与身心补偿相结合;根据学生残疾状况和补偿程度,实施分类教学,有条件的学校实施个别教学;学校应该针对特殊学生的特殊情况量身定制个人运动计划。

一、特殊学生

依据教育部2002年颁布的《全国普通高等学校体育课程教学指导纲要》对"特殊学生"定义为:特殊身体状况(如有残障或通过医学检查有各种不适于剧烈运动的疾病)的学生;手术后或病愈恢复期学生;个别高龄的学生;因肥胖或瘦弱运动困难的学生和一些情绪障碍较严重的学生等。随着高等教育由"精英教育"时代到"大众化教育"时代的转变,教育公平理念的确立,越来越多的特殊学生在教育民主和教育机会均等的名义下,跨进了大学校门。特殊学生属于弱势群体,从数量上和能量上较之正常学生相对有限,但身体练习障碍学生或健康弱势人群的存在,是大学校园必须面对的一个社会现实。

(一)特殊体育学生

前面对于特殊体育教育的定义即指因病、残、弱等原因不能参与正常体育教学的学生而开展的一系列教学、康复、支援活动的总称。由于体育教学的特殊性,我们把手术后或病愈恢复期学生归到因病一类;个别高龄的学生、因肥胖或瘦弱运动困难的学生统一归入体质弱一类。这里病、残、弱就是学生的类别,但在实际教学中还需要更为详细的分类,用以明确学生病、残、弱的程度和属性,以便有针对性地进行教学安排。

按照定义,目前意向较多的其实主要涉及三部分:一是残,即残障,虽然越来越多的场合已不再使用这种带有歧视色彩的用语,但为了明确概念,在此还是暂时使用;二是病、弱;三是偏胖或偏瘦,即特殊体形。这样的分类目前并不是非常明确的,比如什么病或弱到什么程度可以划归到特殊体育教育的范畴,这就需要按一定的标准进行规范,也是特殊体育教育科学化发展的需要。

1. 残疾分类

按不同残疾分为视力残疾、听力残疾、言语残疾、肢体残疾、智力残疾、精神残疾和多重残疾。

由于高校大学生是经过层层考试通过高考分数进入的,因此,特殊体育群体中应该不存在有智力残疾、言语残疾和精神残疾类别的学生,视力残疾的学生一般也会进入专门的盲校就读,我们暂且把这几类特殊学生略过。

(1)听力残疾。各种原因导致双耳不同程度的永久性听力障碍,听不到或听不清周围环境声及言语声,以致影响其日常生活和社会参与。

(2)肢体残疾。人体运动系统的结构、功能损伤造成的四肢残缺或四肢、躯干麻痹(瘫痪)、畸形等导致人体运动功能不同程度的丧失以及活动受限或参与的局限。

肢体残疾主要包括:上下肢因伤、病或发育异常所致的缺失、畸形或功能障碍;脊柱因伤、病或发育异常所致的畸形或功能障碍;中枢、周围神经因伤、病或发育异常造成躯干或四肢的功能障碍。

(3)多重残疾。同时存在有以上两种或两种以上的残疾。

2. 其他类别的特殊学生

(1)伤病及哮喘类特殊学生:先天或后天病后所致(包括心肌炎、肝病、肾病、哮喘)等,像哮喘类学生常常冬季发病,夏季有所好转。

(2)体弱类特殊学生:在体质健康标准测试中不能完成五项测试,导致体质健康标准测试不能顺利过关。事实上即使他们再努力,合格的可能性也很小,实质上他们从跨进大学校门开始就注定几年后拿不到毕业证书。如果不将他们列入特殊体育受教范围,必将破坏现有的有关体育法规制度,造成教学秩序的混乱。

(3)体形恢复学生:肥胖或瘦弱造成运动困难的学生。

根据以上分析,我们可以将高校特殊体育学生按照其特殊性分成以下几类特殊体育学生(见表 2-1)。

表 2-1　特殊体育学生分类情况分析

特殊学生身体症状	原　因
听力残疾学生	各种原因导致双耳不同程度的永久性听力障碍,听不到或听不清周围环境声及言语声
肢体残疾学生	先天或后天人体运动系统的结构、功能损伤造成的四肢残缺或四肢、躯干麻痹(瘫痪)、畸形等
多重残疾存在有以上两种或两种以上的残疾	
伤病及哮喘类特殊学生先天或后天病后所致(包括心肌炎、肝病、肾病、哮喘)等	
体弱类学生	先天或后天缺乏锻炼导致,在体质健康标准测试中不能完成五项测试
体形恢复学生	肥胖或瘦弱等运动困难

　　据相关文献资料报道,目前高校在校生中伤、残、病者占 5.3%,体弱者(入校时 100 米、铅球和立定跳远三项身体素质测试不足 100 分)占 13.6%,再加上特殊体形学生(肥胖或瘦弱),高校特殊体育“准受教”人群接近 20%。由于体育教育的特殊性,为全面贯彻我国的教育方针,实施素质教育,对这一特殊群体必须采用相适应的体育教育计划、教材,并制定相应的体育规定,才能有利于高校体育教育目标的全面实现。

　　长期以来,这些特殊体育学生在小学、中学体育教育阶段,常常是体育教育的照顾对象,接受体育教育的程度不高,也不够全面,在高等教育阶段,他们若再接受不到良好的体育教育,将成为我国高校体育教育的遗憾。对大学生特殊体育学生进行体质健康干预和促进成为当前高校体育教育工作的重点工作和核心任务。

二、开设特殊体育教育的目的和意义

　　众所周知,锻炼可以促进身体健康,增强体质。身体受伤或患病后,由于部分肢体或器官受到损伤,如果基本上或完全停止体育活动,其日常生活中的体力活动大大减少,就会使他们的运动器官及其相关器官、各个系统的功能也相应下降。这不仅表现在速度、灵敏度、耐力等身体素质方面,而且也反映在内脏功能上。由于功能下降,又进一步限制了进行体力活动和参加体育活动的可能性。因生理结构变化而造成身体特殊的学生,一般情况下缺少与人的交际、合作和竞争,缺乏与正常人一起参与体育锻炼的机会,对其进行特殊体育教育有以下几方面的积极意义。

1.培养积极参与体育锻炼和社会活动的能力——“笑对人生”

　　通过经常性的体育锻炼,可有效地改进各器官、系统的生理功能,提高机体的工作能力,最大限度地弥补因伤、残、病所带给他们的困难。特别是在青少年时期,身体发展的可塑性很大,受伤害部位仍有着转好的可能性。"用进废退",进行合理的功能锻炼,不仅避免了身体部分肌肉的萎缩和神经坏死,而且使机体重新获得改善与发展,即使是难以恢复的肢体功能。由于人体是一个整体,各部位、系统之间具有相辅相成的作用,其他部位的功能增强了,自身也能得到部分代偿。

2.促进学生心理康复,改善心理素质

积极的体育锻炼可以提高人们奋发向上的勇气,扬起生活的风帆。特殊学生参加体育活动是接触社会非常有效的途径,各种形式的体育活动为特殊学生与现实世界之间架起了桥梁,使他们能克服自卑,树立信心,走出封闭的内心,融入社会。同时,与社会广泛接触,参加集体活动,养成时间观念,还能感受到个体在社会中的价值和地位,获得满足感和自尊感,治愈因伤、病、残所带来的精神创伤。因此,开展特殊体育教育活动是一项积极有效的身心康复手段。

3.展示学生的身体潜能,激发工作热情

特殊体育可以超越缺陷,通过意志、技能、体育的较量,向生命潜能挑战,展示人的创造力和价值,陶冶情操,增强人们生活的信心和勇气。已故的日本著名康复医学家、体育家中村裕先生说过:"残疾人体育运动不仅是为了比赛,它的主要目的是通过体育运动把残疾人从病房和家庭解放出来,走向社会,享受与健全人同等的待遇。"不论是在其他国家还是我国,残疾人体育竞赛都以其不畏艰难、百折不挠、乐观进取、顽强拼搏的精神和对人生的深刻理解而为世人瞩目。它不仅有激烈的竞争性,而且有很强的感染力,给观众以体育之外的深刻启迪。

因此,特殊学生积极参加体育活动不仅能够增强体质,改善因伤、病、残引起的肢体功能障碍,而且增添了生活情趣,陶冶了情操,促进了身心健康,扩大了生活领域。特殊学生参加特殊体育课程学习,是他们与社会交往的有效手段,是一项非常有意义的社会活动。

三、高校实施特殊体育课程教学的现状

(一)课程设置及实施的基本情况

通过对浙江省20所普通高校实施特殊体育课程教学现状进行调查,结果表明,浙江省有75%的高校开设了特殊体育课程。在开设的学校中,以20世纪90年代前期开设的居多,占40%。目前浙江乃至全国仍没有统一的特殊体育教材,均由任课教师自定,授课对象以伤、残、体弱、病为主的居多。任课教师大多以由体育与教务部门随意安排或选择年长及武术专业教师为主,分别占46.7%和40%,一般固定性很强。有90%的学校采用固定制,上课时间主要安排在下

午课外活动时间及正常上课时间。高校中学生体弱者(三项素质得分总和低于100 分)比例一般在 5%—15%。浙江高校体弱者学生占全校学生总数的平均比例为 8.33%。

（二）高校性质、类型和规模及课程开设情况分析

不同性质的高校在是否开设特殊体育课程方面存在极显著性差异。进一步分析表明,这种差异主要表现在重点大学与非重点大学间的差异上。浙江重点大学特殊体育课程开设率为 84.6%,非重点大学为 43%。高校类型与学校是否开设特殊体育课程存在显著性关系,分析表明这种差异主要表现在综合性大学与非综合性大学的差异上(这可能与招生时对生源要求有所不同有关),而与高校规模无直接关系(见表 2-2)。

表 2-2　影响高校特殊体育课程开设情况的因素

高校	高校性质	高校类型	高校规模
是否开设	0	0.024	0.093

（三）不同高校性质、类型和规模对课程教学实施的影响

在具体实施中,高校的不同性质、类型、规模与课程开设时间没有直接关系,而高校的性质不同,在特殊体育课程实施中的受教对象、完成情况方面存在极显著性差异。具体表现在重点大学将伤、残、病、体弱者列入受教比例的占 66.7%,而非重点大学的列入比例仅为 25%;重点大学课程完成比较顺利的占 75%,一般的占 25%;而从非重点大学完成情况看,33.3% 的学生很顺利,66.7% 的学生一般。高校的类型不同直接表现为课程实施时授课对象、任课教师特征及授课时间方面的差异,具体体现在综合性高校以伤、残、病、体弱为对象的占 42.9%,而非综合性高校占 62.5%;综合性高校以年长武术专业老师为任课教师的占 57.1%,而非综合性高校只占 25%,非综合性高校采用任意安排的占 62.5%,综合性高校只占 28.6%。在授课时间方面,综合性高校选择下午课外活动的占 57.1%,非综合性高校占 37.5%,而非综合性高校选用正常教学时间的占 50%,综合性高校占 28.6%。同时也发现高校规模与授课对象、教师的固定性、课程完成情况及体弱者比例方面的极显著差异,进一步分析表明,这种差异具体表现在:学校规模在 5000人以下的高校任课教师固定性,以伤、残、病者为主的比例明显高于 5000 人以上的高校,而体弱者比例、课程完成顺利程度明显低于 5000 人以上高校,这可能与任课班级学生人数偏少有关(见表 2-3)。

表 2-3　高校性质、类型及规模对高校特殊体育课程实施情况的影响

高校	授教对象	教师特征	教师固定性	授课时间	完成情况	体弱者比例
性质	0.002**	0.269	0.264	0.269	0**	0.082
类型	0.042*	0.008*	0.370	0.041*	0.153	0.818
规模	0**	0.074	0**	0.071	0**	0**

（四）实施高校特殊体育课程教育的分析

伤、残、病、体弱及特殊体形者是高校体育教育对象中的弱势群体，随着招生规模的不断扩大及全社会对特殊教育的日益重视，其群体将不再成为可忽视的部分，应引起高校教育部门的高度重视。

目前浙江普通高校绝大多数已开设特殊体育课程，一般院校、非综合性高校应加强特殊体育课程的具体实施工作。目前尚缺乏统一的特殊体育教材、大纲和有关的体育考试规定及标准，多由任课教师自定。建议高校有关部门尽早制定针对不同身体条件特殊学生的体育教学大纲等指导性文件，编写适合特殊学生体育学习的教材。

鉴于目前高校特殊体育课程一般以单设特殊体育班的模式出现，受教对象仍局限于伤、残、病者，未顾及体弱及特殊体形者，因此需要将体弱和特殊体形者列入受教对象。

目前采用的是以体育教务人员任意安排或选派年长的武术专业老师为主的教师上岗派遣制度，到岗后固定性较强，存在较大的局限性。在高校特殊体育受教对象中不存在弱智人，以体弱者居多，其次为因病未完全痊愈者，特殊体形的学生主要是指过度肥胖者，伤残者主要以小儿麻痹后遗症居多，还有如截肢、骨软骨发育不良、脊柱畸形等。试想这些身体条件参差不齐，连基本的上下肢活动都无法统一完成的受教群体，如何保证教学任务的顺利完成？只能造成教学流于形式、得过且过、教师学生被动的局面。

采用高校特殊体育教育"教师负责制"是一种积极有效的途径。即在学生入学时就实行由一名教师负责身体条件基本相似的若干名特殊学生，对他们的体育教育全程负责，直至其毕业的教育管理制度。调查统计结果表明，大多数现任教师对这一方式持肯定态度，但这项系统工作能否顺利进行尚需得到学校有关部门的支持和配合。

第三节　普通高校特殊体育课程模式

当今世界,随着社会现代化的迅猛发展,关注弱势群体已日益引起并得到世界各国的重视、关怀和支持。在我国随着高等教育由"精英教育"时代到"大众化教育"时代的转变,教育公平理念的确立,越来越多的特殊学生(包括身体异常、病、残、弱及高龄学生)在教育民主和教育机会均等的名义下,跨进了大学校门。特殊学生属于弱势群体,从数量上和能量上较之正常学生相对有限,但身体障碍学生或健康弱势人群的存在,是大学校园必须面对的一个社会现实,拿到"入场券"的高校特殊学生,在几年大学生涯中是否真正接受符合其身心特点和需要的体育教育,高校面对特殊学生群体体育教育到底采用何种教学模式,是否能满足特殊学生的体育学习需要,值得探讨。

通过查阅特殊体育教育文献及相关论文,电访高校体育部主任、收集一些高校体育教学大纲进行研究的过程中,笔者发现,1992年原国家教委颁布的《全国普通高等学校体育课程教学指导纲要》指出:使高校特殊体育教育进入规范化、操作化阶段。其中第五条第四点明确指出:"保健课,系为个别身体异常和病、弱学生开设的必修课或选修课(高年级)。应有针对性地组织康复、保健体育教学。"在课程名称、性质上首次确立了特殊体育在大学体育中的地位,这个名称一直到现在仍为大多数高校所沿用。

教育部在2002年8月颁布的《全国普通高等学校体育课程教学指导纲要》(以下简称新《纲要》)第四部分第十条更加清楚地界定"对部分身体异常和病、残、弱及个别高龄等特殊群体的学生,开设以康复、保健为主的体育课程"。比较新旧《纲要》的提法,我们不难看出,无论从接受特殊体育教育的对象,还是课程结构本身,都较以往有更大的自主性和灵活性,体现了现代大学的教育目标。在建设和谐社会呼吁教育公平的大环境下,新《纲要》的出台,给高校特殊体育教育带来新的契机,使近些年高校特殊体育教育的开展迈上新台阶。

一、普通高校特殊体育课程的开设情况

从教学大纲可以看出,大部分高校比较严格地执行了《纲要》的精神,设置了针对特殊学生群体的保健体育课程,但有一个值得深思的现象。调查发现,有部分学校教学大纲中虽然设置了保健体育课程(单设特殊体育课),但实际却没有开设,仅仅只是为了应付上级检查之需(见表2-4)。

表 2-4　浙江省 20 所普通高校特殊体育课程的开设情况

课程形式	单设特殊体育班	随班就读	未开课
数量（所）	15	3	2
百分比（％）	75	15	10

二、普通高校特殊学生对体育锻炼的认知及需求情况

对部分普通高校特殊体育学生（200 人）进行问卷调查，了解学生对体育的需求，及影响他们参加体育运动的因素（见表 2-5），发现 96.0％的学生对单开特殊体育课有强烈的要求，并很希望有适合他们体育锻炼的运动处方和学习指导，绝大部分学生对如何健身、康复保健有很强的求知欲望。调查也表示，影响他们参加体育活动的原因中，排在前三位的主要是：没有适合自己的锻炼项目，占 73.5％；身体行动不方便，惰性大，占 71.3％；缺少针对性的运动场地、器材，占 67.6％。（注：每项可多选）目前各高校的体育教学改革都非常重视运动项目的开发，但开发项目大都不适合特殊学生锻炼，调查学生最喜欢的体育项目，其结果值得思考。排序前五项的分别是：户外郊游、有氧健身、乒乓球、羽毛球、下棋……说明特殊群体的大学生虽然行动不太方便，但对时尚的运动项目仍感兴趣，他们对户外体育运动的热情高涨（见表 2-5）。

表 2-5　普通高校特殊学生对体育锻炼的认知及需求情况（200 人）

题目	需要	无所谓	没必要
1 体育锻炼的必要性	192(96.0％)	8(4.0％)	0
2 锻炼中是否需要组织指导	176(88.0％)	16(8.0％)	8(4.0％)
3 锻炼中是否需要个性化的运动处方	192(96.0％)	8(4.0％)	0
4 体育锻炼的自我评价	160(80.0％)	16(8.0％)	24(12.0％)
5 是否需要关于平时锻炼习惯方面的知识以方便自己进行自主锻炼	184(92.0％)	8(4.0％)	8(4.0％)

三、普通高校特殊学生体育教育的主要模式

目前我国高校特殊学生的体育教育主要有以下几种模式，其中以单设的特殊体育班最为普遍。这种模式的优点和缺点同样鲜明，学生获得了体育学习的权利，但是否能和普通学生一样享受到运动乐趣？"标签"的存在是否会对他们的心理造成影响？教学内容是否适应于每一个个体的需要？考评是否真实反映了学生的努力程度及掌握情况？这些矛盾都还没有得到很好的解决。而且，有些高校有缩减

特殊体育课的教学时数的现象。由此可以看出,高校对于特殊学生的体育特殊性,在认识上和重视程度上存在着不平衡(见表2-6)。

表2-6 普通高校特殊体育教育几种教学模式的优缺点分析

模式	优点	缺点
单设特殊体育班	1)集中教学,统一管理	1)特殊学生人数偏少且分散,涉及全校各班,统一上课时间有难度
	2)便于教师安排教学进度	2)减少了与正常学生一起活动、交往
	3)教学计划、考评较规范	3)学生个体差异较大,只能做到分层教学,很难做到因材施教
	4)有利于教师选择针对性教学内容	
	5)减轻特殊学生的自卑心理	
随班就读	1)有利于特殊学生融入学生主流	1)对教师安排针对性教学内容有困难
	2)方便系部排课	2)容易造成随波逐流的尴尬
	3)有利于培养学生的互动友爱精神	3)考评尺寸很难把握
		4)特殊学生的安全隐患问题
免修体育	1)不会有任何体育伤害风险	1)违背体育教育不放弃每一位学生的宗旨
	2)减轻教师的责任	2)剥夺了学生体育学习的权利
		3)容易让学生更加自卑,产生消极态度

(一)单设特殊体育班教学模式

这种模式让学生获得了体育学习的权利,很大程度上也减少了特殊学生学习体育的自卑心理,但特殊学生是否真正获得了体育运动的乐趣?"标签"的存在是否会增加他们的自卑心理?教学内容的安排是否适应于每一位特殊学生?考评上的"合格"与"不合格"是否真实反映了学生的努力程度呢?这些问题对于个别特征非常明显的特殊学生来讲,会极易削减学生的运动积极性,失去运动兴趣,努力程度会大打折扣。

(二)随班就读体育教学模式

随班就读是特殊体育所推崇的一种教学模式。这种模式的最大优点是让所有的学生平等参与,有助于特殊需要的学生融入主流群体,这是一种高期望值的教育。它首先得源于全社会理解、关爱特殊群体,才有可能做到真正的融合,在学生期末反馈中可了解到,特殊学生最怕看到的是同学用异样的眼光看自己;其次,它对体育教师的专业素质、专业功底也有很高的要求,不仅要有精湛的体育知识,良好、友善的教学态度,还要了解特殊体育和特殊教育的基本要求;最后,它对教师驾驭课堂的能力也提出了更高的挑战性,既不能过分呵护特殊学生,也不能对他们漠不关心,努力使每一位学生都得到健康发展。随班就读最大的问题是,班级中虽有特殊学生,教师却没有针对性地开设运动处方,让他们放任自流、随班混读,等到考核时就随意打个"合格"与"不合格"。对于随班就读的特殊学生来说,在考试条件的公平上,以同样的考试标准考察学习条件各异的学生,实际上就是不公平。

(三)免修体育的教学模式

免修体育是一种极不负责的教学方式。不开设体育课自然是减轻了体育部门的负担,也把特殊学生的运动伤害降到零程度,但却剥夺了特殊学生接受体育教育的权利。这到底是真正意义上的关怀,还是潜意识地逃避责任呢?体育是以身体练习为主要手段的一门学科,教育的公平性就明显地凸显出来了。调查结果显示,仍有部分高校特别是高职院校采取免修体育的方式,把特殊学生的体育教育拒之于体育场域外,这个结果,不得不要反思一下大学体育的实质,是否真正在于对每一位学生的呵护与培育?

四、高校特殊学生体育课后反馈

调查显示,有96.0%的特殊学生认为很有必要参加体育锻炼,如果学校开设特殊体育班,有专门的体育老师做指导的话,自己一定踊跃报名参加并表示会努力按照运动处方进行锻炼。单设特殊体育班进行锻炼对自己将来健康的生活方式有积极乐观的态度。这部分学生由小学到大学比普通学生少了很多参加体育活动的机会,他们更珍惜大学的体育学习。调查中对现行课程较不满意的地方集中在考评办法和体育设施的配备方面。问卷还了解到,影响学生参与体育活动的原因主要集中在"同班级没有合作伙伴""怕人讥笑"等方面,可见,把特殊学生集合起来,通过正面引导,让他们勇敢地承认自己的身体问题并接受这个事实,并用积极的体育锻炼来愉悦身心,最大限度地改善、补偿自己的不足显得何等重要。

五、高校特殊体育教育模式的深层分析

(一)努力实现特殊学生的体育教育公正

教育现代化所追求的目标之一就是人人享有受教育的权利。但目前存在的一个很重要的问题是虽有《全国普通高等学校体育课程教学指导纲要》中"对部分身体异常和病、残、弱及个别高龄等特殊群体的学生,开设以健康、保健为主的体育课程"的必修的规定,但在实际操作中没有配套的定性、定量评价指标,甚至于部分高职院校还未对部分学生开课,随他们在正常班"随班混读"或"免修体育"来逃避责

任。而这个问题的解决不能仅仅靠个别学校或教师的努力,需要自上而下的机制监督,也可以和学校体育工作的评估结合起来,对执行情况良好的院校予以表彰,对执行不力的院校做出相应处理。否则,目前这样得过且过的局面还将继续下去。

（二）缺乏针对性的课程指导纲要和相应的体质标准,教学随意性大

特殊体育课程没有明确的课程目标、课程内容导向,使各校课程设计五花八门,随意性相当大。由于特殊学生的个体差异,课程设计难度就相对突出,这是摆在目前特殊体育教师面前最严峻的问题。

（三）特殊学生还未摆正心态,悦纳自己的身体障碍问题

对特殊学生来说,对自己缺陷的接受包括生理上的接受、心理上的接受和社会上的接受。可是不少特殊学生在多数场合不愿意承认自己的身体问题,体育运动的实施,必须直面自己的身体缺陷,这种体验对人来说是痛苦的,因此常常会出现消极锻炼或回避体育锻炼的态度。隐瞒身体事实勉强跟随普通学生进行力不从心的体育锻炼时有发生。对特殊学生来说,客观地认识自己的身体局限最大的挑战是要有勇气。而对课程老师来说,就是要最大限度地体现人文关怀。对于普通学生来说,最关键的是要学会"关心他人"。如果三方面能很好地解决,体育课堂才会真正做到让每一位学生都参与进来。

（四）课堂教学中还未真正注入伦理关怀的精神

设身处地考虑特殊学生的需要,帮助他们实现与社会的融合,无论学校还是社会,认识到这一理念至关重要。教育是直面人之生命,通过人之生命,为了人之生命质量提高的活动。由于教学对象的特殊性和体育教育要直面身体练习的特点,更应该让其他学生学会尊重他人、关心他人、欣赏他人。而目前还没有构建好特殊体育课堂教学的实践操作体系,特殊学生体育学习支持系统严重缺乏。

世界卫生组织提出:"健康不仅仅指身体没有疾病,而是身体上、心理上和社会交往的完好状态。"高校面向特殊学生开展特殊体育教育以及结合特殊学生培养教育高层次专门人才任重而道远。

第三章
普通高校特殊体育课程设置

提纲介绍

　　本章介绍了高校特殊体育课程目标构建、特殊体育课程教学内容设计、特殊体育课程评价等内容。

第一节　普通高校特殊体育课程目标的构建

　　普通高校根据国家《学校体育工作条例》《全国普通高等学校体育课程教学指导纲要》等体育教育法规性文件精神，结合各校实际情况，开展特殊体育课程教学。

一、普通高校中的特殊体育课程

　　目前，高校开设的特殊体育课程，其性质、目标、内容、组织与考核等方面基本一致。其共同点可归纳为：①特殊体育课是针对肢体残疾及患有各种慢性疾病或特殊身体状况的学生而开设的体育课程；②以了解保健知识，掌握简单的健身、保健、康复手段与方法，促进身体康复，改善精神面貌为主要目的；③课程教材主要是以健身性、娱乐性、康复性和低负荷为主要特征的内容，如太极拳、健身操、形体练习、软式排球、乒乓球、瑜伽等；④由于学生个体差异较大且年级、专业分散，教学组织相对松散，有些高校采用运动处方式教学；⑤考核包括理论知识、一般技能和学习态度，比较简单。

　　特殊体育课程是高校公共体育课程不可缺少的组成部分，在体育课程教学实践中发挥着重要作用。但相对于高校其他公共普通体育课程而言，特殊体育课程主要存在以下问题。

1.教学对象单一

　　目前，普通高校特殊体育课程的教学对象主要是各类残疾学生及经医生诊断为不适宜参加剧烈体育活动的学生。

根据当前我国招生制度,每年招收录取到大学就读的可以自理并能进行正常学习的各类残疾学生约占当年招收人数的1%。根据国家近年来的学生体质健康监测结果,各类残疾学生数增加不明显,但因身患各种慢性疾病而不能参加剧烈甚至一般运动强度的体育运动的学生数却增加迅速。粗略估计,二者加起来超过20%。

然而,除了身患残疾的学生外,其他学生一般不愿意参加特殊体育班的学习,他们宁可和其他普通学生一起参加体育锻炼,也不愿意和特殊学生一起上体育课。而这类特殊学生大批量地加入普通体育课程的学习后,将会大大增加教师的教学负担,进而影响教学质量和正常教学目标的实现。该问题的日益突显已经引起了体育教育界的广泛关注。

2. 教学目标形同虚设

教学目标受教学对象认知水平的制约,体育教学目标的制订除了受教学对象一般认知水平的制约外,还广泛受到体质健康状况及运动认知水平的制约。针对特殊体育班学生体质健康状况的特殊性,其教学目标存在较大的弹性,使教学对象达到认识体育锻炼的健身价值,掌握1—2种适合自己健身锻炼或保健与康复的运动项目或练习方法,并逐步养成自觉参加体育健身锻炼的习惯的目的。但在实际的特殊体育课程教学中,教学目标是模糊的,教学满足于形式的思想十分严重。

3. 教学内容随意性大

当前,各高校在选择特殊体育课程教学内容方面存在较大的随意性,不少高校基本上没有相应的课程大纲,或者有大纲但执行随便;教学内容简单、随便,主要是太极拳(剑)、乒乓球、健身操等;教学不重视效果,而是"重在参与"。

4. 教学管理不够规范

特殊体育课程一般不编入学期课程表,基本上是由任课教师来安排,上课时段、学时存在较大的随意性。学生课程考核基本上没有标准,只要是出勤率高,课程分数就高。有的高校规定,参加特殊体育班学习的学生,其体育课程考试成绩最高不能超过70分。

5. 师资队伍严重短缺

师资短缺是影响当前我国普通高校特殊体育课程教学质量的最大瓶颈。抽样调查显示,基本上高校均开设了特殊体育课程,为有需要的学生授课。由于特殊体育课程的性质和特点,教学要求不高,但同样计算教学工作量和酬金,因此几乎所有的高校都不会挑选业务素质高的教师去担当特殊体育课程的教师,而基本上是首选年纪较大的甚至是体弱的教师为学生授课,体现出浓厚的"照顾"性色彩。

另外,全国缺乏相应的特殊体育课程专业人才培养也是一个重要原因。根据普通高校体育课程及特殊体育课程的教学目标与相关要求,一个合格的特殊体育课程教师应当具有较丰富的体育锻炼知识与技能,熟悉运动医学、体育保健常识与技能,同时又了解残疾人教育一般规律与方法。只有具备了以上知识与能力条件,再加上足够的耐心和敬业精神,才有可能搞好特殊体育课程的教学工作,学生才能真正受益。

二、高校特殊体育课程的改革与发展

总结近年来高校特殊体育课程教学发展的历程,专业师资仍然几乎是一个空白,这是制约教学改革与发展的关键因素之一;日益增加的特殊学生数量,给当前主要是面对身体残疾或疾病患者的特殊体育课程教学带来新的挑战,课程改革已迫在眉睫。

(一)加强专门师资培养是关键

根据当前我国教育改革与发展的趋势,切实树立"健康第一"的教育思想,坚持"以人为本"的教育理念,认真思考当前我国青少年学生体质健康状况主要指标持续下降的新情况,积极探索培养对应的体育教育专门人才的新途径具有现实意义。

(二)科学构建教学目标是核心

面向全体学生,科学制订体育课程(包括特殊体育课程)教学的目标体系,并形成由低级到高级、由简单到复杂的层次;努力创造一个体育课程教学目标"最近发展区"及其系列,真正使每一个学生都有学习的动力,同时也有一定的压力。在此基础上,指导设计体育课程(包括特殊体育课程)教学内容,开发课程资源,全面提高教学效果。

三、高校特殊体育课程目标的构建

(一)高校特殊体育课程目标的研制依据

1.教育公平、生命关怀理念的召唤

随着教育公平理念的深入以及教育大众化的普及,残疾人受教育权利进一步得到保障,逐渐与普通教育融合:普通高校所招收的学生中,没有智障和精神残疾的学生,所谓的残疾人包括有基本自理能力的残疾,以及体弱、慢性健康问题等学生的比例逐年增加,体育教育对身体练习的要求使得他们的特殊性较之其他学科更为迫切,但是不可否认的是现状却正相反。身体的部分功能暂时或长期残缺甚至丧失,再加上某些客观条件的限制,得不到充分的照顾,体育教育多处于"游离于学校场域"的状态,即使开设特殊体育课,也多是流于形式。[9]体育教育是一种社会

经历,特殊学生在这一经历中,可以了解自己,丰富自己同他人的关系,获得基本的知识和技能。这是他们的学习权利,任何人或单位都不能剥夺,这是最深层次的人权呼吁。

2.残奥会的推动与政府相关残疾人权益保护条例的出台

2008年北京成功举办残奥会不仅促进了残疾人竞技体育的发展,而且带动了残疾人群众体育的发展。政府先后出台了一些发展残疾人事业的文件。2007年5月,为了迎接北京残奥会,国务院办公厅文件在进一步加强残疾人体育的意见中,强调各级各类学校要组织残疾学生开展适合其特点的日常体育活动。学校体育测试要充分考虑残疾学生的特殊情况,体现人文关怀。2008年3月28日发布的《中共中央、国务院关于促进残疾人事业发展的意见》中,对残疾人体育提出"繁荣残疾人文化体育事业。开展残疾人群众性体育健身活动,增强体质、康复身心。开展残疾人体育科研和体育教育"的意见,以及中国第一批签署《联合国残疾人权利公约》,都表明了中国政府对残疾人的人文关怀。因此学校特殊体育课程学习,应是每个特殊学生的基本权利显性化的表达,这是最直接的政策导向。

3.高校特殊体育的开展与终身体育的接轨

我国特殊体育课程长期近乎空白,在小学、中学体育教育阶段,这些特殊学生常常是体育的照顾对象,接受体育教育的程度不高,也不够全面。大学虽然开设了特殊体育课程,基本上也是形式,这与没有特殊体育课程大纲、特殊体育课程教师薄弱等有很大的关系。因为特殊体育教师大都没有接触过特殊体育基础理论,甚至不知道如何给特殊学生上课,让特殊学生随班混读、见习观望的现象比比皆是。特殊体育课程目标的构建正是因这样的背景而设计的,它将很好地弥补没有对特殊学生给出具体课程实施的不足,最大程度体现了对每一个学生最深层次的生命关怀,能够给高校体育教师具体的操作性指导。能够让大学的体育与将来的终身体育接轨,提高终身体育意识,实现最大的自身发展。

4.阳光体育,特殊学生融入社会的平台

2006年,教育部联合国家体育总局和共青团中央共同倡议在全国学生中推广阳光体育运动,切实提高学生的体质水平。但资料显示,分布在高校的特殊学生却很难共享体育运动的阳光。因此,要想使这些特殊学生共享体育运动的阳光,就要从他们的体育课入手,逐渐使他们融入学校大集体,融入社会,这才是阳光体育惠及每一位青少年学生的初衷。

(二)对普通高校特殊体育课程目标的理解

目标是蕴含在人们脑海中的目的结果的陈述。目标是分层次的,奥恩斯坦将具体目标分为三个层次:①课程计划的具体目标,指的是各门学科在不同年级水平要达到的具体目标;②单门课程的具体目标,指的是年级水平内某门课程所要达到的具体目标;③课堂具体目标,进一步分为单元具体目标和单课具体目标。我们所要确立的是第二层次的目标,即指大学生特殊体育课程所要达到的目标。

教育的结果是当今备受关注的一个话题,大学特殊体育教育能使身体练习障碍学生在哪些方面得到调适和提高,是研究的重点。对应于所研究的对象是有身体练习障碍的特殊学生,具有很强的个体差异特点,因此我们很难把目标制定得非常精确,事实上也无此必要。我们需要做的,是应该让教师和学生了解这门课程的理念、价值以及通过这门课程学习所期望达到的总体目标,至于用什么手段、方法,在某一个水平阶段应达到何种可观测的目标,那可以在具体的教学过程中根据阶段灵活制定。因此,要对特殊体育课程的总目标做出具有指导意义的描述,必须先对新《纲要》的目标有清晰的认识,对身体练习障碍学生的目标制定,既要体现与新《纲要》目标领域的衔接,又要有所区别,反映出课程制定者"生命关怀"的课程观,鼓励教师和学生在探索和体验不确定性中获得教与学的乐趣。

（三）2002 年新《全国普通高等学校体育课程教学指导纲要》对特殊体育课程目标的启示

2002 年新《全国普通高等学校体育课程教学指导纲要》(以下简称新《纲要》)明确将课程目标细化为运动参与、运动技能、身体健康、心理健康、社会适应五个领域目标。课程目标体系充分体现了"健康第一"思想、素质教育思想、终身体育思想、发展个性教育思想。课程目标是课程的关键问题,它决定着课程内容、方法、评价的设计与选用。从新《纲要》对课程目标的表述,我们可以看出高校体育课的力量正在发生巨大的变化。在课程性质上明确指出体育课程要达到的主要目标是"增强体质、增进健康、提高体育素养"。虽然还是以身体练习为主要手段,但它强调的是通过合理的、科学的体育锻炼,促进身体和心理的全面发展,并把生活技能和体育技能的培养有机地结合起来,在增强体质、增进健康的同时,强调大学生对社会的适应能力。新《纲要》第四部分第十条明确指出:"对部分身体异常和病、残、弱及个别高龄等特殊群体的学生,开设以康复、保健为主的体育课程。"不难看出,无论从接受特殊体育教育的对象,还是课程结构本身,都说明了体育课程目标的制定是面向全体学生的,它体现了以人为本和面向每一位学生的思想,非常重视学生的主体地位,是对以往"进入大学门就按一个标准培养人"教学模式的否定,是对以人为本、尊重个体差异、区别对待、因材施教等诸多新理念的褒扬,是对传统教育事项、教育观念的升华。

（四）普通高校特殊体育课程目标的确立

通过对新《纲要》目标领域的分析与解读,我们可以试图从生命关怀在教育视野的表现形式来阐释特殊体育课程的总目标。意即在目标表述中体现出人际关怀、社会关怀和自我关怀,在确立目标中力求与新《纲要》中的五大领域目标对应,并体现出特殊学生个别化的特点。个别化的行为目标是根据个人的身体状况和需求拟定的。比如:各类特殊学生因在小学、中学等阶段体育经验方面的缺乏,他们的需求肯定比普通学生多,特别是在体育技术与体育技能方面的学习上。别人能轻而易举完成的活动,对特殊学生来说可能要尝试无数次的失败,这又可能会伤害到他的自尊心,所以在目标制定中要特别考虑到教学过程中消除特殊学生的无助感。通过反复推敲,并请教特殊体育课程领导、专家和一线体育教师,一致认定有以下八个目标。分别是:①增强体质,补偿缺陷,发展健康体适能;②注意与社会衔接,满足不同兴趣和需求;③充分尊重学生的能力需求,强调适应能力,发展学生的个性和特长;④改善心理健康,悦纳自我并能与他人和谐相处,养成团体归属感;⑤增强学生的体育意识,培养体育能力,确立终身健身方式;⑥发扬体育精神,形成乐观开朗的生活态度;⑦促进学生正向的学习态度和动机形成;⑧与普通学生一样有机会从事相同运动(见表 3-1)。

表 3-1 普通高校普通学生、特殊学生体育课程目标解读

普通学生体育课程目标	特殊学生体育课程目标
1 运动参与目标	1 增强体质,补偿缺陷,发展健康体适能
2 运动技能目标	2 注意与社会衔接,满足不同兴趣和需求
3 身体健康目标	3 充分尊重学生的能力需求,强调适应能力,发展学生的个性和特长
4 心理健康目标	4 改善心理健康,悦纳自我并能与他人和谐相处
5 社会适应目标	5 增强学生的体育意识,培养体育能力,确立终身健身方式
	6 发扬体育精神,形成乐观开朗的生活态度
	7 促进学生正向的学习态度和动机形成
	8 与普通学生一样有机会从事相同运动

第二节 普通高校特殊体育课程教学内容的开发与设计

体育,是学校教育的重要组成部分,是学生走向社会仍能保持健康体魄和健康生活方式的有效手段。体育教育的实质在于对人的生命力的呵护与培育。任课教师在合理选择和组织课程内容时,除了要考虑到与目标的相关性以外,还要考虑到内容的科学性和有效性,它们对学生和社会的实际意义,它们能否为学生所接受以

及是否与学校教育的基本任务相一致等问题。人们对课程内容的解释,往往是与各自对课程的定义联系在一起的。这里采用的"课程内容"一词,兼顾到学科体系、学习活动和学习经验这几方面的因素。[10]课程编制在选择学习内容时应考虑到该内容的潜在意义,要涉及学生认知能力、社会和心理背景等各方面。[11]由于体育教育的特殊性,对身体运动能力要求较高,因此,对特殊学生开设的体育课,在课程内容的选择上就非常重要。我们不应该限于自己的主观意识,设定特殊学生的课程内容。应从实际出发,以实际情形选择内容,不应凭空猜想推测。课程设计者应常常反思考虑的是:为什么选择这部分教学内容?是否考虑到了学习者的能力和兴趣?特殊体育的个别化特点与课程内容的普适性矛盾如何解决?课程内容必须考虑到学科发展需要、学生需要以及社会需要,如何通过体育教学,培养这部分学生积极、健康的生活方式,掌握简单有效的锻炼手段方法,并能根据自身的情况制订科学的运动处方,使之在将来的生活中运用自如,是特殊体育课程要解决的重点问题。

一、选编特殊学生群体体育教学内容的原则

教学内容制约于教学目标,并支撑着教学目标的实现。根据特殊体育课程的目标体系,特殊学生群体的体育教学内容应当满足不同类别学生群体的体育需求,使之适合特殊体育课程教学的需要。总之,在选编教学内容时应当遵守以下原则。

（一）安全性原则

安全是特殊体育课程教学的首要问题。安全性原则是指选择教学内容时,要充分估计其内在的安全系数,以确保练习时的危险系数降到最低。

（二）适量性原则

适量性原则是指选择运动项目或练习内容应当与学生身体的体质健康状况相适应,身体练习的负荷以适当为基本标准。一般来说,应选择运动负荷强度较小,自身能够承受,并能够产生积极影响的练习项目或内容。必要时,运动负荷的设定应当在医生和体育教师的共同参与下,进行体格检测、机能测试和运动负荷试验,然后再科学制订;练习时还应当加强医务监督。

（三）有效性原则

有效性原则是指选择运动项目或练习内容应当以使学生产生积极的锻炼效果为基本标准。体育锻炼的效果主要表现在以下三个方面:第一,身体的良好适应和某些疾症的减弱;第二,动作技能的掌握与提高;第三,意志品质的磨炼与提高。任何一种教学内容的选择都应当与具体教学对象的特殊目标与任务紧密结合,以确保教学干预的有效性。教材的有效性是相对的,要具体问题具体分析。

有效性与适量性是辩证统一的关系,在实践中应当有机地结合起来,才能达到最佳的教学效果。

(四)简便性原则

简便性原则是指选择运动项目或练习内容应当以简便易行为基本标准。一般来说选择动作结构与技术相对简单的运动项目或练习内容为宜;同时,要充分考虑到特殊学生的特殊情况,避免复杂、强度太大的运动项目。

(五)多样性原则

教学目标的多样性决定了教学内容的多样化,力争选编尽可能多的教学内容以便教学参考。

总之,每个原则都有其优势,但也有其使用的局限性。因此,在选编教学内容时,应当综合考虑各原则发挥的积极作用,做到有机结合,而不可割裂分析问题。

二、特殊体育课程内容选择的标准

无论课程设计者的课程设计取向或哲学观如何,在选择课程内容时都应有一定的标准。特殊体育课程的课程内容与普通体育课程内容的选择标准大致相同,但仍有一些需要特别强调的特定标准。应借鉴许多课程学家的观点,融合现代教育理念,充分考虑学习目标和终身体育教育的要求,以体育与健康课程标准的课程目标为依据。课程内容的选择标准应有以下几点。

(一)能帮助学生最大限度获得其缺陷部位的需求

马斯洛的需求理论有两个著名的假设:一是缺乏性需求;二是发展性或存在感的需求。将需求理论运用于特殊体育课程内容设计上,重点是要协助学生克服问题,以学习者的现实需要为基本出发点,全面了解学生的心理、生理状况,准确做好需求分析和评估,使设计的内容符合学生需求,加强针对性和实效性。要体现出所选择的内容能够帮助学生更好地适应社会生活和社会发展的需要,能够帮助他们有效地解决身体锻炼方面的问题,并对如何应用体育提高自己的生活品质做出明智和负责任的决策。应该充分考虑不同学生的障碍特点,根据学生的能力兴趣、学习需要、身体状况等设计不同的内容,采用不同的教学资源、不同的教学方法进行教学工作,从而让制订的教学内容使每一位学生都能进行合适的锻炼,取得尽可能大的进步。

(二)能最大限度满足学生的兴趣

兴趣能吸引学生对体育活动的注意,很大程度上决定着学生体育行为的方向。以学生为中心的课程内容应充分考虑不同障碍学生的兴趣、需求和能力的实际,使每一个学生都能享受体育的乐趣,得到最大的发展。课程设计和课程内容的选择,要特别突出对学生的关怀,尤其要关怀他们将来走出校门后自我锻炼能力的养成,所选择的内容应尽可能贴近学生生活。而且,每一个学生的身体情况各异,兴趣也千差万别,作为课程实施方,要尽可能考虑学生的正当要求,如提倡学生自主选择运动项目,特殊学生由于数量较少,做到完全的自主选择不太现实,但我们至少可以在课程内容上设身处地多为特殊学生考虑;采用这一标准意味着在选择内容或对要体验或建构的内容做出安排时,教育者要确定这些内容与学生相关,内容必须有利于学生。[12]在选择内容时,必须对特殊学生的个体化特征给予承认和重视。

(三)贯彻以学生为主体的理念,增强课程内容的弹性和可选择性

主体教育理论的核心观念,就是"充分尊重、发展受教育者的主体性,培养具有主体性的人"。[13]主体教育理论在教育价值观上特别强调以学生发展为本。以学生发展为本的理念,其具体体现概括起来,有以下四个方面:①把学生当作主体;②注重每个学生的需要、潜能、能力、关系、个性和精神世界的发展;③扩大学生交往,鼓励学生创新;④现在学生的发展预示着将来社会的发展。未来社会是一个学习型社会,它是以学习者与学习者需求为中心的社会,强调以学生为主体,尊重个体的自主性、能动性和创造性,设计课程内容应从多方面适应学习者多样化的发展需求。[14]在特殊体育课程中,以学生为主体就是要教师针对每个学生的具体情况,采用恰当的教育策略和方法、促进学生主动发展的过程。特殊学生的体育参与意识和参与能力与健全学生相比要弱,要通过特殊体育课程使其转变体育观念,主动参与,很大程度上需要教师充分运用"因材施教"和"因能施教"理论,最大限度地发掘学生的潜力。

(四)注重课程内容的实用性和科学性

特殊需要学生由于身体状况普遍弱于普通学生,在内容选择上要特别强调补偿缺陷和发展健康的体适能。为了使其能更好地融入主流群体,在内容选择上尽量不要与普通学生相差太多,例如,将某类运动的组织、规则、器材和策略做最小的修正,尽量维持与一般运动类似的机会。科学性是指内容选择要全面考虑学生身体状况,有效促进其身心健康,并充分体现个体差异,使每一个学生都能得到发展。

(五)课程内容选择应充分考虑可行性

这个标准会让编制人员必须考虑时间、可用资源、教学人员、政治气候、现行法规以及资金数量等问题,在特殊体育教育中这个问题更加突出。当然,国外特殊教育的推广有较为健全的法规和良好的公众认同,融合式体育教学一般重点是在中小学,而且涵盖的对象比较广,因此课程设计以及具体实施、评价等方面都较为细

致,教学资源也较为丰富,已经形成比较成熟的体系,我们如果要完全照搬融合式特殊体育教育的经验在目前是不可行的。虽然教育国际化使可供选择的内容五花八门,也有很多先进的经验值得借鉴,但在选择过程中仍要受到种种限制。例如,我们不能不考虑现有学校的教学资源,考虑到国情和现实背景、班级规模以及教师的数量等。

(六)课程内容的生命关怀取向

课程内容应该关注学生当下的生活,从关注每一个个体生命的角度出发。我们强调课程内容应回归学生的生活世界,这里包含两个层面含义:一是从学生的生活世界出发设计课程内容;二是具体的课程内容安排应联系学生的生活实际。生活世界是人的生命赖以存在和发展的综合性世界,课程内容设计如果不考虑学生生活世界的丰富内涵,学生通过课程所学到的内容将只是外在于个体生命的内容,不会成为个体生命的一部分,从而无法真正发展与完善自身。课程的生命关怀取向,就是要使课程与学生的生活实际建立起直接的关联,为科学世界与学生的生活世界搭建一座沟通的桥梁,把体育、道德、个人世界、自由的日常交往等这些重要的课程资源与科学整合起来,既能够促进学生生动活泼地发展,又能够培养学生必备的综合实践能力和社会责任感,使科学在造就"完善的人"这一目标上走得更远,使课程真正具有生命的活力和生活的意义。[15]

三、特殊体育课程内容领域的设计

学校体育教学的内容非常广泛。随着我国教育与体育教学改革的不断深入,以及健康第一指导思想的逐步落实,体育教学内容得到空前拓展。

基于特殊学生个别差异巨大的特点,体育课程内容不可能有固定的模式可以参照,新课标对应于课程内容也仅仅只是提出选编的原则,给课程实施者更多的自由度和创造空间。对于特殊学生,我们更倾向以领域、以教学对象的差异化划分课程内容,将自主权下放给一线的教师和学生自己,共同选择最适合于学生发展的课程内容。根据体育与健康课程目标和特殊课程内容选择的标准,特殊体育课程内容有六大领域范畴可供参考,它们分别是运动技能、健康体适能、运动基础知识、运动参与、心理发展、社会适应能力(见表 3-2)。

这六大领域与体育与健康课程的五大目标既有联系,又突出了特殊学生的个别化特点,体现了体育课程对所有学生的生命关怀。而且,课程内容领域化也是当今新课程改革极力提倡的一种导向,教师和学生可以根据实际情况,对六大领域内容进行灵活调配,根据不同学生的不同发展状况有所侧重。

(一)运动技能领域

在运动技能领域,可以选择有氧运动类、养生体育类、垫上运动科学体系和集体游戏类。在这些大类中,还可以根据各校的实际情况选配内容,如有氧类可以有游泳、登山、健身走等,有氧运动的好处不必在此一一详述,对于体质普遍较弱的特殊学生,它是最简便也最适用的健身手段。垫上运动科学体系是融西方流行的普拉提和古老东方的瑜伽为一体的新型运动体系,特别适合特殊学生,有助于发展身体核心部位力量、柔韧和平衡能力。集体游戏类如球类集体游戏、走或跑集体游戏等,有助于学生合作与分享,通过练习了解运动规则、战略战术、培养友谊等。这些内容,既考虑了学生身体的可接受度,又考虑了时尚健身及学生将来的自我锻炼,同时,还注重培养学生的团队精神和协作能力。在内容选配时应该注意:第一,根据学期目标选择相应的内容;第二,在普适性前提下,对个别仍然无法完成的同学应考虑有替代性内容;第三,集体类项目为了使所有学生都能参加,应适当改变规则、器材和场地。

表 3-2 特殊体育课程内容的六大领域

领域	特殊学生体育课程内容
运动技能	有氧运动类、养生体育类、垫上运动科学体系、集体游戏类
健康体适能	心肺适能、肌力与肌肉耐力、柔韧度、身体组成
运动基础知识	运动处方、健康标准、体育养生、营养保健、自我监督
运动参与	体育欣赏、锻炼习惯、运动环境选择、运动安全
心理发展	情绪、兴趣发展、人际交往、人格培养、道德观念
社会适应能力	自我观念、社会技巧、责任培养、独立活动能力培养

（二）健康体适能领域

健康体适能（Health-related fitness）是指为了改善整体健康所开具的运动处方,它包含四项要素:心肺耐力、肌力与肌肉耐力、柔软度、身体组成,[16]但较之普通学生,可以在某些内容和参考标准上做相关的调整和修正,使之更适应特殊学生的个别化特点。选择个人的测试项目时,应考虑其个别特性和个别化目标,并且要认清一个事实:没有一套现成的体适能评估工具和评价方法可以完全适用于所有特殊需要学生,评估的目的是反映学生的体适能表现而不是突出他的失能状态。如果个别学生无法完成某些项目,应该考虑其个别需求,以特别的施测项目来取代。一般来说,特殊学生的健康体适能常用测试项目有:①心肺适能:1.6 公里跑(走)/2.4 公里跑(走)、9 分钟跑(走)/12 分钟跑(走)、200 米游泳等,对于无法完成跑(走)的,可修正为推轮椅跑(走),换算参考值;②身体组成:这个项目无须替代,可以与普通学生用同样方法,一般采用身体质量指数或皮脂厚度来计算;③肌肉适能:分为上半部与下半部身体,上半部采用修正式俯卧撑或标准俯卧撑,修正式伏地挺身,还有直接用握力计测验上肢力量,下半部采用修正式仰卧起坐或标准仰卧起坐;④柔韧适能:可以用坐位体前屈或立姿体前屈,上肢可用双手背后互勾。特殊学生要发展健康的生活形态,必须学习有关体适能的知识、体适能活动技巧以及实施体适能活动。[17]从特殊体育课程的目标衡量,特殊学生的健康体适能领域主要偏重自我实现和生态价值取向,那么,在体适能管理模式中,就要强调学生本身的自我责任、管理和创造,同时,要重视从个人设计的体适能活动中,发展生命的意蕴和培养独立自主能力。

(三)运动基础知识领域

运动基础知识领域主要内容有运动处方、健康标准、体育养生、营养保健、自我监督等,以讲座、理论课及实际操作等形式进行,考评也应注意学生的运用及掌握情况,而非纯粹的书本知识。一般情况下,比较注重的知识点有:健康的标准及身体自我监督与评价;医疗康复体育对人体各器官系统的保健原理;体育养生及营养保健;运动处方制订的原则与方法;特殊学生体适能锻炼指导;东西方健身术的特点及补偿作用;运动生活方式与社会适应;亚健康成因与对策;等等。内容选择一定要注意针对性和实用性,使学生了解自我锻炼和运动保健的基础理论和方法,建立整体健康观,有良好的心态积极改善自己的健康状态并能帮助他人。

(四)运动参与、心理发展与社会适应领域

运动参与、心理发展与社会适应能力这三个领域的内容,其实都包含在上述的几个领域之中,没有单独的哪一个项目是纯粹发展某一个领域目标的。实际上,它们常常互相交叉,同时对几个领域的发展有促进作用,只不过根据课程目标或阶段目标,所发展的领域侧重点不同而已。运动技能、健康体适能和运动基础知识领域是基础,而另外三项领域则是它的拓展和延伸。在这几个拓展领域中,可以有具体的内容,也可以相对抽象,其目的都是为了特殊体育课程目标的更好实现。例如,为了发展运动参与领域,我们在课程中安排运动安全的内容,这就是比较具体的,可以介绍项目的运动安全,也可以介绍一般性运动安全的注意事项,还可以有操作环节,使学生获得直观印象。而心理发展领域的人格培养、兴趣培养等内容就相对抽象,因为这里有很多是在课堂教学中潜移默化形成的,我们不能武断地认定某一个项目或某一个环节就是在发展学生的心理健康,而其他部分毫无建树。我们可以通过教学策略与教学手段来促使这些领域的提高,促进学生生命自由完善地发展,促进教师职业和个体生命的充实和升华。

四、特殊学生群体体育教学内容建议

教学内容是教师执教的基本依据。按照本书特殊学生群体概念(详见第三章),可以将特殊学生群体大致分成三类。根据特殊学生群体体育教学的总目标提出以下教学内容建议。

(一)第一类学生群体的教学内容建议

该类群体是指身患残疾而不适宜参加常规体育活动的学生,多以肢体残疾为主。该类学生的主要生理特点是身体因患有残疾(包括骨折等)而运动受限,但生活都能自理。针对该类学生的生理特点,选择教学内容建议如下。

1.基础理论知识

根据选编特殊学生群体体育教学内容的相关原则,选择基础理论知识时应当注意:介绍一般体育健身原理;重视阐述关于运动负荷对机体生理适应的规律;突出对残疾人体育运动的常识介绍、运动锻炼的方法理论传授等。

2.基本运动技能

根据选编特殊学生群体体育教学内容的相关原则,选择基本运动技能时应当注意:传授一般体育健身方法;重视针对残疾人群的体育锻炼手段与方法及注意事项的介绍;突出介绍适合不同残疾特点,简便、有效的体育运动(练习)项目等。

(二)第二类学生群体的教学内容建议

该类群体是指身体患有各种慢性疾病(肥胖症除外)及其他疾病(学校禁止的疾病除外)的学生。该类学生的主要生理特点是身体因患有某些慢性疾病而运动受限,但日常生活、学习与其他健康学生差别不大。针对该类学生的生理特点,选择教学内容建议如下。

1.基础理论知识

根据选编特殊学生群体体育教学内容的相关原则,选择基础理论知识时应当注意:介绍一般体育健身原理;重视阐述常见慢性疾病的一般病理过程,适宜的体育运动、合理膳食、积极健康生活方式与慢性疾病康复的关系等;突出阐述体育运动对主要常见慢性疾病康复的方法理论等。

2.基本运动技能

根据选编特殊学生群体体育教学内容的相关原则,选择基本运动技能时应当注意:传授一般体育健身方法;重视针对身体患有慢性疾病人群的体育锻炼手段与方法及注意事项的介绍;突出介绍适合主要常见慢性疾病特点,简便、有效的体育运动(练习)项目等。

（三）第三类学生群体的教学内容建议

该类群体是指身体肥胖或偏瘦、基本运动素质偏差及其他情形的学生，以肥胖学生居多。该类学生的主要生理特点是由于身体过度肥胖或其他原因而导致的体能素质相对较差，不适宜（主要是指教学组织与效果获得）与其他健康学生一起参加体育锻炼和学习，而日常生活、学习与其他健康学生差别不大。针对该类学生的生理特点，选择教学内容建议如下。

1.基础理论知识

根据选编特殊学生群体体育教学内容的相关原则，选择基础理论知识时应当注意：介绍一般体育健身原理；重视阐述肥胖、偏瘦、体弱的一般病理过程，适宜的体育运动、合理膳食、积极生活方式与肥胖、偏瘦、体弱的关系等；突出阐述体育运动对体重的控制、提高身体素质的方法理论等。

2.基本运动技能

根据选编特殊学生群体体育教学内容的相关原则，选择基本运动技能时应当注意：传授一般体育健身方法；重视针对肥胖、偏瘦、体弱人群体育锻炼手段与方法及注意事项的介绍；突出介绍适合肥胖、偏瘦、体弱特点，简便、有效的体育运动（练习）项目等。

体育教育作为所有学生健康生活的根本，承认并采取各种措施保障特殊学生体育学习权利的做法，将在我国的体育教育与世界接轨、与其他学科接轨的历史进程中占有不可或缺的地位。从生命关怀的视野对特殊学生的特殊体育课程内容进行理论建构，首先体现了一种文明的社会关怀，是和谐社会发展进程的必然选择，为特殊学生的健康发展创造了空前良好的文化生态环境，也使教育的公平性和关怀性获得新的体现。对特殊学生体育课程开发，将大大提升他们的人生价值和潜力的发挥，这决定他们以什么样的面貌出现在学校其他成员面前——仅仅是受助者，还是有能力奉献社会的合作伙伴。特殊学生的特殊需要应通过体育课程的平台向广大师生传播，这是"关怀""和谐"的学校体育向纵深发展的必要前提。

第三节 普通高校特殊体育课程评价

首先要明确体育教学评价是手段而不是目的，其基本功能是反馈和激励，目的在于使所有学生的体育学习都能获得进步。明确了这个评价理念，在对特殊学生的体育学习评价中，就不会过分强调结果而更注重过程。为了使评价结果更具客观性、准确性，以及兼顾形成性和总结性，对于特殊学生的体育学习评价，认为应遵循以下原则,才能真正体现对学生的关注,对课程理念和目标的理解。第一,评价应涵盖情意、认知、技能三个方面,不可偏废;第二,基于学生个别化特点应实施个别化计划,教学评价应包含每个人的起点评价、形成性评价及总结性评价;第三,评价方式选择应适合学生个别能力差异与身心特性,全面考评其体能、技能、合作交往、自我锻炼等各个层面;第四,评价标准应综合考评学生的起点行为、学习过程与能力、学习成效等因素,教师应依据评价结果对教学做适当调整,实施补救教学或修正个别化计划,以保证学生得到最大限度的发展。

调适性体育课程的教学评价提倡主体取向评价,其理念是教育公正、机会平等与价值多元。比较几种评价工具,我们倾向以替代性评价作为调适性体育课程主要的评价手段。调适性体育课程评价中的替代性评价包含学习档案、日志、角色扮演、健康测验、书面表达、口头陈述、展示、讨论等形式。由于国内对于身体练习障碍学生体育评价工具的研发较为缺乏,因此,教师对身体练习障碍学生进行教学评价时存在着实际执行上的困难。但是,多数的适应体育专家认为,只要将一般的体适能测验稍做修正,便可适用于身心障碍学生,唯一要注意的是不可将对身心障碍学生所测验的结果与普通学生的常模相比较。

一、特殊体育教育评价类别

体育学习评价根据评价的目的、作用及实践来划分,可分为总结性评价、过程性评价和诊断评价三类。

(一)总结性评价

总结性评价一般又称为终结性评价或结果评价,是在某一相对完整的教学阶段结束后对整个教学目标的实现程度做出的评价。在全纳体育理念下,原有一刀切式的纯定量化的总结性评价方式已远不能达到客观评价的目的,真若如此,评价就失去了意义,因此,改革是必然的。

1. 定量指标的个体化

对特殊学生实施的总结性评价,并不是对学生能力的鉴定,更应该体现的是目标激励作用,能够通过定量化的指标明确努力的方向,并通过实践达到对自己的肯定。针对特殊学生时,定量化指标应该尽量做到基于个体来制订,因为对于特殊学生,即使是同类别的残障,个体表现也会有非常大的差异。因此,个体化定量指标的设定是最客观的,如果由于客观条件限制无法做到个体化,那么应按照相同或相似类别进行定量化数据的制订。

特殊学生定量化指标的制订可以从以下两个方面来考虑。

一是个体诊断。针对特殊学生的生理特征、运动能力、身体素质、心理特征等进行诊断(诊断的分析见后文)并获取数据,制订阶段定量指标。经过实施,再次诊断,对比数据,重新制订阶段目标。

二是教学处方制订。教学处方是借鉴运动处方的概念,主要针对教学目标而制订的,与运动处方和训练目标的差异表现一样,教学处方和教学目标的侧重点也不一样。教学处方结合个体诊断,根据数据及阶段定量目标,制订特殊学生个体教学处方。教学处方的内容主要涉及教学目标、康复目标。教学目标又划分为身体素质目标、参与目标及动作完成目标。这里用的是动作而不是技能,就是强调特殊学生的体育学习应该关注实用性,通过体育学习能够达成对其行动、自理等生活实际操作的支援。康复目标作为教学评价的一部分只是辅助作用,体育教学承担的主要是方法和理念的培养,是在教学的同时兼顾康复训练,因为具体康复需要教学外系统的康复计划和实施。

2.定性指标的介入

前面所提到的参与目标,主要是针对特殊学生态度的评定。态度评价就是测评学生在特殊体育教学中的感受或由态度支配学习、锻炼和康复的可能性。态度评价可以采用易于操作的李科特量表或瑟斯顿量表。操作也可采用初评、制订目标、实施、复评、再次制订目标和实施的过程。

以上操作的意义在于,改变以往总结性评价呆板的评价方式。以往的实施中学生只有在一个阶段或更长时间后才能涉及评价,也就是说目标是远离学生实际的。而与教学处方相结合,最终的目标就和实际行动紧密结合,目标就是自己努力的结果,让学生和教师行动更加清晰、准确。

(二)过程评价

过程评价也称为形成性评价,是在教学过程中进行的评价。在这所指的过程评价有不同的解释,这就是为什么不用"形成性评价"这个称谓,而用"过程评价"的原因。本文强调的不是过程中特殊学生学习行为和学习结果的评价,而是针对其学习经历,也就是过程本身的评价,这可能涉及特殊学生本身,也可能涉及与其相关的其他因素。为什么会有这样的转变?因为经过前面的总结性评价和后面的诊断性评价,已经涉及了过程中学习行为和学习结果的评价,没有再重复的必要。另外,对于特殊学生而言,更需关注的是他们是如何参与体育学习的,这需要教育者进行综合的考评。

过程评价涉及的主要内容有以下几方面:特殊体育教育是否满足了特殊学生与普通学生的融合(可以具体分为:教学内容是否满足了双方需求,教学手段是否符合特殊学生需求,教学组织是否满足了双方互动的要求,课后学习情况);课堂内外支援是否体现在整个教学过程中(可以具体分为:是否有志愿者或相关辅助人员,场地、器材、器具等硬件设施是否始终到位,特殊学生使用数字化技术情况)。

这里的过程评价就是强调对于特殊学生,教学的实施在一定程度上更加重要。一个好的执行过程,可能会带来好的结果,但一个不科学的教学过程,一定是坏的结果。

(三)诊断评价

诊断评价即准备性评价,是指在教学活动开始之前进行的评价。一般在教学前和教学过程中采用。其实,特殊体育教育中的诊断评价是全过程实施的评价,即根据教学需要随时安排的一种行为。这比较好理解,对于特殊学生无论从安全角度还是教学角度来考虑,在有必要时马上进行诊断,有利于及时了解特殊学生的情况,并做出及时的调整,所以在教学前、中、后都可以实施必要的诊断。

特殊体育教学诊断的具体内容见表 3-3。表 3-3 只是给出了诊断的框架,针对具体对象及教学实际,内容需要时可添加或删减。

表 3-3 特殊体育教学诊断内容

常规检查			教学检查	
健康检查	形态检查	运动机能	教学实施	
脉搏	身高、体重	身体机能	运动技能实施诊断	
血压	身体围度	身体素质	运动技术学习诊断	态度评定
心肺功能	上、下肢	动作能力	过程诊断	
皮肤、褥疮等	脊柱	动作幅度		
禁忌情况	关节			
	皮脂			

常规检查包括健康检查和形态检查。值得注意的是,特殊学生的常规检查除了普通的检查外还需要有针对性的专门检查,比如皮肤过敏、褥疮等特殊学生可能会有的症状。形态方面针对肥胖学生的皮脂测定、残障学生的关节与脊柱状态等都要进行针对性检查。

这里的运动机能是对特殊学生的原始诊断,获取的是原始数据,是对比分析的重要依据,包括身体机能,如肺活量、最大摄氧量等;身体素质就是力量、速度、耐力、灵敏、柔韧等测试;动作能力是针对特殊学生的走、跑、跳、抬、举、移动等进行的测试;动作幅度也是要有针对性,有些特殊学生由于关节变形、肌肉萎缩等造成动作障碍。进行初始测试后,经过一个阶段的体育教学或体育康复后才能再次诊断,以判断学习或康复效果。

教学实施首先是经过一定时间的教学实践后,对运动机能的重新诊断,并与原始数据进行比对分析,找出问题所在。运动技术评定则是对技术学习的诊断,根据技术学习的不同,评定的具体要求内容及标准也有所不同。

过程诊断及态度评定是将总结性评定及过程评定所需要的诊断融合进诊断评价中,所以诊断评价其实既是一个过程也是一个结果,在整个教学评价体系中担负着提供定量及定性指标的重要任务。根据诊断内容不同,有些诊断只是在开始和结束时进行,而有些诊断则在整个教学过程中多次发生,这都需要根据教学实际进行判断。

二、特殊体育教学评价的实施

特殊体育教学评价中总结性评价、过程评价及诊断评价的实施不再如以往操作那样具有明显界限,其实三者本身就是互相交叉、互相支持的。

这三类评价在特殊体育课程中受到广泛的应用,不仅要坚持三类评价结合,同时还应采用绝对性标准与相对性标准相结合的方法进行。

通过三种评价的实施,掌握特殊学生的真实情况,并由此制订初步方案,在经过一段时间实践后,对目标进行复诊,修订后制订第二步方案。中间也会经过反馈进行多次的修正,如此反复,最终完成特殊体育教学任务。

第四章
普通高校特殊体育教学方法研究

提纲介绍

　　本章介绍教学方法概念,体育教学的功能,学校体育教学方法及特点和选择体育教学方法应注意的事项,并提出适合特殊学生的四种体育教学方法。

第一节　教学方法概述

　　教学效果的好坏跟老师选用什么样的教学方法有很大关系,在教学过程中教学方法扮演着重要角色。因此,深刻认识教学方法的概念及其本质,并在教学实践中能灵活运用,对于提高教学效果、促进教学改革具有重要意义。

一、教学方法的概念

　　在教学论领域,一直以来,关于教学方法的概念问题有着多种解释。有学者认为:"教学方法是教师和学生为完成教学任务、实现教学目的而采用的工作方式或手段。"(彭永渭,1986)还有学者认为:"教学方法是为完成教学任务而采用的办法。它包括教师教的方法和学生学的方法,是教师引导学生掌握知识技能、获得身心发展而共同活动的方法。"(王道俊、王汉澜,1989)

　　随着现代教学理论和实践的不断深入发展,人们对教学方法本质的研究日益深入。归纳起来,有以下认识。

　　(1)教学是一个双边活动的过程。教学活动是教师的教和学生的学双边活动的统一过程。因此,教学方法应当包括教师的教法和学生的学法。

　　(2)教法与学法是相互作用的。在教与学的双边活动过程中,教师教的方法制约或影响着学生学的方法,同时,学生学的方法也影响着教师教的方法;教师教的方法与效果是通过学生学的方法与效果体现出来的,教师的教法与学生的学法是有机的统一体,不能割裂开来理解和使用。

(3)方法从实质上来说就是一种运动规律的规定性和活动模式,它规定人们按一定的行为模式去活动。

基于以上这种认识,有学者将教学方法定义为:"教学方法,是在教学过程中,教师和学生为实现教学目的、完成教学任务而采用的教与学相互作用的活动方式的总称。"(李秉德,1999)

二、教学方法的分类

教学方法的分类是一个复杂的工作。一方面,教学过程的复杂性决定着教学方法的多样化;另一方面,在现代科技进步、教育思想大发展的背景下,极大地丰富和发展了现代教学方法的内涵。因此,目前尚没有明确的关于教学方法的分类,不同的学者有着不同的认识。

(一)按照教学的双边关系分类

按照教与学的双边性,可将教学方法分为教师教的方法和学生学的方法两种。基于体育教学偏重实践性的原则,教师教的方法主要有:讲授法、示范法、纠错法、谈话法等;学生学的方法如练习法、自我或同伴相互纠错法、讨论法等。这种分类方法的特点是使人们能够清晰地认识教与学的区别,但由于分类割裂了二者的联系,因此不利于准确把握教法实践。

(二)按照知识的来源分类

按照学生获得知识技术的来源可将教学方法分为直观教学法(演示、图示、参观等)、语言的方法(讲授、谈话、阅读等)、实践的方法(练习、体验、考察等)三种。这种分类的特点是比较全面,也是教育学较为流行的分类。

(三)按照学生认识的积极性与独立性程度分类

这种分类是苏联学者斯卡特金等人的研究成果。该分类将教学方法分为图例讲解法(信息感知法)、复现法、问题性讲述法、局部探索法、研究法。这种分类法着眼于发展学生的创造才能和方法结构中的研究因素。

(四)按照教学方法的外部特征和学生认知活动的特点分类

我国教育专家李秉德等人按照教学方法的外部特征和学生认知活动的特点,将我国学校比较常用的教学方法分为:①以语言传递信息为主的方法(包括讲授法、谈话法、讨论法、读书指导法);②以直接感知为主的方法(演示法、参观法);③以实际训练为主的方法(练习法、体验法、实验法、实习作业法);④以设置情境欣赏活动为主的方法(指教师在教学中创设一定的活动情境,或利用一定的教材内容和艺术形式,使学生通过体验客观事物的真善美,陶冶他们的性情,培养他们正确的态度、兴趣、理想和审美能力的方法）；⑤以引导探究为主的方法。

从上面的介绍不难看出，关于教学方法的分类问题是一个需要不断深入研究的课题。

三、教学内容与教学方法的选择

教学内容的性质决定着教学方法与手段的选择。教学方法的创新必须为教学的内容服务。在教学实践中，选择教学方法应当考虑以下方面。

（一）教育对象与教学方法的统一

教育对象是教学过程的核心要素，是教学的出发点和归宿。作为教师，选择什么样的教学方法必须先考虑到教学对象的特点及其可接受的程度。不同的教学对象对不同媒体刺激的适应性是不同的。例如，少年儿童对动画的刺激容易产生兴奋，而对文字刺激容易产生疲劳；而青年对文字刺激的抗疲劳性能力远远大于儿童。教学实践证明，只有适宜的刺激才能有利于知识信息的传递。因为，学生不可能在教师传授知识的过程中始终保持着高度兴奋或紧张状态，也不可能对教师的每一个讲解都感到有兴趣，因此，适时调节学生的情绪状态或变换不同的教学方法是很重要的。

（二）教学内容与教学方法的统一

教学内容与教学方法的统一，是指根据具体的教学内容特点，有针对性地选择教学方法，从而达到有效地传授知识的目的。教学内容与方法相统一的原则，是合理选择教学方法的基本原则，也是促进教学信息有效传递的重要基础。

（三）简便与有效的统一

根据管理科学最佳效益原则的理论，用最小的投入，获得最佳的效果。教学是一门学问，因此有规律可循；教学是一门艺术，因此又无章可循。选择简便而有效的教学方法是追求教学效果最佳化的根本任务和重要前提。现代科技的发展、教育思想观念的不断更新为教法改革与发展提供了广阔的视野和巨大的资源。

第二节 普通高校体育教学方法

由于高校教学对象都是成年人，加上体育教学与其他学科比较，除了具有一般的教学特性外，还具有体育独特的个性。体育教师是否能在高校体育整个教学过程中灵活运用好教学方法，对于教师提高课堂教学效果、促进教学改革意义重大。

根据《体育科学词典》，体育有广义的体育和狭义的体育之分。广义的体育即体育运动,是以身体练习为基本手段,以增强体质、促进人的全面发展、丰富社会文化生活和促进精神文明建设为目的的一种有意识、有计划的社会文化活动,包括学校体育、群众体育和竞技体育等。狭义的体育即体育教育,是指通过体育活动增强体质,传授体育基本知识、基本技能,培养道德和意志品质的有计划、有目的的教育过程。它是教育的组成部分,是培养学生全面发展、张扬学生个性的一个重要方面。

体育是以增强体质、增进健康、提高体育素养为本质目的,采用以身体练习为主要手段。采用的方法主要有体育教学、群体活动、训练与竞赛等。

一、体育教学的概念

体育教学是指学生在教师的指导下,系统学习并掌握基本的体育知识,培养参与体育的兴趣、习惯和能力,全面发展身体素质、心理素质,提高社会适应能力的教学过程,也可以理解为体育教学过程。

二、体育教学的功能

体育教学的功能主要从狭义的体育即学校体育教育出发展开论述。

(一)体育教学具有健智功能

体育本身是一门科学。体育教学,首先教师要传授给学生体育知识、体育技术和体育技能。通过体育教学,学生可以学到科学体育锻炼的原理,掌握体育锻炼的方法、技巧,丰富学生的知识结构,让学生增长体育见识。因此,体育教学具有健智功能。

(二)体育教学具有健身功能

增强体质、增进健康、提高体育素养是体育教学的核心内容,也是体育教学的中心目标、任务。通过体育教学,学生在掌握运动技术的过程中,不断承受着生理、心理的负荷,并不断得到适应,从而使机体的生理、心理功能得到有效的锻炼,达到健身的目的。因此,体育教学具有健身功能。

(三)体育教学具有审美功能

体育运动集健、力、美于一体,无论是静态的人体造型,还是动态的韵律节奏,都展示着和谐美的要素,体现着人们对美的追求向往。它不仅仅体现在运动的过程中,同时也体现在运动的结果上。因此,我们说体育教学具有美育的功能。

(四)体育教学具有德育功能

大家都知道,所有的体育教学和体育比赛都具有培养学生团结协作、互相帮助、尊重对手、服从裁判等良好品质形成的功能。系统的体育教学和比赛有利于学生陶冶美好的情操,塑造完美的人格。因此,体育教学又具有德育之功能。

三、高校体育教学方法及特点

所谓高校体育教学方法是指在高校里,师生为实现高校体育教学目的、任务而采用的各种方式、途径、手段的总称。它接受教学方法论的理论指导,同时也受到体育学科特点的制约。

高校体育教学方法具有一般教学方法的共同特性外,还有体育学科自身的特点。归纳起来有以下几个方面。

(一)精讲多练

体育教学主要是围绕某一项体育运动技术的传授而开展,而要学会一项体育运动技术必须通过学生的反复练习才能实现。因此,教师在平时讲课运用教学方法就要注意精讲、多练。

(二)直观性

体育教学中比较突出的重要表现就是动作技术的示范和模仿上,精练的讲解、完整的示范都必须依靠动作的直观性将其表现出来。

(三)实践性

实践性是体育教学又一重要特点,它强调的是完成动作技术中手、脚、躯干和四肢等的全身参与并协调配合。身体练习贯穿于体育教学全过程,反复实践是掌握技术的唯一途径。

(四)互动性

体育教学中的互动性主要表现在教师和学生两个方面。在体育教学过程中,教师的教和学生的学必须紧密结合产生互动,有时又要作相应的调整,才能收到满意的效果。比如:学生在练习动作的过程中,常常需要教师和同伴的保护帮助,有时还得加上教师和同学的鼓励和帮助才能安全有效地实施教学任务。

四、选择体育教学方法应注意的事项

选择适当的体育教学方法有利于体育课堂教学的顺利进行,同时也有利于教学效果的提高。但在实际的教学过程中,选择体育教学方法时应当注意以下因素。

(一)考虑教学对象特殊性

教师的教学必须以学生积极投入的学为基本前提。教学对象的认知水平、接受能力及身体素质等状况直接影响着教学的组织及效果的实现。因此,教学过程中能根据教学对象的实际情况,选择行之有效的教学方法是高效完成教学任务的基本前提。

（二）遵守体育教学原则

体育教学原则来源于教学实践，并经过不断的提炼。因此，体育教学原则是选择体育教学方法的依据。

（三）围绕体育教学目的任务

体育教学的组织实施都围绕体育教学目的任务。因此，在实施体育教学过程中必须根据体育教学目的任务，有针对性地选择体育教学方法。

（四）考虑体育教学场馆条件

体育教学依赖于体育教学环境条件。体育教学场馆制约着体育教学改革的步伐，因此，不断改善体育教学场馆条件，是提升体育教学质量的关键环节。

（五）体育教师师资水平

体育教师的师资水平是制约体育教学的又一关键要素。一个体育知识渊博、教学态度严谨、教学经验丰富、教学能力高超的体育教师总是受学生广泛欢迎的。

总之，体育教学是一门艺术，没有固定的模式，任何一种教学方法都有其优势与不足。不同的教学对象对教学方法的适应性是有选择的。教师只有熟练掌握足够多的教学途径并能灵活运用各种教学方法，才能满足不同教学对象的选择。尤其是体育课堂充满活力，又同时隐藏着一定危险，体育教师对合理选择教学方法显得尤为重要。这就要求体育教师不仅要有精湛的技术，还要有娴熟的教法技巧，同时具备良好的安全意识。

第三节　普通高校特殊学生群体体育教学方法

体育教学方法来源于丰富多彩的体育教学实践，其中，教学对象的体育认知水平和体质健康状况是制约体育教学方法的重要因素之一，也是体现体育教学原则丰富个性的重要因素之一。根据体育教学原则及教学对象的特殊性，在选择使用体育教学方法的过程中应当特别注意以下事项。

一、身体教学与心理暗示紧密结合

针对特殊体育学生的特点，他们的心理素质也会由于身体的弱势产生负面的影响。一般较为脆弱、内向的特殊学生，心理的弱点要远远超过身体的弱势，因此，其自尊心很容易受到伤害，在日常生活、学习过程中有渴望被理解、关心、帮助和爱护的主观需要。因此，体育教师在特殊体育教学实践中，在运用具体体育教学方法与手段时，应当做到身体教学的方法与心理暗示的方法紧密结合。在体育课堂上，教师应充分调动情绪去感染每一位学生积极地投身体育锻炼。感染是存在的一种积极影响方式,它通过语言、表情、动作与其他方式,引起别人相同的情绪和行动。感染可以对人群起到一定的整合作用,使师生间达到情绪的交流,从而引起共鸣。另外,教师在上课时应十分注意学生的心理状况,体谅、鼓励学生积极地去锻炼。教师真诚的态度、亲切的语言、关切期待的目光、平等的合作角色,有益于特殊学生消除其自卑心理,可赢得学生的充分信任,成为体育教学中的强大推动力。

二、课堂教学与课后关怀紧密结合

对特殊学生的体育学习来说,体育教学有着双重属性。一方面,它可以激励学生不畏艰难、奋发向上,产生积极影响;另一方面,对于身患残疾、肥胖或体弱者来说,在体育练习中,经常会由于身体原因而导致动作学习的"难堪"场面,久而久之,学生往往表现出畏缩、羞涩、懦弱或强硬、固执、反叛的性格特征。因此,教师的课后关怀显得尤为重要。课后的关怀可以采用个别谈心、互加 QQ 或微信等方式,帮助他们逐步建立起学习的信心和勇气,使体育在造就"完善的人"这一目标上走得更远。

三、区别对待与个体差异

根据特殊学生的体质分类,针对特殊学生的个体差异,选择和实施体育教学方法与实现各自的教学目标紧密结合起来;在教学实践中突出区别对待,重视个体差异。因为,在特殊学生群体中,导致其体质健康处于不利地位的原因很多,即便是同类学生,其体质及运动能力差别也是很大。比如:某种运动量,对部分学生也许合适,但对心肺功能障碍者则可能已经超出他的最大机能限度,因而可能导致病情加重,甚至危及生命。又比如适量跑步对部分学生也许是较理想的选择,可对下肢功能欠缺者就不太适合。因此,在选择体育教学方法时应当突出区别对待。

四、积极的情绪感染教育与自我教育

对于体弱的特殊学生来说,体育教学对其身体的影响也许不是很大,但对于某些身体患有残疾的学生来说,不可能改变其残疾的客观现实,因此,在体育教学中,重视学生的心理感受,鼓励自我支持、挖掘自我潜能、超越自我不完美,悦纳自己,找寻自己的闪光点,显得非常重要。在体育教法的选择和实践中,时刻重视特殊学生对自己特殊身体的接受程度、对克服障碍的态度和勇气、对健身活动中人际关系的沟通处理,特别是对自我观念及自我悦纳的状态等心理因素的干预,可为其逐步形成自我体育教育意识奠定基础,进而通过自我体育逐步塑造良好的心理品质,促进全面发展人才的培养(体育教学方法、体育学习法和特殊体育学习法见表 4-1)。

表 4-1 体育教学方法、体育学习法与特殊体育学习法

体育教师教学方法	体育学习法	特殊体育学习法
讲解法	模仿练习法	模仿练习法
示范法	重复练习法	重复练习法
预防纠正错误法	游戏练习法	游戏练习法
个别指导法	教学比赛法	教学比赛法
引导法	循环练习法	循环练习法
激励法	综合练习法	综合练习法
解剖法		相互协作练习法
		心理暗示练习法

这里值得一提的是,不同的教科书对体育教学方法的分类不一样,但差别不大,在使用教学方法和学习方法时可根据实际情况选择进行。

第五章
普通高校特殊学生体育学习运动处方与健康干预

提纲介绍

　　本章介绍了运动处方的概念，阐述运动处方的内容、特点、分类和制订运动处方的理论依据、原则，特殊学生体育学习运动处方及列举。

第一节　运动处方概述

　　运动处方是受医疗处方的启发，并在体育运动实践中得到广泛应用和发展的一种锻炼方法。因此，在研究分析运动处方之前，先简单介绍一下用于给病人治病的医疗处方的基本知识。

一、医疗处方的概念

　　《处方管理办法》(中华人民共和国卫生部令第 53 号，自 2007 年 5 月 1 日起施行)第二条规定："处方是指由注册的执业医师和执业助理医师(以下简称'医师')在诊疗活动中为患者开具的、由取得药学专业技术职务任职资格的药学专业技术人员(以下简称'药师')审核、通配、核对，并作为患者用药凭证的医疗文书。处方包括医疗机构病区用药医嘱单。"

　　由以上规定我们可以看出，医疗处方的开具有着非常严格的要求和程序，并具有明确的针对性，一般是由具有资质的医师和药师共同来完成，并具有较高的权威性和法规约束力。医疗处方当日有效，一般一次用药量为 3 日，最长不得超过 7 日。医疗处方的运用和科学化为运动处方的诞生提供了科学依据和操作经验。

二、运动处方的概念

运动处方的概念由来已久,关于概念的描述不太统一。20 世纪 50 年代,美国生理学家卡波维奇提出了运动处方的概念。1960 年日本生理学家猪饲道夫教授首先使用了运动处方术语。1969 年世界卫生组织使用了运动处方术语,从而在国际上得到确认。德国 Holl-mann 研究所从 1954 年起对运动处方的理论和实践进行研究,制订出健康人、中老年人、运动员、肥胖病等各类运动处方,社会效果显著。

美国著名生理学家库珀(Cooper)教授用 4 年的时间研究运动与健康的关系,1968 年出版了著名的《有氧代谢运动——通向全面身心健康之路》《12 分钟跑体能测验》等专著。前书被翻译成 25 种文字,发行 1200 余万册,为世界上许多国家所采用,在国际上产生了广泛影响。

日本在 1971 年成立了以猪饲道夫教授为主的运动处方研究会,于 1975 年制订出各种年龄组的运动处方方案,出版了《日本健身运动处方》,指导大众健身。我国用运动处方辅助治疗冠心病、肥胖病等有不少临床报道,也翻译了一些国外运动处方专著;在医学、体育院校的教材中,运动处方已列入基本内容;在普及运动处方知识方面也做了大量工作。

关于运动处方的概念有着不同的表达方式。"运动处方是指对参加体育锻炼者或进行体疗的患者,根据健康、体质状况以及心血管功能状态,按其锻炼的目的,并结合环境条件、运动爱好等特点,用处方的形式规定锻炼的内容、运动强度和运动量的方法。"(罗兴华,2000)

"对从事体育锻炼者或病人,根据医学检查资料(包括运动试验和体力测验),按其健康、体力以及心血管功能状况,结合生活环境条件和运动爱好等个体特点,用处方的形式规定适当的运动种类、时间及频率,并指出运动中的注意事项,以便有计划地、经常性地锻炼,达到健康或治病的目的,即为运动处方。"(黄茂武,2000)

《体育科学词典》关于运动处方的定义是:"对不同年龄、功能状态、健康或疾病的个体,以处方的形式确定运动方案,包括运动种类、运动强度、运动持续时间、运动频度和运动进度五个部分,以达到增进健康和预防疾病的目的。"

综合以上观点,我们给运动处方的定义如下:所谓运动处方,就是针对目标人群或个体,为了达到既定的目的,以处方的形式设计的运动或练习方案,包括练习的目的(objectives)、练习的内容(types)、练习的强度(intensity)、练习持续的时间(duration)、练习的频度(frequency)、练习的进度(schedule)及练习注意事项等七部分。

关于练习的目的,不同的人群有着不同的要求,有的是为了控制体重,有的则是了提高身体素质,有的可能是为了治疗某些慢性疾病。随着运动处方理论与实践的发展,目标对象可以是个体,也可以是类似群体。

三、运动处方与医疗处方的区别与联系

运动处方是受医疗处方的启发而发展起来的体育锻炼方法,无论是从形式还是从内容上看,都有着非常相似的地方,但也存在诸多差别,而且有些差别是非常重要的。因此,比较和分析其主要差别,对于发展运动处方理论和实践具有重要意义。运动处方与医疗处方的区别与联系见表5-1。

表 5-1　运动处方与医疗处方比较

比较的内容	运动处方	医疗处方
处方结构特征	一致	一致
目的	主要以增进健康、预防疾病为主	以治疗疾病为主
目标对象	个体	个体
制订者	体育教师、体育健身指导者等	医师和药师共同完成
处方的使用周期	可长可短,一般几周、几个月	3—7 天
处方的实效性	没有严格要求	严格、当日有效
处方的稳定	根据教学对象经常调整	一般不变
权威性	一般	较高
法规约束力	无	有

第二节　运动处方的内容、特点及分类

一、运动处方的内容

(一)练习的目的

不同的目标群体或个体,其练习的目的不同。归纳起来,练习的目的一般有增强体质、保健康复、预防疾病、健身健美、塑造身体与减肥、休闲娱乐及提高运动素质与水平等。

(二)练习的内容

练习的内容是指运动处方所运用的练习手段与方法的总称。关于练习或运动种类的划分非常复杂,根据不同的分类标准,得到的分类体系不同。从运动的结构

上看,可以将运动分为周期性运动和非周期性运动两大类;从运动竞技取胜的决定因素来看,又可分为体能类和技能类两大类;根据练习做功的方式,可分为动力性练习和静力性练习两大类;等等。制订运动处方主要关心的不是练习或运动的形式,而是其对身体的效果。因此,根据练习或运动的生理学基础——供给氧气的方式和特点,可将练习划分为以有氧供能为主、无氧供能为主及混合供能为主三种练习类型。

制订健身性运动处方,常见的运动练习分类见表 5-2。

表 5-2　三种运动练习的内容

以有氧供能为主的练习	以混合供能为主的练习	以无氧供能为主的练习
步行、登山	篮球、排球、足球等球类运动	短距离冲刺跑
慢跑、游泳	间歇训练	跳高、跳远等跳跃项目

需要补充说明的是,以上分类是相对于一般情况而言,究竟是有氧还是无氧,主要取决于练习时所采取的强度,而不是练习的方式。如 100 米跑练习,如果采取慢跑的强度,其就是以有氧供能为主的练习;反过来,如果采取全速跑,它就变成了以无氧供能为主的练习了。

另外,同样的练习负荷,由于个体之间的体力、身体素质及健康状况等诸多方面的差异,也会存在着有氧与无氧的差别。因此,在研究设计运动处方时,要针对具体情况,选择合理、有效的练习类型,保证实现练习的目的。

(三)练习的负荷

练习的负荷(exercise load)包括负荷的强度和负荷的量度。负荷的强度(intensity load)是指练习对机体产生生理、心理刺激的剧烈程度;负荷的量度(quantity load)是指练习对机体刺激的数量要素。

如 100 米跑练习所用的时间是 15 秒,前者是练习的负荷量度,后者是练习的负荷强度;举重 50 公斤,连续做 8 次推举,50 公斤是练习的负荷强度,8 次是练习的负荷量度。

运动强度是运动负荷的重要方面,是运动处方的重要内容,因此,制订运动处方要重视运动强度的设计。

运动处方的练习强度一般是采用常见的运动生理学指标来表达。例如:①摄氧量($\dot{V}O_2$),以最大摄氧量($\dot{V}O_{2max}$)的百分数表示;②无氧阈值(Anaerobic Threshold,AT);③心率(Heart Rate,HR);④代谢当量(Mets),表示运动时的代谢率对静息代谢率的倍数,也称梅脱[1 梅脱指 1 公斤体重从事 1 分钟活动消耗 3.5 毫升氧的活动强度,1Mets＝3.5mlO$_2$/(kg·min)]。

（四）练习持续的时间

练习持续的时间是指一次练习所需要的时间长度。一次练习的时间包括每组实际运动的时间和组间休息的时间，即从练习开始到练习结束的全部时间。时间长度的设计应当根据处方对象的具体情况来定，并非越长越好；练习持续的时间与练习的强度成反比。

（五）练习的频度

练习的频度是指重复练习的次数。一般是以周为基本单位，可表示为一周练习多少次（次/周），如一周练习 3 次。

练习的频度取决于练习的强度和练习持续的时间，它是运动负荷量度的重要指标，合理选择练习的频度有利于提高练习的效果。

（六）练习的进度

练习的进度是指运动处方执行推进的节奏。运动处方制订后，在实施的过程中，根据实际情况，合理调节运动的强度、持续的时间、练习的频度甚至练习的方式等。练习的进度一般可分为三个阶段：①开始阶段。该阶段的主要任务是产生初步适应，一般练习强度较低。②发展阶段。在第一阶段的基础上，该阶段的主要任务是要稳步发展负荷的强度或负荷的量度。③保持阶段。该阶段主要是保持负荷的持续刺激，持续产生积极效果，但也要加强医务监督，预防意外。

（七）练习注意事项

练习注意事项是运动处方设计不可缺少的部分，它是对运动处方主要要素的补充说明，并在实施的实际过程中，对可能出现的情况提出解决办法的建议以及其他应当注意的问题，如饮食、休息等。

二、运动处方的特点

运动处方对于目标对象实施具有针对性的体育锻炼与康复指导有着积极的效果。与传统的体育锻炼方法比较，运动处方具有以下特点。

（一）个性化

运动处方的个性化主要表现在处方的针对性上。不同人群的个体差异较大，如病史、年龄、性别、身体素质、健康状况及参加锻炼的目的等方面。因此，在选择练习内容、设计练习方案时，就要有所区别。因材施教是运动处方的显著特点。

（二）完整性

运动处方的完整性（integration）主要表现在方案的设计上，包括从目的到实施监控（注意事项）等七个方面，较全面地反映了对练习者的指导和要求。另外，在制订运动处方前进行的体力测试和一般健康检查,也为科学制订练习方案提供了依据,使处方的制订建立在全面了解目标对象的基础上,使练习指导更加全面,并具有针对性。

(三)可控性

运动处方的可控性(governable/controllable)主要表现在处方对实施过程的调节上。一般来说,运动处方的实施要经历前后紧密联系的三个阶段,不同阶段有着不同的特殊要求和具体任务。另外,目标对象在实施处方的过程中,身体状况可能会随着实施进度的开展而发生变化。因此,运动处方专门提出了实施进度及实施控制的要求,以便适应以上不同的变化要求,从而更加有效地提高运动处方的实施效果。

三、运动处方的分类

当前,关于运动处方的研究主要集中在保健康复领域,研究的对象也主要集中在体质弱势群体,如身体患有残疾、疾病以及体弱、肥胖等人群。随着体育教育改革的不断深入,以及运动处方理论与实践的不断发展和完善,运动处方所涉及的目标对象会进一步扩大。从运动处方所涉及的主要目标对象及目的的角度,运动处方可分为以下四种类型。

(一)治疗性运动处方

治疗性运动处方(therapeutic exercise prescription)主要是以那些患有慢性疾病、职业病,以及其他需要治疗的人群为目标对象,以调节身心健康、缓解病情、改善身体机能等为主要目的,主要选择一些具有保健与康复功能的中低负荷的练习手段,如打太极拳、健身气功等练习对于改善心脑血管疾病具有较好的效果。治疗性运动处方在临床医学中运用得非常广泛,学校也开始借鉴和运用。但对于研制该处方的人员的要求相对较高,一般要求除了掌握体育锻炼的常识和技巧以外,还应当熟悉相应的医学保健常识。

(二)健身性运动处方

健身性运动处方(healthy exercise prescription)主要是以那些体弱、肥胖或慢性病人群为目标对象,以调节身心健康、改善形体、缓解病情、改善身体机能为主要目的,主要采用一些中等负荷的有氧练习手段和方法,如有氧健身操、中长距离跑步等。要求设计健身性运动处方的人员熟练掌握体育健身的基础理论和基本技能,并具备一定的运动营养和卫生保健常识。健身性运动处方是目前运用最为广泛的运动处方之一,深受白领、金领职业者的青睐。

（三）竞技性运动处方

竞技性运动处方（competitive exercise prescription）是以进一步改善形体、提高专项身体素质和运动技能，以期达到最佳竞技状态，成功参加比赛为直接目的。因此，该处方的目标对象主要是职业运动员或准备参加比赛的运动参与者，采用专门化的运动训练手段。研究设计者应当是熟悉运动训练理论和方法的体育教练员。

（四）教育性运动处方

教育性运动处方（educational exercise prescription）是当前体育教育改革研究的热点领域之一。随着教育理念的更新，体育教育者开始研究体育教学模式与方法的改革，处方式体育教学成为人们推崇的方法之一，并正在成为体育教育教学改革的一种趋势。实际上，运用于体育教学的运动处方就是教育性运动处方。它是以普通学生为目标对象，以增进健康、改善机能、提高运动技术水平、塑造心理品质等为主要目的，以身体练习为基本手段。研究设计者一般是体育教师。

目前，教育性运动处方的目标群体主要是身体患有疾病、残疾及体弱、肥胖的体质弱势学生。

综上所述，关于运动处方的划分是相对的，有时其目的又是交叉的，手段也是通用的，只是在具体实施时，要注意目标对象的实际情况和特点，善于把握和控制练习的负荷及其节奏，加强医务监督和保障，提高处方的使用效果。

第三节　制订运动处方的理论依据及原则

一、制订运动处方的理论依据

运动处方有着严格的内容和规范的格式要求，因此在研究制订运动处方时，应当根据以下知识和背景，进行全面考察、分析和设计。

（一）目标对象的特点及目的

目标对象是研究制订运动处方的出发点和归宿。目标人群现实的身体健康状况及过往病史、运动史等因素，对处方的制订有着直接的影响，关系到处方制订的成败。因此，在研究设计运动处方之前，必须对目标对象进行全面的考察、测试和分析。

目标对象的目的要求也是一个重要依据。也就是说，处方对象想要达到什么样的目的，或者说，根据目标对象的特点，其能够达到什么样的目的。围绕一定的目的，选择、设计具有针对性的运动处方。

（二）相关的医学科学知识

从运动处方的分类可以看出，处方涉及众多的学科知识，其中医学知识（medical knowledge）是基本的学科知识。只有熟悉和掌握了足够的一般卫生（health knowledge）和医学保健（health care of medicine）等常识，我们才能够科学分析特殊患者的基本情况，从而选择有效的处方方案。如对于高血压患者，就要禁止采用一些靠憋气来完成的练习动作；对于经期的妇女，也要禁止采用增加腹腔压力的练习动作。在实际的运动练习中，掌握丰富的医疗、卫生常识，还有利于预防一些意外事故的发生。

（三）运动人体科学知识

运动人体科学（sports science of human body）是体育学的一个二级学科，其中运动生理（sport physiology）、运动营养（sport nutrition）等学科知识是制订运动处方的重要基础之一。如运动负荷的设计、营养膳食的搭配等都离不开以上学科知识的指导。运动生理的研究实验表明，机体对运动的适应具有双向性，良好的刺激产生积极的影响，反之产生消极甚至裂变影响，而轻微的刺激对机体影响不大。因此，从这个层面上看，运动负荷的设计直接关系到练习的效果。

（四）体育教育训练学知识

体育锻炼的基础理论和基本技能可以为我们选择练习方案提供丰富的素材和科学指导，各种练习内容的研制及技术指导都离不开相关的体育知识。如采用游泳运动来练习，就必须先学会相应的游泳动作技术，打太极拳也要先学会套路等。

体育是教育的重要组成部分，具有教育的属性，在实施运动处方的过程中，还有着教育的功能。

另外，心理科学知识也是不容忽视的，尤其是对心理有障碍的目标对象，对研究设计运动处方具有积极作用。

二、制订运动处方的基本原则

任何锻炼计划都必须遵循运动的基本规律，符合运动的一般原则。运动处方的科学意义在于根据练习者的具体情况设计练习目标，并进行有针对性的、可控的练习，使运动练习的积极效果最大化。因此，在研究制订运动处方时，应当遵守以下原则或要求。

（一）零拒绝原则

零拒绝原则是指任何教育阶段的特殊体育学生，不论其性别和民族都有接受体育教育康复的权利，任何学校都不能以学生的某种缺陷为由将他们拒之运动场外。

（二）个性化原则

运动处方的个性化原则是指在研究制订运动处方时应当充分考虑目标对象的具体情况和要求。因为,每位特殊学生的特殊情况都不一样,不同的对象不仅在性别、年龄上存在差别,而且同一性别、年龄的对象在身体健康、运动素质、病史、运动史等方面也存在差异,甚至同一对象在不同的时期,其体质状况也可能有较大的差别。因此,需要教师通过评估、观察和与家长沟通等方法,在充分掌握学生的基本情况后制订运动处方,并且要突出目标对象的针对性。一般来说,一个人一个处方。

（三）早期干预原则

很多研究证明,早期干预对特殊学生的康复很重要,因为学生早期有很多的发展关键机遇。若在关键期内对特殊学生进行干预,就能取得很好的康复效果,过了关键期之后,再对特殊学生进行干预就很难取得理想的效果。

（四）安全性与有效性原则

运动处方的安全性与有效性原则是指在研究制订运动处方时必须做到安全和有效。安全性是指选择练习内容与方法、设计练习负荷时要量力而行,符合目标对象的特点,练习者可控制;有效性是指选择练习内容与方法、设计练习负荷时要力求产生积极效果。

由于目标对象的差异性,练习的方法、内容及负荷的安全与有效是相对的,同时也是动态的。就练习负荷来说,其安全与有效是矛盾的。一般地说,负荷大的练习对机体产生的刺激就明显,效果有可能好一些,同时风险也就大一些;小负荷的练习对机体产生的刺激就不明显或没有影响,当然也就更安全一些。因此,我们在处理设计练习的安全与有效性矛盾问题上,应当力求达到一种最佳区间,即靶区间。在确保安全的基础上,逐步产生积极影响。尤其是针对那些疾病患者用于保健与康复目的的运动处方的设计,更应当注意安全措施的设计和调控。

（五）稳定性与动态性原则

稳定性与动态性原则是指在研究制订运动处方时要注意练习负荷的相对稳定性,同时根据实际情况,适时调整练习负荷,以达到最佳的效果。人体运动刺激的生理适应性规律要求练习负荷必须达到一定量的积累才能产生质的效果。因此,保持练习负荷刺激的相对稳定性、长期性,是取得锻炼实效的基本前提和重要保障。然而,机体的变化有时又是不确定的,并非都按照人们的主观愿望朝着目标方向进展,而是曲折的,有时甚至还会倒退。因此,适时调整练习的负荷具有重要意义。练习负荷的调整不仅仅是负荷的增加,也可以是负荷的减少。一般来说,目标对象机体状况稳定、发展良好、主观感觉不错时,可以考虑适当增加负荷量或加大负荷强度,以促进练习效果持续稳定的提高;反之,应当考虑降低负荷强度或负荷量,必要时可以暂停一段时间练习。

第四节 制订运动处方的基本流程与方法

运动处方由七个紧密联系的要素组成,环环相扣,每一个要素都有具体的要求,研究设计应当遵循一定的程序和步骤。

一、制订运动处方的基本流程

根据运动处方的内容特点和制订原则,研究制订运动处方应当遵循以下步骤。

(一)健康检查

健康检查(health check)是制订运动处方首要的基本步骤之一,尤其是针对患有某些生理性疾病及年龄较大的中老年人。安排运动处方前应进行基础的健康检查。健康检查的主要内容包括以下三点。

1. 一般史和运动史调查

一般史包括生活史和病史。生活史的调查主要是了解目标对象过往的生活状况,如工作性质、劳动条件、生活制度、嗜好等;病史的调查主要是了解目标对象过往的患病及康复情况。调查运动史的主要目的就是进一步了解目标对象过去的运动经历、受伤及康复情况等。以上为科学制订运动处方提供必要的信息资料。

2. 医学检查

医学检查主要是检查和了解目标对象目前的身体健康状况,并作为制订运动处方的基本依据。检查的主要内容包括心电图、血压、肝功能、血脂、血糖等内容,一般应由医师执行并做出评价。

3. 姿势和形态测量

姿势和形态测量主要是了解目标对象的身体发育状况,检查身体是否患有残疾、是否畸形等,对能否从事一般的运动锻炼做出初步的判断,如脊柱异常(包括"C"形弯曲、"S"形弯曲等)、胸廓异常(包括鸡胸、漏斗胸、桶状胸、扁平胸等)、腿型异常(包括"O"形腿、"X"形腿等)、足形异常(包括扁平足、弓形足)等。

(二)体质测试

体质测试是在健康检查的基础上,对目标对象的体质强弱进行的进一步测量和判断。用于制订运动处方的体质测试主要是测试与健康联系密切的各项身体素质,包括速度、力量、耐力、柔韧和灵敏等五大身体素质。测量时,可参照健康人群的评价标准,给出必要的评级;也可参照特殊评价标准进行评价。科学的体质测试可以为以后的锻炼效果评价提供初始的水平参照,从而为科学评价奠定基础。

（三）运动负荷试验

运动负荷试验是指针对目标对象以测量其心肺功能及一般运动能力为主的运动试验,为制订运动处方的运动负荷提供直接的定量依据。目前,常用的测量手段有台阶试验、功率自行车试验和跑台阶试验等。

（四）制订运动处方初步方案

在经过以上三个基本步骤之后,便进入了制订运动处方的阶段。根据以上调查、测量和试验的基本数据,经过综合分析,初步确定练习的目的、练习的内容与手段、练习的强度、练习的实践、练习的频度、练习的进度及注意事项,制订出运动处方初步方案。

（五）实施和修正方案

运动处方首次制订出来后,还不够完善,需要一个预试验过程。在相关人员的指导下,实施和修正方案。在运动处方实施前,指导人员必须向目标对象讲述运动处方的要求、安全措施及运动中应当注意的事项,并要求其逐步做到自我监督。在实施中不断积累相关信息,为下一步修正提供依据。

（六）运动效果评估

运动效果评估是对运动处方科学性总结的必要步骤。效果评价可以定期进行,也可以随时进行。评价的目的是反馈信息,调整处方的构成要素,使处方目标始终朝着积极的方向推进。

制订运动处方的基本流程如图 5-1 所示。

二、制订运动处方的基本方法

（一）练习的目的

运动处方设计的目的通常是由制订者与目标对象共同研究商定。根据制订前的一系列调查、测试和试验,首先由设计者提出目的建议,再根据目标对象的主观愿望,综合考虑后确定。根据目的确定相关的目标和任务,以便作为效果评价的依据。目标确定后,应当随着实施进度的推移,进行适当调整。根据处方对象的具体情况,目的通常有治疗、健身、竞技、教育等几种类型。

（二）练习的内容

根据处方对象的具体情况和目的,有针对性地选择练习内容和手段。

```
┌─────────────────┐
│  第1步健康检查    │
└────────┬────────┘
         ↓
┌─────────────────┐
│  第2步体质测试    │
└────────┬────────┘
         ↓
┌─────────────────┐
│ 第3步运动负荷试验  │
└────────┬────────┘
         ↓
┌─────────────────┐
│ 第4步制订初步的运动处方 │
└────────┬────────┘
         ↓
┌─────────────────┐
│ 第5步实施和修正运动方案 │
└────────┬────────┘
         ↓
┌─────────────────┐
│ 第6步运动效果评估  │
└─────────────────┘
```

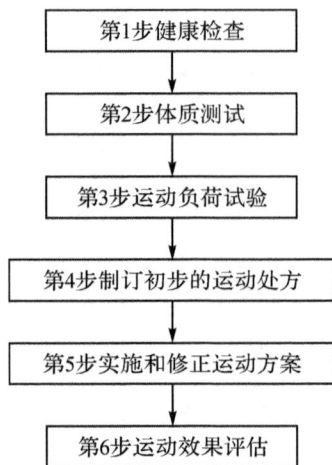

图 5-1   制订运动处方的基本流程

1.用于治疗目的的运动处方内容选择

以治疗为目的的人群一般都是身体患有某些慢性疾病或职业病等,设计运动处方是一种用于辅助治疗的方法。根据患者的特点,一般是采用以有氧代谢供能为主的耐力性练习项目,如散步、慢跑、打太极拳等,对于治疗心脑血管疾病、高血压等慢性病具有较好的效果。

对因长期工作而导致的肢体局部过度疲劳,产生部分功能异常的患者,还应当采用专门性的练习。如长期从事脑力劳动者,由于长时间的坐姿,容易导致颈椎、腰椎(肌)的疲劳,建议采取一些躯体的伸展练习。

2.用于健身目的的运动处方内容选择

以健身为主要目的的人群,其身体处于亚健康状态者居多。因此,练习内容应当以中等负荷的有氧练习手段和方法为主,如有氧健身操、中长距离跑步、跳绳等。对于以改善形体、增长肌肉为目的的练习者,还应当注意膳食结构及能量的控制。

3.用于竞技目的的运动处方内容选择

以竞技为主要目的的人群,一般是职业运动员或准备参加比赛的运动参与者。因此,根据竞技项目的特点,主要采用一些专门化的运动训练手段。训练内容应当涵盖一般身体素质、专项身体素质、运动技能、战术及专项心理素质等方面。

4.用于教育目的的运动处方内容选择

以教育为主要目的人群主要是学生。教师根据学生的特点,以处方的形式进行有针对性的体育课程教学。因此,练习内容的选择围绕着体育教学的目的展开,如为了掌握某项运动技术而进行专门的技术训练,为提高身体素质而设计专门的身体训练等。

总之,运动处方练习内容的选择主要是以目标对象的具体情况和既定目标为前提。尽管目标不同,但内容手段可能相似,其差别表现在运动的负荷上。

（三）练习的强度

运动处方练习强度的设计是核心要素之一,是使机体产生影响的决定因素。根据不同的目标人群特点及目标差异,合理设计运动强度。衡量运动强度的常用指标有最大心率(HR_{max})、最大摄氧量($\dot{V}O_{2max}$)等。

运动处方练习强度的设计,一般是在体质测试和运动负荷试验时就已经开始了。不同的运动方式有不同的衡量运动强度的方法。

1. 用心率衡量运动强度举例

（1）年龄减算法:

$$运动适宜心率＝180(或\ 170)-年龄$$

如果是 60 岁以上或体质较差的中老年人,则用 170 减去年龄。

（2）净增心率计算法:按体质强、中、弱三组分别控制运动强度。（运动后心率－安静时心率）≤60 次/min 为强组;（运动后心率－安静时心率）≤40 次/min 为中组;（运动后心率－安静时心率）≤20 次/min 为弱组。此法适用于心脏病、高血压、肺气肿等慢性病人。

（3）运动量百分比分级法:

$$计算公式＝\frac{运动后心率-运动前心率}{运动前心率}\times100\%$$

评定:运动后净增心率达 71％以上者为大运动负荷强度;运动后净增心率达 51％—71％者为中等运动负荷强度,运动后净增心率达 50％以下者为小运动负荷强度。此方法在运动疗法中广泛运用,尤其适用于高血压、冠心病和老年体弱者。

国内外研究表明,对于健康的青少年,最适宜的锻炼强度相当于自身 HR_{max} 的 65％—75％,即 HR 在 130—150 次/min 之间（最大心率 $HR_{max}＝220-年龄$）。日本学者池上教授认为,运动心率在 110 次/min 以下时,机体的血压、血液、尿液和心电图等指标均无明显变化,因此健身价值不大;心率为 140 次/min 时,心脏每搏输出量接近并达到最佳状态,因此健身效果明显;心率为 150 次/min 时,心脏每搏输出量最大,健身效果最显著;心率在 160—170 次/min 之间时,虽无不良的异常反应,也未见更好的健身效果;心率达到 180 次/min 时,体内免疫蛋白减少,易感染疾病,并易产生疲劳或运动伤病。因此,运动最佳心率范围如下:男性 31—40 岁（女性 26—35 岁）:140—150 次/min;男性 41—50 岁（女性 36—45 岁）:130—140次/min;男性 51—60 岁（女性 46—55 岁）:120—130 次/min;男性 60 岁以上（女性

55 岁以上）：100—120 次/min。（黄茂武,2000）

（4）上海瑞金医院提出的中国人按年龄推算 HR_{max} 的计算公式为：

$$男性 HR_{max}（次/min）＝220－年龄×0.7（岁）$$
$$女性 HR_{max}（次/min）＝220－年龄×0.8（岁）$$

值得注意的是,运用上述公式计算 HR_{max} 相对简单,但也存在一定误差。老年人一般不适用此方法。

对于一般健康人群健身运动的运动处方,选用心率指标作为练习强度可参照表 5-3。

表 5-3　不同运动强度的心率　　　　　　　　　　　　单位:次/min

运动强度	%$\dot{V}O_{2max}$	年龄（岁）				
		20	30	40	50	60
大	90	175	170	165	155	145
	80	165	160	150	145	135
中	70	150	145	140	135	125
	60	135	135	130	125	120
小	50	125	120	115	110	110
	40	110	110	105	100	100

资料来源:罗兴华:《身体锻炼学》,广东高等教育出版社 2000 年版。

2.用摄氧量衡量运动强度举例

摄氧量通常是以运动中 $\dot{V}O_2$ 占机体 $\dot{V}O_{2max}$ 的百分比表示,即%$\dot{V}O_{2max}$。通常,有氧耐力锻炼的靶强度为 $50\%—80\%\dot{V}O_{2max}$。对于健康的成年人,可以将靶强度的上限 $80\%\dot{V}O_{2max}$ 作为自己的安全界限;而体质较差的人群建议以 $50\%\dot{V}O_{2max}$ 的强度作为安全界限。由于摄氧量的测定需要复杂的设备和条件,而且,在锻炼实施过程中,通过检测摄氧量的变化来控制运动强度也不太现实,因此该指标主要用于科学研究。

（四）练习持续的时间

相对于健康人群来说,一次中低强度的练习持续时间低于 30min,练习对机体产生的积极影响较小;但对于特殊人群,练习持续的时间一般为 15—60min。时间长度的设计应当根据处方对象的具体情况来定,并非越长越好,练习持续的时间与练习的强度成反比。

日本体育科学中心建议,采用三种中等运动强度的练习较好,即 15min、70%

$\dot{V}O_{2max}$,30 min、60% $\dot{V}O_{2max}$,60 min、50% $\dot{V}O_{2max}$。运动持续的时间与运动的强度负荷搭配见表5-4、表5-5。

表 5-4　运动时间与运动强度的负荷搭配

运动时间（min）		5	10	15	30	60
运动强度 （% $\dot{V}O_{2max}$）	小	70	65	60	50	40
	中	80	75	70	60	50
	大	90	85	80	70	60

资料来源：黄茂武：《实用体育保健与康复大全》，科学出版社2000年版。

表 5-5　可以取得效果的运动方案

运动量	取得相同效果的方案				
锻炼持续时间（min）	180	90	45	20	10
运动强度（最大用力%）	20	30	40	50	60
心率（次/min）	110	120	130	140	150

资料来源：黄茂武：《实用体育保健与康复大全》，科学出版社2000年版。

（五）练习的频度

有研究报道，每周锻炼超过3次时，最大摄氧量的增加逐渐趋于平坦；当练习次数持续增加到5次以上时，最大摄氧量的提高逐渐减小；而每周锻炼次数小于2次时，通常不引起变化。由此可见，每周锻炼3—4次是最佳的频度。

基于生理刺激的适应性和超量恢复原理，练习的间隔不宜超过3天。对于一般治疗性或健身性锻炼，坚持每天锻炼一次，效果会更好。

（六）练习的进度

练习进度分为三个阶段：①开始阶段。进行伸展、体操和低强度的有氧运动。低于计算的强度，并逐渐增加，一般持续4—6周。②改善阶段。以较快的进度在2—3周内达到预计的运动强度，老年体弱者可能需要较长的时间来适应。③维持阶段。参加者的心肺功能达到较满意的水平，运动强度不断增加，并保持在一个合理、安全、有效的范围内，进行有效的运动。

（七）练习注意事项

练习注意事项主要包括四个方面：一是提出禁忌的运动项目和某些容易发生危险的动作；二是提出运动中自我观察指标及出现指标异常时停止运动的指标；三是提出每次锻炼前后都要做好充分的准备活动和整理活动；四是其他需要个体指出的事项。

三、运动处方的实施与修正

运动处方的制订与实施是一个复杂的动态过程,这主要取决于目标对象的差异及机体产生适应的长期性和复杂性。因此,要求目标人群首先要根据设计的运动处方初步方案进行练习,在实施推进的过程中,发现一些异常或变化的问题,经过科学分析后,再做必要的修正、完善。一般来说,一个运动处方制订后,都要经过多次的修正才能达到满意的效果;但也不要过于敏感,稍有异常就进行修改,这样不利于锻炼效果的实现,应当做到相对稳定与修正的统一。

第五节 普通高校特殊学生运动处方举例

一、健身性运动处方的基本格式

目前,运动处方的格式尚未有统一的标准。根据不同的目标人群和目的,处方的格式有所不同。对于健康人群健身锻炼的运动处方格式参照见表 5-6。

表 5-6 健身性运动处方格式

姓名	性别	年龄	职业	联系地址	电话	

一、健康检查:心率次/min　　血压 mmHg　　肺活量 ml
　　　　　　　安静心电图结果
二、运动试验:最大心率次/min　　最大摄氧量 ml(/kg · min)
　　　　　　　最大梅脱值 Mets 结论
三、体质测试:身高体重体脂
　　　　　　　心肺耐力评定肌肉力量和耐力评定
四、运动目的:
五、运动强度:靶心率范围次/min 梅脱值范围 Mets
六、运动时间:min/次
七、运动频度:天/周
八、运动项目及各项目时间分配:
九、力量锻炼方法:
十、注意事项:

　　　　　　　　　　　　　　　　　　　　　　指导员签名:
　　　　　　　　　　　　　　　　　　　　　　　年　　月　　日

资料来源:罗兴华:《身体锻炼学》,广东高等教育出版社 2000 年版。

二、健身性运动处方举例

健康人群用于健身保健目的的运动处方,其锻炼的计划应当包括改善心肺耐力、肌肉力量及耐力、柔韧性、身体成分四个方面,其中以改善心肺耐力为主。具体处方如下:

(1)运动目的:增进健康。

(2)运动强度:最大心率的 60％—85％。

(3)运动频度:3—5 次/周。

(4)运动项目及时间分配:以有氧耐力运动项目为主,如散步、慢跑、打太极拳、游泳、爬楼梯等;辅助以柔韧性练习和力量性运动,如静力伸展练习、俯卧撑、仰卧起坐等。总运动时间为 20—60min,其中运动主项维持靶心率至少持续 10min以上。

(5)注意事项:每次运动都应包括练前的准备活动和练后的整理活动。柔韧性练习可在每次准备活动当中进行;力量性练习可在准备活动后进行。如进行负重肌肉练习,一般可用本人最大力量负荷的 40％—60％或 8—12RM(最大重复重量)进行,每次 3 组,每组 10 次,每周练习 3 次,隔天进行。

第六节　普通高校特殊学生体育学习的健康分组

体质问题是一个综合性的社会问题。增进学生健康、增强学生体质始终是学校体育的主要教育目标。而普通高校中的部分学生存在着身患残疾、病弱、肥胖、急性损伤等困扰,是高校体育教学中的特殊学生群体。高校中特殊学生群体的体育学习现状一直不容乐观,其制约因素主要有以下几点。

一、特殊学生体育学习的身体制约因素

特殊学生的身体存在生理限制。一部分特殊学生因伤残导致身体结构、功能异常而引起运动能力受限,短时或长期无法达到普通体育教学的要求;另一部分由于体弱和特殊体形(肥胖或瘦弱)的特殊学生,因为他们绝大多数在完成动作技术时受到困扰,毋庸置疑,其身体上的"弱势"显然是制约他们参加体育锻炼的首要因素。

二、特殊学生体育学习的非身体制约因素

通过对浙江省不同高校 218 名特殊学生进行调查,结果表明:制约学生参加体育锻炼的因素既有主观原因,也有客观原因,并非完全是身体因素。

（一）主观原因

1. 心理因素

从表 5-7 可以看出,有 61.5% 的特殊学生认为由于生理缺陷,觉得自己的运动能力不如他人,认为学习一些体育运动技术对他们难度太大,常常产生"我可能学不会""反正我也学不会""我可能会出丑（怕别人笑话）""我可能会受伤"等心理现象。从此,看到体育场就远而避之,形成一种不愿参加体育锻炼的心理障碍,从而形成强烈的自卑感,直接影响了参加体育锻炼的积极性。可见,心理障碍是影响体育弱势群体体育锻炼的首要主观因素。

2. 体育认知

体育认知是指练习者对体育锻炼的目的、意义、功能、效果认识的理解。从表 5-7 可以看到,有 25.2% 的特殊学生认为自己的体育认知水平确实影响了体育锻炼的行为,表现为对"体育锻炼能培养人的意志品质""体育锻炼能培养人的沟通、合作精神""体育锻炼能激发人的潜能"等态度语的否定。可见,体育认知水平偏低是又一个影响特殊学生参加体育锻炼的重要因素。

3. 日常行为

从表 5-7 还可以看到,有 11.9% 的特殊学生认为是日常行为习惯的原因造成的,中学阶段特殊学生的体育教育基本上处于涣散状态,随班就读、免修体育常常是特殊学生的两种体育教育模式,由于身体行动不方便、惰性大,造成中学阶段没有系统的体育学习,使大学阶段特殊学生的体育教育没有一个较高的起点,这些都是影响他们参加体育锻炼的原因,从而使他们不愿参加体育锻炼。

表 5-7　高校特殊体育学生群体参加体育锻炼的主观制约因素

原　因	心理因素	体育认知	日常行为	其　他
人数（218 人）	134	55	26	3
百分比（%）	61.5	25.2	11.9	1.4

（二）客观原因

1. 锻炼资源

体育锻炼资源主要指参加体育锻炼的硬件资源,包括体育场馆、器材、锻炼内容及指导员等。随着高校教育由"精英教育时代"向"大众化教育时代"的转变,校区的扩充、设备的增添可以在一定程度上缓解场地紧张的问题,但若没有相应的经费支持,所有的美好愿望也只是蓝图而已。在这样的背景下,大部分高校的特殊体育教学场地处于见缝插针的打游击状态。表 5-8 的调查结果显示:有 46.8% 的特殊学生在参加体育锻炼时会受到"锻炼资源"的影响。多数特殊学生渴望在一个"幽静"的地方有个属于自己的运动场。

表 5-8　高校特殊体育学生群体参加体育锻炼的客观制约因素

原　　因	锻炼资源	师　　资	体育课程	其他原因
人数(218 人)	102	38	75	3
百分比(%)	46.8	17.4	34.4	1.4

2. 体育课程

体育课程是实现学校教育目标、完成教学任务的重要途径,是实施党的教育方针、推进素质教育、树立"健康第一"教育的中心环节。调查显示,有 34.4% 的特殊学生对目前的体育课程安排有些不满意。主要是对现有存在的随班就读、免修等体育教育模式的不满和体育考评成绩只能记"合格"与"不合格"的标签式评价的不满。[20]这些因素已经影响了他们参加体育锻炼的积极性。

3. 体育师资

目前,一般高校特殊学生的体育课都由普通任课体育教师兼任,其中绝大部分没有经过特殊教育的上岗培训,更没有专业的特殊体育系统学习。这样只会造成以下几个结果:无法保证教学任务的顺利完成,只能导致教学流于形式;在教学过程中,不少教师可能会表现出轻视学生的努力、漠视学生的存在以及对学生有过多的期望等错误态度,造成对特殊学生群体体育学习的自尊心、进取心的严重威胁,同时会扼杀特殊学生群体对体育学习的好奇心与参与热情,使他们失去前进的动力,助长学生偏执、忧郁等心理障碍的产生。

当学校体育无力开花,而政策的天平又倾向普通学生的体育锻炼时,特殊学生的体育学习如墙角处的杂草一样无人问津,高校特殊学生的体育学习问题将在较长时期处于萌芽阶段,这不仅影响到特殊学生的健康问题,而且关系到"以人为本"社会秩序和和谐校园的建立。因此,高校特殊学生的体育锻炼,需要全校乃至全社会的共同关注。

三、特殊体育学生健康分组

合理的健康分组是制订有效运动处方的关键。根据特殊学生的界定:"特殊身体状况的学生(如有残障或通过医学检查有各种不适于剧烈运动的疾病);手术后或病愈恢复期学生;个别高龄的学生;因肥胖或瘦弱运动困难的学生和一些情绪障碍较严重的学生等。"我们把体育弱势群体分为三个组,即康复保健组、形体恢复组、体能加强组,如图 5-2 所示。

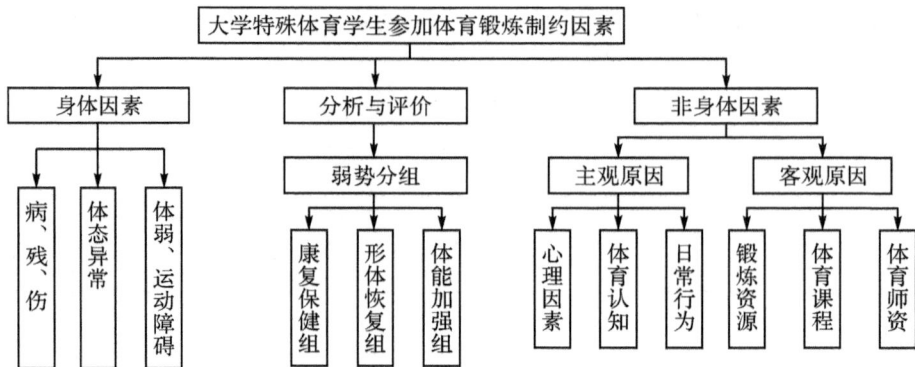

图 5-2　特殊学生群体参加体育锻炼制约因素及健康分组

四、特殊体育学生运动处方组合原则

安排组合"运动处方"的基本顺序是：先进行准备活动（热身运动），再进行基本活动（学习技术的正式运动），最后进行放松整理运动。基本组合原则是：先进行柔韧练习，再进行力量性练习；先进行力量性练习，再进行耐力性练习；先进行小负荷、轻阻力练习，后进行大负荷、大阻力练习。应针对特殊学生的体育学习特殊性进行科学安排。

$$热身运动 \longrightarrow 正式运动 \longrightarrow 放松整理$$

在冬季天气比较冷的季节，准备活动尤为重要。准备活动时一定要把身体的每个关节都打开，以微微出汗效果最佳。在进行有氧运动时要注意呼吸的节奏。建议刚开始训练时为了保证安全，以选择小运动量为宜。大强度的短时间运动有利于发展力量和速度，中小强度的长时间练习有利于发展耐力素质。

在整个运动过程中，应注意反应、速度、柔韧性、协调性等方面的全体发展。特别注意障碍部位的康复练习，弥补其中的不足。因此，除了进行常规器械训练外，还要进行如散步、太极拳、游泳、舞蹈等活动，这些内容可有选择地进行组合，同时，结合自己身体的薄弱环节有针对性地进行辅助性练习。

五、特殊体育学生运动处方举例

由于教学对象的特殊性，如果采用统一的学习内容和锻炼方法可能不行。必须采用个别化的运动处方。个别化的运动处方是根据个人的身体状况而量身定制的。一般来说，各类型身体练习障碍学生因在体育经验方面的缺乏，需求比其他学生多，特别在动作能力考核和技能学习等方面，别人能轻易完成的，他们却常常体验失败而伤害自尊心。所以在运动处方制订中，要特别思考如何在有效的教学过程中消除学生的无助感。

（一）康复保健组学生运动处方

康复保健组主要是以病、残、伤恢复期学生为主。处方内容可以为传统养生保健方法与理论、康复锻炼项目及结合适当的素质练习。其宗旨是以康复保健为主，其目的主要是增强体质、补偿缺陷，发展健康体适能；改善心理健康，悦纳自我并能与他人和谐相处，培养团体归属感。

◇下肢不适者运动处方一：

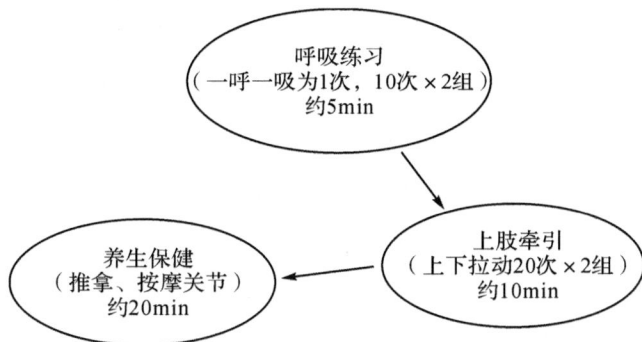

图 5-3　下肢不适者运动处方一

◇下肢不适者运动处方二：

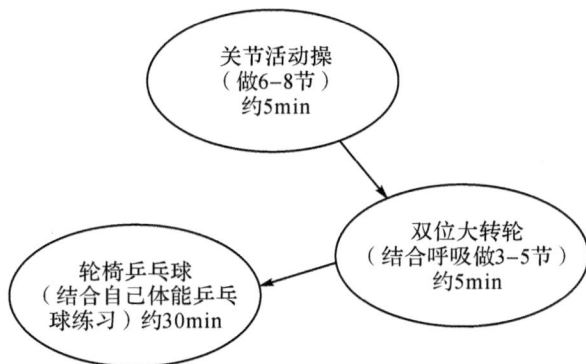

图 5-4　下肢不适者运动处方二

【锻炼强度】锻炼强度控制在中小强度范围内。

【持续时间】锻炼频率保持在每周 3 次以上，每次 40—90min。

【注意事项】锻炼过程中要循序渐进，合理分配体力，要持之以恒，避免长时间中断运动。

◇上肢不适者运动处方：

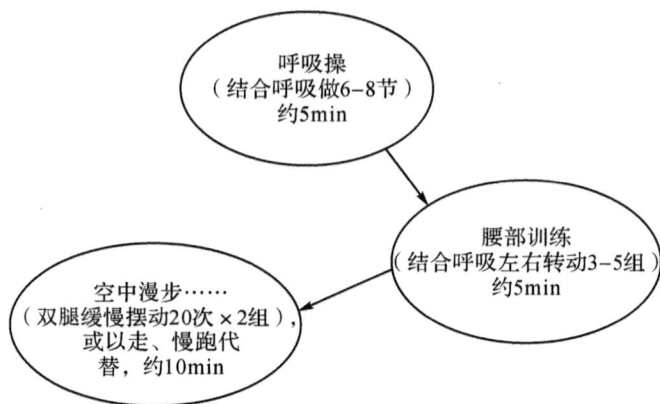

图 5-5　下肢不适者运动处方

【锻炼强度】前期锻炼时锻炼强度控制在中小强度范围内，中后期可以慢慢加大。

【持续时间】锻炼频率保持每周 3—5 次，每次 30—60min。

【注意事项】在运动过程中增强自我监督，注意呼吸的方法和调节呼吸的节奏。

◇病愈学生运动处方：

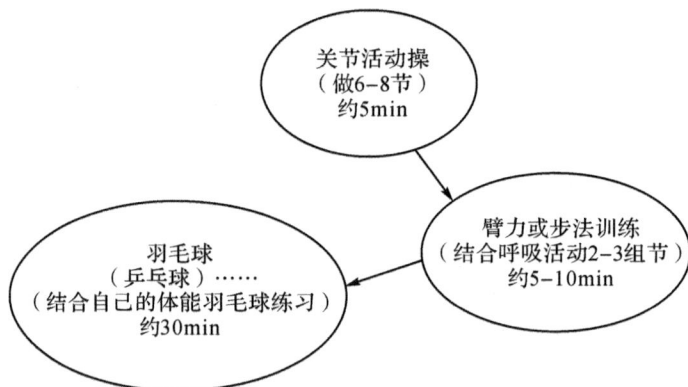

图 5-6　病愈学生运动处方

【锻炼强度】前期锻炼时锻炼强度控制在中小强度范围内，中后期可以慢慢加大。

【持续时间】锻炼频率保持每周 3—5 次，每次 40—90min。

【注意事项】在运动过程中掌握自身身体的反应，注意自我调节，注意运动呼吸的节奏。

（二）体能加强组学生运动处方

体能加强组学生主要是身体素质差，缺乏运动意识及运动中存在心理障碍。运动处方可以选一些集体项目结合游戏类教学。这类学生运动处方的宗旨是多运动、多参与，注重学生运动兴趣的培养。总的原则就是坚持"以人为本"，以寻求学生身心发展的最大值。

◇体能加强组学生运动处方一：

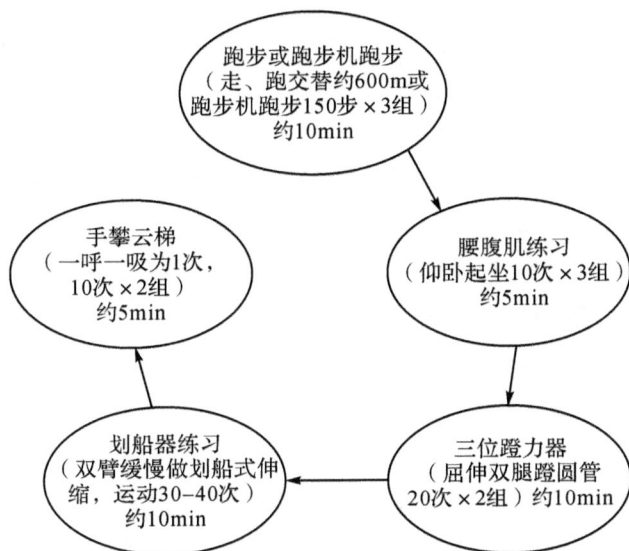

图 5-7 体能加强组学生运动处方一

◇体能加强组学生运动处方二：

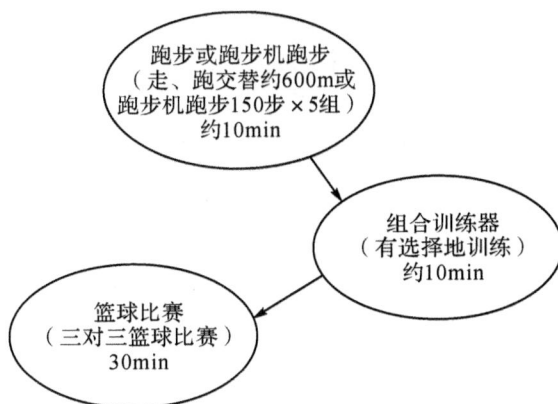

图 5-8 体能加强组学生运动处方二

◇体能加强组学生运动处方三：

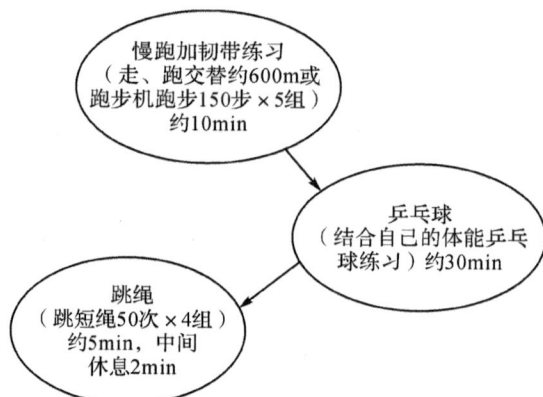

图 5-9 体能加强组学生运动处方三

【锻炼强度】选择运动强度为运动心率在 110—130 次/min 的运动。

【持续时间】锻炼频率保持每周 3—5 次或隔日一次，每次 30—60min。

【注意事项】实施锻炼方案前，最好做运动负荷实验，了解个体的运动能力，相应修正运动强度和负荷量。

（三）形体恢复组学生运动处方

形体恢复组学生主要是肥胖、体态异常的学生。体育课程内容的安排主要是以有氧运动为主，结合一些徒手、器械练习等理论与实践，宗旨主要是恢复、矫正体形。其目标主要是尊重学生的能力要求，发展学生个性特长；增加体育意识，培养体育习惯，确立终身健身方式。

◇形体恢复组学生运动处方一：

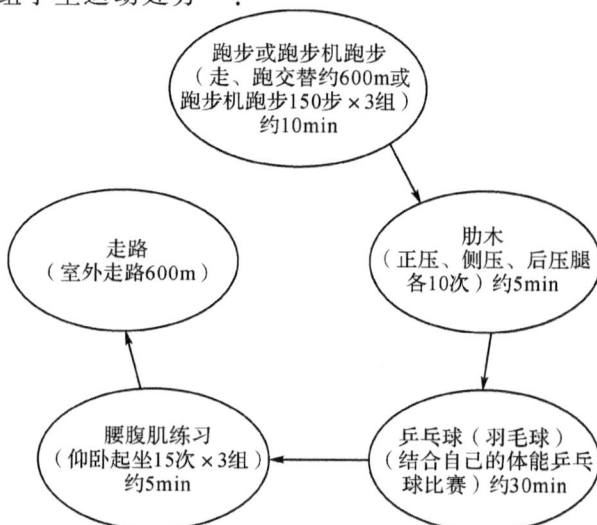

图 5-10 形体恢复组学生运动处方一

◇形体恢复组学生运动处方二：

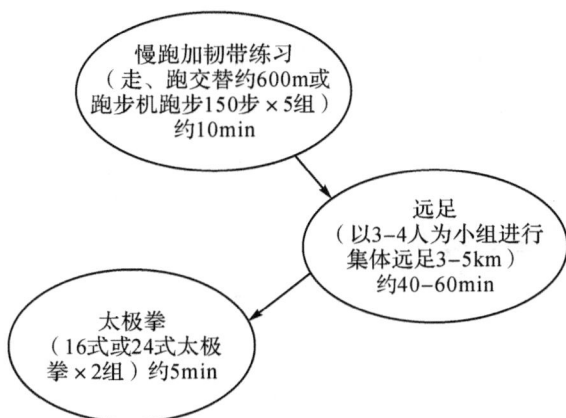

图 5-11　形体恢复组学生运动处方二

◇形体恢复组学生运动处方三：

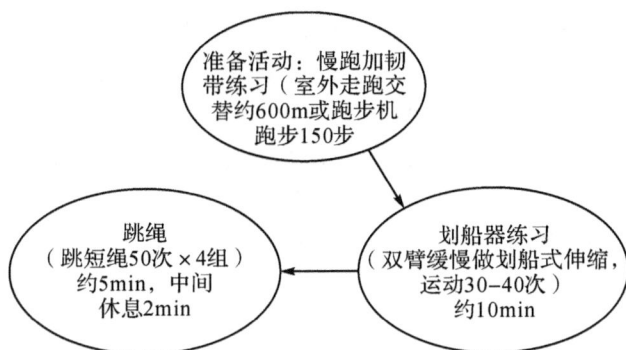

图 5-12　形体恢复组学生运动处方三

【锻炼强度】一般选择运动强度为心率在 120 次/min 左右的运动。

【持续时间】每次 60min，每周 3—5 次。

【注意事项】动作轻缓、节奏均匀，运动强度小，切忌选用对抗性强、兴奋性高的项目，做到量力而行，自我监督。运动量过大或休息不足时，应调整运动量。

表 5-9　特殊体育学生运动处方内容参照

处　方　内　容	
运动基础知识	运动处方、健康标准、传统养生、保健知识、运动自我监督
运动基本技能	有氧运动、民族体育、垫上科学、团体合作类集体项目
健康体适能	身体组成、心肺功能、力量与耐力、柔韧性

处 方 内 容	
运动参与	体育欣赏、锻炼习惯、课外考勤、运动环境、运动安全
心理发展	情绪、兴趣发展、人际交往、人格培养、克服自卑、悦纳自我
社会适应能力	自我观念、社会技巧、责任培养、独立活动能力培养

六、特殊体育学生运动处方的实施

　　运动处方的实施是一项系统工程，特别是特殊体育学生。实施效果同教师的指导与监控密切相关。为解决锻炼的效果问题，我们可以采用"1＋1＋2"模式进行练习，即每周1次体育俱乐部活动加1次课外体育锻炼辅导及2次散点练习，均由任课教师开具特殊体育运动处方，在教师指导下完成练习任务。康复保健组以增强体质、补偿缺陷、悦纳自我、发展体适能为主要目的，练习重点是康复方法、技巧练习；形体恢复组主要以增强体育意识、培养体育锻炼习惯、恢复体形为目的，侧重点是一定量的有氧训练，必要时结合一定干预手段进行；体能加强组则以培养体育兴趣为目的，重点是一些集体比赛、团队合作练习。两次散点练习可以根据个人需要，自选健身方式，但无论采用哪种方式锻炼，一定要包括耐力、力量、放松3部分内容，锻炼时间不得少于30min，并做好锻炼笔记，每月在班级QQ群或微信群交流2次，记录内容至少包含几个要素：做了什么？和谁一起？多长时间？强度如何？（可用主观评定，五级疲劳程度表述）如果是选择健身走，最好描述锻炼的路线。

第六章
普通高校特殊体育教育支持系统研究

提纲介绍

　　本章主要对我国普通高校特殊体育教育支持缺失现象进行分析。从特殊体育教育支持系统的要素、支持内容等进行理论设计，提出开发设想。

第一节　普通高校特殊体育教育支持体系构建的出发点

　　现代教育的最高境界是"有教无类"，即打破身份、地位、民族、性别、年龄、区域等界限，不分对象、不加限制地赋予每个受教育者以同等的教育机会和权利，这不仅是宪法、法律所体现出的一种价值理念，也是中国特色社会主义教育事业发展的一种基本指导思想。大学生体质健康水平测试结果的数据表明，约 5.3% 的大学生因病、残疾等身体异常原因未能正常参加测试，入校时 50 米、立定跳远、引体向上（男生）和仰卧起坐（女生）三项身体素质测试不足 100 分的体弱者占 13.6%，再加上特殊体形学生（偏胖或偏瘦），大学生体质弱势"准受教"人群接近 20%。同时，随着高校招生规模的不断扩大和教育体制的不断完善，我国普通高校的特殊学生人数也在不断增加。无论从绝对数量还是所占比例来看，他们已经成为高校不可忽视的群体（包括有生理性疾病和社会性疾病及受伤等不能进行常规体育教学活动的学生）。目前这个群体已经对和谐健康校园方面产生了不可忽视的影响。特殊学生面临的教育问题特别是体育教学问题日益突显，身体上的直接不对等，更容易将特殊群体学生划归为"弱势群体"。高校体育不仅要在体育教学上给予特殊群体学生一定的支持和帮助，还要在体育教学之外体现这种支持，这些支持可共同构成一个有效的支持体系，发挥体育的特有功能，帮助特殊体育学生健康成长。

一、特殊体育支持网的内涵

特殊学生个人所具有的体育资源是非常有限的,特别是受到自身身心条件的影响,更限制了他们对于体育资源的获取和利用,因此,他们更需要通对一定的社会关系获取相应的资源。也就意味着,他们的体育支持网的规模越大,则拥有更多的体育资本,更有利于具体目标的实现。特殊学生群体,一方面需要通过更多的关系建立帮助自己实现体育学习、锻炼及康复的目的;另一方面,需要借助体育这一途径,扩大自己的社会关系网,建立良好的人际关系、学习关系、生活关系,从而实现其他方面的发展。良好的体育支持能够极大地拓展特殊学生与他人的广泛交流和沟通,能够使特殊群体学生拥有充分发挥主动性、创造性的自主权。

体育教学应该充分利用自身参与性、互动性的优势,创造有利条件,让普通学生与特殊学生处在教育的同一平台上,通过体育这一途径,借以"特殊学生"获得更多资源的支持(如政策的支持、情感的支持、康复和友谊等的支持);给予特殊学生多方面、全方位的支持,提高他们的社会适应与参与能力、减缓生活学习压力的能力,建立良好的学生、家庭及社会之间的联系,并让普通学生与特殊学生相互协作、相互理解、共同发展。

因此,体育支持体系是社会支持的一种形式,是指特殊学生群体通过体育这一媒介,从网络关系中获取自身没有拥有的资源,从而解决学习生活的困难,并获得教育、精神、友谊等资源性支持体系架构。

二、特殊群体学生体育教学的现状

特殊学生的生活需要指导、帮助,特殊学生的体育锻炼更需要指导和帮助。根据笔者对浙江省 20 所普通高校实施特殊体育课程教学现状的调查发现:目前大部分高校特殊学生参与健身的动机强烈,普遍认为体育锻炼对他们的学习、生活、交往会起到积极影响。大部分高校也按要求开设了针对特殊学生群体的体育课程。进一步调查还发现:高校特殊学生参与体育活动的程度不高,有相当部分特殊学生从未参加过或很少参加体育活动,制约的因素除生理因素外,主要是因为师资、经费、软硬件等主客观条件的限制,造成了目前大部分高校在教材、教学大纲、场馆、教具等配套设施方面的严重不足。同时,学校整个教育体系缺乏医疗、管理、志愿者服务等方面全方位的支持。

(一)社会认识存在偏差

随着社会的发展,人类文明的进步,公开歧视特殊学生的现象已经变得不再像过去那样明显,但在社会各个领域如教育(尤其是体育教育)领域仍然存在着对特殊学生的隐性歧视态度。目前我们的思维仍然停留在把他们作为一个需要施以援手的弱势群体来同情,缺乏现代意义上的权利、责任意识,意识不到弱者有向政府和社会获取支持的权利。有一个值得深思的现象,在大学的体育系统中,领导层更关注的是普通学生的体育教学、群体训练是否正常,校外的比赛成绩是否靠前。毕竟代表的是一所高校整体体育的工作水平和业绩。特殊学生的教学、训练、竞赛无论在哪一所高校都不会是主流群体,他们的体育需求常常被忽视。

（二）特殊体育教育相关政策缺失

特殊体育教育的立法以及相关政策的确立对保障特殊学生共享体育运动的权利起着举足轻重的作用。世界上一些特殊教育发展较完善的国家,都有相应的法律、政策保障。如美国著名的特殊体育法规就是"零拒绝""最少限制环境"等,日本在特殊学生群体体育支持方面也有很多经验值得我们借鉴。目前,我国虽然针对特殊学生制定了一系列的政策法规,例如 2002 年教育部颁布的《全国普通高等学校体育课程教学指导（新）纲要》中就对部分身体异常和病、残、弱及个别高龄等特殊学生群体,做出开设以康复、保健为主的体育课程的规定;2010 年出台的《国家中长期教育改革和发展纲要》中也提出"关心和支持特殊教育"。但具体落实到高校特殊学生群体,政策的导向性不够明显,政策的约束力也不够大。从问卷调查结果可以看出,有相当部分学校教学大纲中虽然设置了特殊体育课程,但在实际操作中显得力不从心,安排随意。部分高校体育部主任认为:特殊群体学生数量少并且分散,要把他们集中起来组成教学班健身难度较大,大纲上设置特殊体育课程仅仅是应付上级检查。特殊学生的体育健身无法正常运作,缺乏特殊体育教育配套的问责制度,表现出政策执行上的盲区和行动上的漠然。

（三）特殊体育课程建设滞后

目前,高校特殊学生的体育课程设置主要有单设特殊体育班、随班就读和免修体育三种形式,其中以单设特殊体育班最为普遍。但进一步调查发现,许多高校根本没有按《全国普通高等学校体育课程教学指导纲要》的要求开设必修课。由此可以看出,高校对于特殊学生的体育特殊性在认识和重视程度上明显不平衡,加上特殊学生人数偏少,特殊体育课程常常处于大学体育教育的边缘地位,他们的正常健身需求常常被忽略。比如《特殊体育课程》教学目标定位不明确、教学内容安排随意,加上学生参加特殊体育班的原因各异,且没有适合的运动套餐,教学评价又受限制,等等。特殊体育课程建设的严重滞后决定了特殊体育在高校体育教学改革中必定路途坎坷。

（四）体育健身服务机制薄弱

高等教育不属于义务教育范畴,而高校特殊学生本身是一个分散在全校的弱势群体,因此我国高校特殊学生体育健身的发展不容乐观,大多数地区的特殊学生保障支持机制不够健全。如何保障这部分受限制的特殊学生能够顺利地返回运动场、参加到体育活动中，提高他们在高校乃至社会中的健康水平和生活质量是一个值得重视的问题。目前高校教育机构匮乏，专业师资数量及质量严重不足，特殊学生的体育健身支持网络尚未形成，更缺乏特殊学生自发组织的体育健身网，一些愿意为特殊学生提供支持服务的志愿者因缺乏专业培训而出现服务与需求不对应、体育活动持续性差等问题，这是限制特殊学生体育生态化发展的瓶颈。

（五）特殊学生的自卑心理

由于特殊学生生理、心理方面存在不同程度的障碍，加上高校对特殊学生健身支持机制的薄弱，多数特殊学生的体育健身处于不积极或被动的状态。特殊学生对个人特殊身体的接受程度、对克服障碍的态度和勇气、对健身活动中人际关系的沟通处理，特别是对自我悦纳的状态、参与健身活动的动机和参加锻炼的持续性上都会有所反应。他们往往会表现出畏缩、逃避甚至会自暴自弃。

综上所述，目前特殊学生的体育参与是建设和谐健康校园中难度最大、也最容易被忽略的一个问题。因此，推动特殊学生体育锻炼的生态支持应引起各高校的充分重视，高校有关部门对特殊学生参与体育健身的支持工作力度尚需加大。今后高校体育改革的重点，应放在加强对特殊学生群体健身锻炼上，增加高校特殊学生的体育人口，使更多高校的特殊学生投身到体育运动中，享受体育运动带来的健康与幸福。

合理的"体育支持体系"的建立是复杂的，体现的是对特殊学生群体全方位、真正意义上的关怀和呵护。"体育支持体系"作为特殊学生群体社会支持体系的构成之一，应该发挥其特有的功能和作用。

第二节　普通高校特殊体育教育社会支持体系构建的意义

从本章第一节特殊学生群体体育社会支持体系的调查可以看出，对特殊学生群体没有建立一个有效的体育社会支持体系。目前的教学模式很难帮助特殊学生群体内部和外部的交流与联系，很难获得教育资源和社会资源的共享。

体育社会支持体系只是特殊学生群体作为社会人所处的众多社会网络之一。然而，通过体育社会支持体系的建立，能够成为特殊学生群体建立更广泛社会网络的桥梁。由于社会网络之间存在着关联性，其中一个环节的缺失往往会导致很多环节无法建立正常连接，一些社会网络也将无法建立，从而导致特殊学生群体一系列问题的出现。体育社会支持体系只是特殊学生群体所面临的问题之一,在特殊学生群体学习、生活、社会交往中,会呈现出各种各样的问题,"头痛医头、脚痛医脚"是无法从根本上解决问题的。因此,需要一个体系,在特殊学生群体接受体育教育的过程中,能够满足特殊学生群体作为社会人的正常需求,促进体育社会支持体系的建立,形成一个能够促成他们继续发展的平台,同时对所产生的问题能够有预见性,并能有效应对和解决。

从宏观和微观两方面反思目前国内高校开设的"特殊体育课",其中存在的问题如下。

宏观方面看,它在体育相对孤立发展的大环境下,将特殊体育教育仅仅作为单一体育部门的教学任务,而这一教学往往又被独立于整个体育教学之外,成为"孤立"中的又一"孤岛"。从特殊教育角度出发,目前"一体化教育""全纳教育"理念在特殊教育领域已经有了一定的认识和实践,但在高校体育教育领域的普及和开展上还处于起步阶段,特殊体育教育支持系统建设任重而道远。

微观方面看,从体育教育角度考虑,特殊体育教育目前尚没有统一教材、教学大纲,缺少专业教师配备,体育教学内容缺少针对性,缺乏专业特殊教学场地、设施和器材。从特殊教育角度考虑,也缺乏相应的康复治疗场地和设施、配套的支援措施、专业人员的支持。

从宏观、微观两方面存在的问题可以看出,特殊体育教育需要一次来自自我的救赎,从体育及特殊教育的边缘走出来,主动投身于主流教育,回归正常社会。如何才能做到这些呢？很显然,特殊体育教育需要主动寻求与其他领域的合作和交流,而不是被动地等待机会的到来。通过合作和交流,逐渐让人了解、认识、理解特殊体育教育,赢得大家的信任和支持,争取自身发展的更多机会和条件。而合作和交流需要一定的渠道和特定的方式,也就是说需要一个属于特殊体育教育的运作体系,这个体系可以确保相互间的及时沟通及有效合作与支持,搭建合理的体育社会支持体系,并有助于特殊学生群体相关网络的建立,同时加强不同网络间的联系和交流,最终促成特殊体育教育目的的达成。此外,这个体系能够自我不断调整和更新,具有可持续发展性。

因此,特殊体育教育支持体系的构建就成为必须要做的工作。这将会是一次多赢的尝试。一方面,可以充分发挥体育健身、康复等特定功能,体现体育特有的价值;另一方面,也是特殊教育在另一领域的有益尝试,对于整个特殊教育将是有益的补充。同时,具有双重身份的特殊体育教育借助特殊体育教育支援体系,能够更好地回归教育和社会,也是对体育及特殊教育目前所存在问题的一次突破,以往发展过程中所遇到的瓶颈和弱势,也可能会成为发展上的机遇,因此具有特殊的意义。

第三节 普通高校特殊体育教育支持体系构建

特殊体育教育支持体系涉及多领域、多部门之间的协同配合,这种协同不仅是对体育特殊教育的支援,也会惠及其他特殊教育及普通教育层面,让更多的学生及个人从中受益。

一、特殊体育教育支持的概念

特殊体育教育的宗旨就是要理解因各种原因(如身体障碍)导致的体育学习困难,通过各种途径减少学习障碍,让普通学校的体育课程能满足所有学习者的需要。因此,如何营造合作、支持、关怀的环境,使特殊学生同样有权享受高品质的体育学习、终身运动、体适能和休闲运动,就是特殊体育教育支持要承担的内容。特殊体育教育支持,我们可以理解为在学校或社区中,针对个人在体育学习及活动中的特殊需求,提供人力或非人力的支持。其中人力支持系统包括:具有特殊体育专业知识技能的体育教师,一般教师以外的专业人员(教师助理、特殊体育指导员、特殊教师、医生以及其他专业人员)、半专业人员(经过培训的校内外志愿者)、非专业但有爱心的人员(同学、教师、家人、朋友等)。非人力支持系统包括:无障碍设施、特殊运动器材、适于特殊学生锻炼的运动场馆等。

二、特殊体育教育支持系统的内容设计

特殊体育教育首要考虑的目标,应是"增强体质,补偿缺陷,发展健康体适能"。在特殊体育教育中,非常强调"培养、塑造和改变缺陷并存"。如果我们给特殊学生提供了一个有利于特殊学生学习的平台,比如良好的学习环境条件、各种支持配套服务和相应的法律法规,就能促进这种缺陷补偿的进行,而且,这种认同和接纳对于特殊学生的心理因素有正向的促进作用。与普通健全大学生不同,特殊学生由于身体的障碍,其对于环境的要求是很特殊的,健全学生可以自然地、轻松地去适应大学校园体育文化形成的环境,而特殊学生存在一定难度。特殊体育教育支持系统的目标主要是让这些学生可以很好地融入校园生活,与健全学生一样从事各种运动,就必须首先要创造一个适于他们的特殊运动环境,培养他们的参与意识和运动习惯,然后使他们适应常态的校园体育。

(一)特殊体育教育支持系统构成因素

随着招生政策的灵活和招生规模的扩大,学校中有特殊体育学习需要的学生将会变得越来越多。如何挖掘整合校内外一切可以利用的体育教学资源,构建一

个与学生双向沟通、和谐共进的平台,是涉及学校特殊体育教育实现对学生生命关怀的重要课题。从一定意义上讲,改革就是一种资源配置方式的重新改进,在资源相对缺乏的情况下体现出对弱势群体的倾斜。"特殊体育教育支持系统"就是基于这样的一种认识而构建的激活现有资源、发掘新资源、整合所有资源的资源配置方式,它是整个学校体育教育改革的重要组成部分。以生为本,是教育界所达成的共识,然而,这种共识大多停留于观念层面。不可否认,教师在实践中对关怀学生、以生为本有不少好的经验,然而,这种实践多出于自发、不成系统,多限于局部和表面,相对滞后。要想把特殊学生的生命关怀真正落到实处,及时、有效地解决学生在体育活动中存在的诸多问题,没有一个可行性和操作性比较强的大平台,恐怕是难以做到的。

要使特殊体育教育在学校得到良性发展,促进特殊学生的有效参与,特殊体育教育支持系统应由教育管理、体育教学支持和课外活动援助服务三方面构成。[23]在这三个方面的因素中,由于校园环境的无障碍设施建设、场馆器材设备的适用等都取决于行政和管理方面的支持力度,在此就不单列出来讨论,我们重点就教育管理方面、体育教学支持方面做出分析。教育管理是指为特殊学生有效参与课内外体育活动提供相应的服务措施。这种措施涉及教育管理政策、接纳与安置原则、教育环境与氛围教育评价等方面内容;体育教学支持是指为促进特殊学生不同的学习需要,使其积极参与体育学习而提供的多层次教学目标、多样化教学活动、多种类交往方式、多元化评价方式、多渠道支持服务,等等;课外活动支持服务是指为促进特殊学生养成参加体育锻炼的习惯,主动融入所在学校和社区而提供的课外体育指导和社区体育指导以及学校和社区学习环境等物力资源。在这三方面因素中,教育管理和课外活动支持的目的是有效参与体育教学,通过多方面的努力,实现调适性体育课程关怀每一个特殊学生成长的目标。三者的关系如图6-1所示。

特殊体育教育支持系统必须有教育行政部门的支持,在政策上给予保障,在资源配置上给予倾斜。从当务之急看,最需要行政部门加大力度给予援助的,是特殊体育师资的培养和教师待遇问题、志愿者服务相关条例的出台以及场馆建设和使用中给予特殊学生必要的考虑。除此之外,教育行政部门应该从直接领导、管理的角色转变为间接大力倡导、积极支持的角色,放权给教师、学生社团,使这种援助成为学校每一位成员共同的责任,这样既可减轻学校负担,又可增强学校成员的凝聚力。

（二）学校特殊体育教育支持系统设计

图6-2表示现阶段学校特殊体育教育的支持系统设计框架,强调以校为本,并尽可能充分利用资源。一个符合现代教育理念的特殊体育教育支持系统应包括组织管理体系,政策法规体系,特殊体育教师、指导员、志愿者培训体系,体质健康监

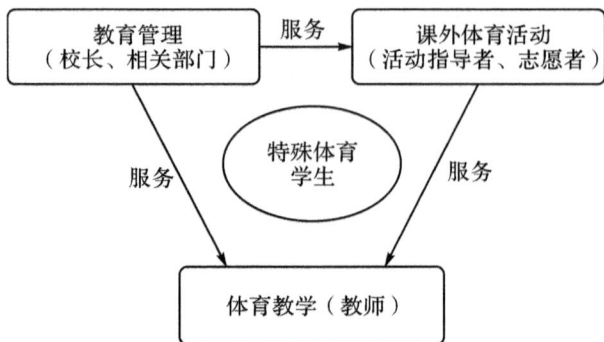

图 6-1 特殊体育教育支持系统 3 个层面的关系

测体系,特殊体育科研体系,等等。要使学生顺利地完成体育回归与融合,最重要的是学校特殊体育教育的支持体系。其中最重要的是有好的师资,依靠师资培训或接受继续教育提高师资力量,提供给师资各种各样的教学支持系统,以便教师们能在专业知识外获得所需要的协助。[24]现阶段,我国普通高校基本上还没有建立体育教育支持系统,在特殊体育教育方面相关的工作人员相当缺乏,体育教师的专业结构、学历不合理,配套设施及服务体系未能跟上。普通高校的特殊体育教育在支持上还有很多不足,某种程度上制约了特殊体育教育的发展。

特殊体育教育支持可视为一个体系化的结构,包括文化、政策和实践三个维度,这三个层次是一个互动的体系,无法截然分离。文化靠政策创造,政策保障实践顺利进行,实践又体现政策。三者的和谐发展是特殊体育学生融入主流社会的基础,学校要努力创造一种关怀生命的文化,它以一种互相信任的态度为纽带,大家都会感到有责任帮助别人、关心别人和爱护别人,并与他人合作。对于普通学生,培养他们对弱势人群的关怀,学会合作与共处。简言之,就是实现从"他们"到"我们"的观念转变,是教育的责任,这种经历有助于他们在成年以后,愿意在社会上付出更大的关怀承诺。

如何搭建一个和谐共进的教学平台支持特殊教育,是高校特殊体育教育关怀学生生命发展的重要课题。从一定意义上讲,改革就是一种资源配置方式的深刻改进,作者认为在教学资源相对缺乏的情况下对特殊学生群体的投入应有所倾斜,"特殊体育教育支持系统"就是基于这种深刻的认识而改革的:激活现有资源、发掘新资源、整合所有的资源配置方式(见图 6-1),它是整个学校体育教育改革的重要组成部分。要在实际行动中弘扬人道主义关怀,除了制定特殊体育教育法规、明确政策倾斜外,还应构筑特殊体育教育"四位一体"的支持网络,也就是提升特殊体育教育幸福指数,是特殊体育教育改革与发展的有效途径。

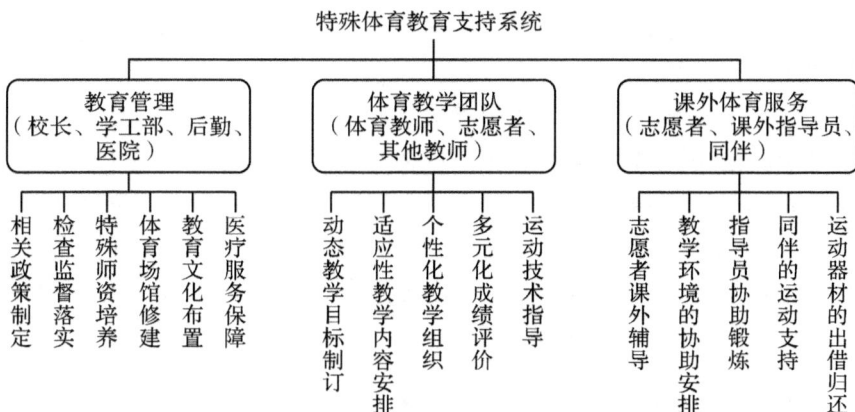

图 6-2　高校特殊体育教育支持系统

第四节　普通高校特殊体育教育体育服务人才的培养

根据第二次全国残疾人抽样调查,2010 年末我国残疾人总人数为 8502 万人,占全国总人数的 6.34％。[25]这一群体已经十分庞大,这样庞大的一个数字背后,还关乎 2.6 亿家庭人口的幸福程度和生存发展,[26]更关乎社会的文明状况。其体育开展及相应的体育指导是我们面临的现实问题,也是不能忽视的问题,相应工作的开展日益迫切。

关爱残疾人,保障他们享有基本公共服务的机会均等、结果大体相等、消除歧视,促进社会公平正义是全社会的责任,也体现了党中央执政为民的鲜明政治品格。参加各类体育活动是残疾人依法享有的权利。通过参加体育活动,使残疾人康复健身,融入社会,是残疾人实现自身价值的重要途径。目前,政府和社会越来越关注残疾人的生存环境和权益保障,"十二五"期间已出台一系列政策法规发展残疾人事业。在这样的时代背景下,如何让该群体更好地参与体育活动、提高健康水平已成为一个重要且不可回避的研究课题。

残疾人群体参加体育锻炼、体育教育以及体育竞赛的需求比普通人群更加强烈,并且需要以残疾人体育服务人才的存在和指导为依托。目前的现实状况是,残疾人的体育参与是全民健身体系中难度最大,也最容易被忽略的一个问题。《2012 年度中国残疾人状况及小康进程监测报告》显示,大约有 7 成的残疾人由于种种限制无法参与体育锻炼。[27]残疾人学校体育情况亦不容乐观,无论是特殊教育学校还是普通学校通班就读的残疾学生,他们的体育活动都处于"边缘化"状态,而特殊体育师资的严重匮乏和知识结构与实际脱轨,是制约残疾人学校体育发展的一个关键因素,[28]许多学者的研究证实了管理人才、专业裁判员、教练员及分级人才严重短缺的现实。

残疾人参与体育锻炼需要广泛的社会支持才能实现,而在诸多支持性因素中,最为凸显的矛盾是各类残疾人体育服务人才的匮乏。人才培养在质和量上与日益发展的残疾人体育发展需求存在巨大反差,在整个全民健身服务体系中已成为不容忽视的短板,[29]政府从宏观层面定调保障和改善民生,促进社会公平正义,就必须对残疾人体育服务人才培养存在的问题做深层剖析,把重点放在如何更好地培养残疾人体育服务人才的发展路径上。

一、特殊体育教育体育服务人才培养现状

(一)我国残疾人人口学特征概况

残疾人的社会融合需要从教育、就业、社会参与等方面实现。至 2010 年末,我国残疾人总人数为 8502 万人,各类残疾人的人数分别为:视力残疾 1263 万人,听力残疾 2054 万人,言语残疾 130 万人,肢体残疾 2472 万人,智力残疾 568 万人,精神残疾 629 万人,多重残疾 1386 万人;各残疾等级人数分别为:重度残疾 2518 万人,中度和轻度残疾人 5984 万人。[30]从教育层面看,接受教育对所有残疾类别群体社会参与都有正向作用,并且,这种概率随受教育程度的提高而加大。但数据显示,我国残障儿童入学率明显低于健全儿童。截至 2012 年底,全国未入学的适龄残障儿童达 9.1 万人,其中,智障、肢体残障、多重残障的失学率相对较高,[31]融合教育在我国的推广不容乐观。就业方面,从残疾类型看,2007—2012 年间,视力、听力残疾人的就业率基本保持稳定,言语残疾人就业率稳中有升,肢体残疾人就业率增幅明显,智力、精神残疾人就业率明显下降。[32]有学者研究指出,人口学特征是影响残疾人劳动参与的最主要因素。一个令人深思的现象是,无论是哪一类残疾人,康复服务都没有在其劳动参与率方面起到明显的提升作用。[33]而体育健身对职业康复的影响研究目前同样是相对薄弱的领域。这就提示我们,目前我国的残疾人康复或体育锻炼的核心都偏重身体机能恢复,尚未将健身服务的重心转移到帮助残疾人就业和参与社会生活方面。就业是民生之本、生活之基、发展之源,针对不同残疾类别进行针对性的健身与康复服务,提高全体残疾人参与社会生活和有劳动能力的残疾人参与劳动力市场的概率,将关注残疾人身心健康与职业能力养成结合起来,应该作为残疾人体育服务人才培养的一个重要目标。

(二)我国残疾人体育服务人才培养存在问题

我国残疾人体育服务人才的主要来源是高校的特殊体育专业毕业生以及国家和各省(区、市)培养的残疾人体育健身指导员。目前,这两个途径培养的残疾人体

育服务人才在培养目标、课程设置、职业选择等方面还存在较为无序的现象，这些问题没有及时厘清，中国的残疾人体育服务人才培养就无法打开自己的局面，也无法在残疾人社会参与、社会融合方面起到重要作用。

1. 政策层面对残疾人体育健身指导员的"赋权"规定有待细化

中国残联《关于印发〈中国残疾人事业中长期人才发展规划纲要（2011—2020年）〉的通知》中明确提出："到 2020 年我国残疾人社会体育指导员要达到 3 万人"（2011 年 2 月 28 日）；[34]中国残联《中国残疾人事业"十二五"发展纲要与配套实施方案》中指出："建立国家和地方两级培训体系"（2012 年 2 月）；[35]中国残联办公厅《残疾人自强健身示范点建设办法（暂行）》中明确规定，残疾人健身示范点建设需要满足的服务标准之一是"拥有 1 名管理人员和 1 名以上残疾人社会体育指导员"（2016 年 3 月 10 日）。[36]这些文件的颁布和实施，为培养残疾人体育健身指导员提供了强有力的政策支持。但是，这些相关政策法规更侧重在对残疾人体育健身指导员的量化要求，对残疾人体育健身指导员的培养与管理方面应如何"赋权""增能"，如何更好地为残疾人服务却没有定性要求。我国残疾人体育健身指导员的赋权采取的是自上而下逐步赋权的方式，这种方式在设计层面非常依赖政策制定的科学性，在操作层面又离不开各个相关部门的协调合作。残疾人体育健身的各责任主体参与相关政策制定的渠道较为有限。这种自上而下的政策机制应与目标群体基本需求紧密对接。要使这些问题得到有效控制，有必要在各级相关文件中对残疾人体育健身指导员责权予以明确并有所侧重。

2. 高校特殊体育专业建设基础薄弱

我国特殊体育专业建设时间不长，从无到有仅仅走过十几个年头，与国外相比，还有许多待完善的地方。专业申请的背景之一是国家对残疾人体育的重视和政策的扶持，其次是 2007 年上海世界特奥会和 2008 年北京残奥会使高校看到了残疾人体育发展的前景。鉴于社会的需求和人才市场的巨大缺口，上级主管部门倾向通过相关专业申报论证，但目前，在高校特殊体育专业培养方案设计上并不完善。同时，由于缺少相应的配套经费和政策支持，使得特殊体育专业从招生环节就处于比较被动的局面，大多数情况是其他专业招满之后，考生无奈地选择该专业。可见，从大学入学开始，就埋下了专业思想不稳固的苗头。在几所已开设特殊体育专业的高校中基础设施配套均较薄弱。尚未有特殊体育专业资料室、康复训练室，有的甚至连残疾人的辅具也没有配备，仅仅靠教科书和教师讲授来获得专业知识，如何能培养学生实际操作能力？造成上述情况的原因很多，但很重要的一点，是在专业申报前，没有做好前期的基础建设工作，如缺乏精通专业的负责人和人才培养的准确定位。

3.特殊体育专业人才培养定位模糊

特殊体育专业毕业生究竟需要具备什么样的能力？主要的就业途径有哪些部门？回答好这个问题，就能比较准确地制定特殊体育专业培养方案。我国几所高校在特殊体育专业培养方案上的表述均比较宽泛，没有侧重点的定位，很难在课程设置上优化设计，对于主干课程、平台课程的选择比较盲目，专业课与通识课、理论与实操课安排上蜻蜓点水，没有面面俱到，导致学生毕业后很难胜任专业服务工作。究其原因，出台特殊体育专业人才培养方案前没有考虑市场需求可能是症结所在。对于残疾人来说，能够接受教育，有一份体面的、有尊严的工作，才是融入社会的基本条件。为达成这个目标，首先要了解不同类型的残疾人通过教育与训练之后，大致能胜任什么工作，胜任这些工作需要哪些职业技能，通过体育手段能帮助残疾人提高哪些职业能力，有针对性地设置课程来培训特殊体育专业人才，这样才能将服务落到实处。

4.残疾人体育健身指导员培养环节上出现问题

《残疾人体育工作"十二五"实施方案》提出"十二五"期间实施残疾人自强健身工程，培养3万名残疾人体育健身指导员，并将任务指标分解给了各省份。但是，从培训情况看，还存在比较多的问题，导致受训学员回到基层不能很好地发挥其指导作用。比较突出的问题有以下几点。

（1）各地区对选派的学员资质认定不够重视。

各级残联在下发通知时，都对各地区选派学习的残疾人体育健身指导员有基本要求，例如，从事残疾人相关工作满3年以上，有爱心和责任心，需承担为各地（市）培训残疾人健身指导员的任务，等等。但是，具备这些条件的人并不一定就能胜任残疾人体育健身指导员工作，更何况，不少地区选送的学员，还不具备这些条件。培训讲师教学内容涉及运动处方、功能分级等比较专业的领域时，许多学员感觉相当吃力。一个合格的残疾人体育健身指导员，需具备指导残疾人进行锻炼能力、体育教学能力、语言沟通和心理疏通能力、处理意外事件能力、组织动员能力、残疾人辅具识别和使用的能力、特殊服务礼仪能力和开发生活体育资源的能力。[37]因此，学员应该最好有医学、体育学、心理学相关学科的基础，根据指导员等级的不同对限定条件有不同程度的放宽。

（2）培训课程设计与实际需求存在差距。

任何一级的培训都必须考虑受训学员状况，从不同角度分析培训需求。但从目前的课程设计看，培训目标不够明确，也没有解决好通识培训、专业技能培训等各自的比重和需要解决的问题。有一个明显的问题，就是教学内容与基层需求存在脱节。不同类型的残疾人需要什么样的健身内容？在健身活动中会遭到什么障碍？培训决策者不是特别清楚，更何况教学对象参差不齐，有的培训注重于专业技能方面,对于人际交往、环境适应等有所忽略,以及根据不同条件如何因地制宜开展残疾人体育锻炼的能力培养方面,还是比较欠缺。

(3)培训形式单一,培训时间过短。

目前,无论哪一级培训,基本都是采取集中培训的形式。利用3—5天时间集中封闭式培训,一般是5天时间,理论与实践课程安排40个课时,每天8节课的高强度学习,信息量又多,学员普遍反映很难掌握,容易顾此失彼,效果不甚理想。而且培训都较偏重理论学习,对于一线的残疾人工作者来说,他们更希望了解实实在在的指导残疾人体育健身的手段方法,更希望能有机会在学习过程中与不同类型的残疾人互动健身锻炼,增加直观体验。但从目前的培训来看,这个环节的设计还比较薄弱,基本上都是在课堂操作,没有进入社区、特教学校进行演练,这样,学员获得的知识,也大多是纸上谈兵,到自己真正要指导残疾人体育运动时,就会无所适从。要达到残疾人体育健身指导所需的基本能力,应该至少有1个月时间的系统课程,才能比较全面地梳理和设计教学内容,也才能让学员有沉淀、思考和提升的空间。

5.残疾人体育服务人才管理体系有待完善

经过多年努力,我国已建立了残疾人体育服务人才队伍的雏形。但基层尚未建立残疾人体育服务人员工作平台,无法实时了解残疾人体育健身服务情况及工作需求,也没有建立各层级的绩效评估和问责机制。由于政策尚未对残疾人体育服务人员的性质、待遇、权利、义务做明确规定,使残疾人体育服务人员在开展工作的过程中积极性不高,缺乏必要的条件和资源,导致残疾人体育服务人员存在显性或隐性流失现象。所谓显性流失是指在职前培养阶段选择就业环节时直接选择与残疾人体育不相关的职业,使人才培养过程造成巨大的成本浪费。隐性流失是指虽在从事与残疾人相关的工作,也经过残疾人体育健身服务的职后培训,却不能承担起相应的工作任务。这两大人才流失,使得本来就非常紧缺的残疾人体育服务人才缺口更大。目前特殊体育专业毕业生就业后从事相关领域工作都不到半数,[38]这一现象与目前巨大市场需求产生极大矛盾。现在的学生更多的是追求舒适的工作和生活,避免有吸引力但也有挑战性的工作,这就提示有关职能部门,必须创造良好舒适的就业环境,以确保特殊体育专业学生对口就业,提升残疾人体育服务参与的质量。另一方面,造成人才流失的外部客观因素有很多。首先,政策保障力度不足。对从事特殊教育或残疾人服务机构的人员,在就业保障、福利待遇、职称评定等方面没有给予较明显的政策倾斜,高强度的工作和较低的成就感使得不少人选择了跳槽或消极工作。其次,国内对残疾人体育服务机构的入职资格没有明确要求,使得在聘用和招考相关岗位人员时标准模糊,导致不少岗位形同虚设,无法胜任指导残疾人体育健身活动的工作。最后,用人单位与培养机构供求脱节。由于残疾人体育服务人才培养在我国还属于初期阶段,对于这样一个新生事物,需要政府、社会、高校多方大力支持,同时还应该建立供求平台,及时发布各类需求信息,引导特殊体育专业毕业生就业,为残疾人体育健身指导员联系社区服务的站点等。

二、特殊体育教育体育服务人才培养途径

(一)立法和政策导向推行保障民生的顶层设计

从 2007 年党的十七大报告中提出的"关心特殊教育"到 2010 年《国家中长期教育改革和发展规划纲要》提出"关心和支持特殊教育"再到 2012 年党的十八大报告进一步提出的"支持特殊教育",清楚地表明了党和政府政策的连续性,充分体现了党和政府已经明确把发展特殊教育作为义不容辞的责任和义务,对特殊教育的重视不仅有深切关怀的郑重承诺,更有大力支持的实际行动。2009 年,国务院办公厅还专门就加强残疾人体育下发文件,体现了国家的重视程度和社会的关怀力度。但我们仍应注意到,残疾人体育在管理、运作上仍有较多问题。虽然相关法律法规为残疾人体育参与提供了法律依据,但这些法律法规在涉及残疾人体育的责任和义务条款中,很多地方以"要""应当""可以"等字眼表述,柔情有余而刚性不足。最为突出的矛盾,一是各级残联系统、教育、民政、卫生、体育等部门没有纵向及横向联系,形成"铁路警察,各管一段"的局面;二是国家层面的立法及政策尚未建立完善的制度程序。制度建设是保障和改善民生的必然选择,具有根本性、全局性,民生问题的解决同样有赖于制度建设和制度安排。民生问题的背后,实际上隐含着制度的缺陷。[39]因此,残疾人体育服务人才体系建设,同样有赖于政策导向的顶层设计,从制度层面形成保障机制和问责机制,以保障各单位在实施过程中的可监督性和可评价性。在制定残疾人体育相关政策法规时,不仅要体现程序公平,更要体现过程和结果公平。应提倡在资源相对不足的情况下,体育服务资源向残疾人群体倾斜。例如,对各级残疾人体育服务专业人才资格进行规定和认证,逐渐过渡到所有岗位都需持证上岗;各地方残疾人参与体育健身活动,是否将提供合理便利考虑在内;要求居住人口达到一定比例的社区,必须配备残疾人体育健身指导员,并且要保障残疾人合理便利地参与体育活动的环境改造,如拓宽活动场所、修建坡道方便轮椅出入等。

(二)建立政府—高校—社会联动的人才培养支持平台

我国残疾人体育服务人才无论从质或量上都无法满足转型社会对残疾人体育参与的需求。应立足中国现有国情,并与国际接轨,建立政府、高校、社会联动的生态化支持平台。整合大量社会资源,从家庭、学校、社区、社会等多个维度去了解、

分析学生的学习和生活环境,以建立整合的、自然的支持保障系统。以政府的政策导向和制度作为保障,配合高校特殊体育师资职前培养的渠道拓宽,特教学校和残联服务机构职后培训和入职资格测评机制的完善,以及专业研究机构对不同水平残疾人体育服务人才能力结构和指标体系的研发,以此为依据开展各层次培训,强调社会各界力量的全员参与。根据生态学理论构思,笔者认为应以行政支持、学校支持、家庭支持、社区支持、技术支持、自我支持以及其他支持七大系统建立完整的生态支持保障系统(图 6-3)。主张各类资源的相互协调、配合,包括教师、家长、医生、康复人员、科技人员、各类社会人员,同时包括各种教学资源和社会资源等,形成一个整合的动态网络系统。[40]应转变固有的残疾人体育服务观念,实现从过去单一的身体机能型康复向多元型的社会康复、职业康复、身体康复相结合过渡。

　　残疾人的就业目前仍以中低级劳动技能岗位为主体,不同残疾类型就业者的岗位分布具有明显特征差异。操作工、勤杂工、后勤人员是各类残疾就业者分布最广泛的就业岗位。[41]根据就业趋势,在各层次残疾人体育服务人才培养过程中,应该有的放矢地设计课程,加大体育健身与职业技能提高的相关课程学习。如此一来,才能使特殊学生享受到高质量的体育服务,得到应有的健康关照和享受基本的体育权利,同时,在最大程度上为高校特殊体育人才培养奠定方向。

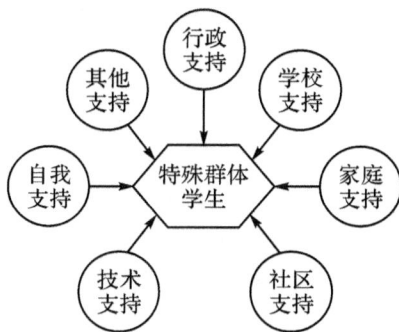

图 6-3　高校特殊学生生态支持保障体系

（三）创建以高校为载体的多元特殊体育服务人才培训体系

　　高等院校是培养特殊体育服务人才的重要场所。由于特殊体育服务人才重点应该具备教育和体育领域等学科知识,因此,高等院校应成为培养该服务群体的主要载体。鉴于特殊体育是一门综合性很强的专业,它涉及训练、康复、教育、医学、管理等学科,所以,各高等院校之间及同一高校的各专业之间应当互通有无,建立跨学科合作平台,拓展合作渠道,整合优势资源,为提高人才培养的质量共同出力。比如,师范院校学生在修读医学类课程时可邀请或聘请来自医科大学的"流动"讲师或教授到该校任教,高等院校之间同时亦可实现图书资源的相互借阅,形成各高等院校之间的"强强联合"培养。此外,还应注意与社区内的服务机构或民间组织建立长期稳定的伙伴关系。例如,一些残疾人服务机构可以向在读或在职培训的特殊体育专业学生提供实习岗位,甚至可以建立一些长期运行的实践基地。值得注意的是,高等院校在培养特殊体育服务人才时应该尽可能避免与社会需求脱节,这主要包括人才培养的课程设置以及人才培养的数量和层次。

当前,我国特殊学生主要以肢残和听障数量较大,且在多元社会的背景下,高校特殊学生群体的社会参与能力亟待提高,因此,高等院校应充分发挥其教育资源优势,具体在课程培养体系和内容上做出快速反应和调节。在人才培养的数量与深度方面,鉴于残疾人体育服务人才长期数量严重不足、水平参差不齐,总体能力水平不高的现状,应迅速建成一个具有广泛性、综合性、多层次性的人才培养体系。除了特殊体育专业,在体育教育、社会体育、社会工作、特殊教育等专业也应开设相关课程平台。高校各专业都可开设通识性助残服务课程,全面培养各层次人才。这要求高校牵好头,根据国务院关于加强教师队伍建设意见的精神,联合有关组织和机构,广泛、多层次地培养职前和职后人才,填补数量上的缺口,增加高层次人才的比重,最终形成合理人才梯队,促进人才培养的良性循环和发展。

(四)推动全社会从观念到行为的无障碍环境建设

态度决定行动。一个社会对待弱势群体的态度,将决定社会中的公民在行动中表现的行为;同理,残疾学生对待自身残疾的态度以及对待外部社会的态度是开放或封闭,也决定了残健融合的进程顺利与否。只要针对一个群体的刻板印象没有从根本上改观,即使有法律的保障,也很难穿透刻板印象筑起的心理壁垒。全社会有不歧视弱势群体公民的义务,也负有为残疾学生能合理便利参与体育活动而建设无障碍环境的社会责任。对于学校、社区、机构来说,无障碍环境建设意味着改造物质环境所需的开支增加,为特殊群体体育健身聘用专业人员的人工增加,而且,还需要承担一定的风险。在社会责任相对薄弱的情形下,不能仅仅依靠慈善、爱心来支撑特殊群体的体育参与,还需要完成从观念到行为的转变,需要完善的配套措施来保障。2013年,中国残疾人联合会出台的《中国助残志愿者管理办法(试行)》就已经向全社会发出这样一个强烈的信号:中国残疾人体育服务人才的培养,不能也不应该仅仅是政府的责任,而应该是全社会共同的使命。而作为政府本身,应该在全社会建立一套激励机制,鼓励更多的公民和社团投入到残疾人事业之中。具体关于特殊学生的无障碍环境建设问题请见本章第五节。

第五节　普通高校特殊体育教育无障碍环境建设

特殊学生参与体育锻炼需要广泛的社会支持才能实现。从社会学意义上界定,社会支持是一定社会网络运用一定的物质和精神手段对社会弱者进行无偿帮助的选择性社会行为。[42]制约特殊学生参加体育锻炼除来自自身的生理因素外,还有来自社会观念、课程设置、健身服务和场馆建设等因素的影响。其中无障碍环境建设是推动特殊学生体育健身的关键因素之一。目前,高校特殊学生的体育参与,是实施全民健身体系中难度最大、也最容易被忽略的一个问题。2009 年 4 月 29 日《无障碍建设条例》起草工作领导小组召开第一次会议并指出,依法推动我国无障碍建设工作,是切实保障残疾人、老年人等有特殊需求的人充分参与社会生活权利、进一步提升城市文明进步水平和构建和谐社会的重要举措。[43]如何推动特殊学生体育锻炼无障碍环境建设应该引起重视。

一、特殊学生体育锻炼无障碍环境概述

(一)无障碍环境的概念及要素

无障碍环境从狭义上讲,是指方便残疾人,消除残疾人的信息、移动和操作上的障碍,使残疾人在社会生活中同健全人平等参与的一种社会环境;从广义上讲,是为"所有的人"创造的更为安全、方便地平等参与社会生活的整体环境,它不仅有利于残疾人,而且有利于老年人、儿童、妇女、携带重物者及一切行动不便者。[44]

目前学界通常对无障碍环境的要素界定为物质环境、信息和交流的无障碍。但这个界定只是把关注点放在无障碍设施部分,没有将人文环境的无障碍要素包括进去。残疾人无障碍环境应包含物质和人文环境两个方面。对于物质环境无障碍包含的要素学者界定大同小异,这里不再赘述。无障碍人文环境是指营造残疾人平等参与社会生活,消除社会排斥,实现残疾人社会交往和社会参与无障碍的社会环境。[45]

(二)对特殊学生体育锻炼无障碍环境的理解

特殊学生体育锻炼无障碍环境是指学校各类有生理性和社会性问题的学生,包括残疾学生、体弱学生、肥胖或偏瘦学生,在进行体育活动过程中没有任何障碍,能与普通学生共享体育运动带来的欢乐、友谊、梦想与成功,共享社会文明成果。这个概念的基本含义就是无论残疾、体弱、生病等情况,特殊学生群体在不利的状况下也能在体育运动领域有所收获。无障碍环境的建立不仅仅是技术问题,还是

社会问题。建立特殊学生群体体育锻炼无障碍环境应从观念和物质各方面着手。特殊学生体育锻炼无障碍环境的构成如图 6-4 所示。

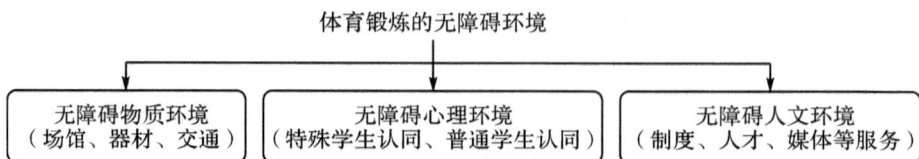

图 6-4　特殊学生体育锻炼无障碍环境构成

无障碍心理环境是特殊学生体育参与的内在动因,学会客观地认识自己的身体局限及在体育活动中的特殊需要,并接受这个事实,对残疾人来说最大的课题就是要有必要的勇气。而对健全人来说,就是要最大限度地体现出对弱势群体的生命关怀。同情与关怀是两个层面的内容,残健融合需要社会大众付出更多的关心和支持。

无障碍人文环境是特殊学生参与体育锻炼的关键要素。其中,制度保障的缺失会造成特殊学生在资源共享方面缺乏必要的伦理关照,同时与普通学生在体育场域中的各种博弈也往往处于下风。校园文化宣传是影响普通学生对特殊学生参与体育态度的重要因素,眼下特殊学生群体体育的热发展遭遇了校园文化的冷处理,对特殊学生群体体育参与的报道不足或缺失是校园文化体育宣传的通病。媒体没有承担起营造全社会共同参与、关心特殊群体体育事业的良好氛围和舆论环境的责任。人才服务是残疾人参与体育活动的重要保障。众所周知,特殊学生由于机能、心理、社会、经济、时间等方面因素的制约,在体育活动参与方面需要较多的社会支持。而我国学校基本上还没有建立对特殊学生体育参与的支持系统,相关专业的人力资源极其缺乏,专业人员的结构也不尽合理,这在很大程度上制约了残疾人体育的发展。

无障碍物质环境是特殊学生参加体育活动的基本保障。不仅包括运动场馆、器材的无障碍设施,也包括交通的无障碍通行。交通无障碍主要是指校园道路、各种体育场馆等建筑物和学生寝室的规划、设计和建设要方便特殊学生的通行和使用;运动场馆无障碍设施包括无障碍座席、升降平台、无障碍卫生间、无障碍通道等;器材无障碍是指运动器材的改造、开发使之符合各类特殊学生的不同需求,如竞速轮椅、盲人足球等。为了保障所有学生(包括有生理障碍的特殊学生)都能获得体育权,无障碍环境建设是非常有必要的。但这种无障碍环境不单纯指物理意义上的,还包括观念、行为意义上的。社会各界应该尽力帮助特殊学生群体克服由于机能等方面带来的限制,一方面对其自觉参加体育活动的能力开发进行支援,另一方面要致力于建设创造特殊学生参与各种级别体育锻炼的场所和机会。

二、校园特殊学生体育锻炼无障碍环境建设的思考

（一）建立具体问责制度，保障宏观政策落地生根

我国是特殊教育的大国。目前，我国特殊教育的法制体系不够健全，权责归属尚不明确，考评机制比较含糊，家校联系存在断档，宏观的政策具体落实到地方各部门时，由于缺乏可操作性的规定和实施细则，使得政策的约束力和支持度不强，严重影响特殊教育教学质量提升和特殊学生健康发展。因此，必须建立起细化的问责制度，保证各部门在实施校园无障碍环境建设过程中能够切实考虑特殊学生体育锻炼的实际需求，将政策落到实处（见图6-5）。同时，应建立配套的投诉渠道，使特殊学生可以通过利益表达渠道获得相应权利，保证其体育参与的利益诉求得到基本的尊重和保护。

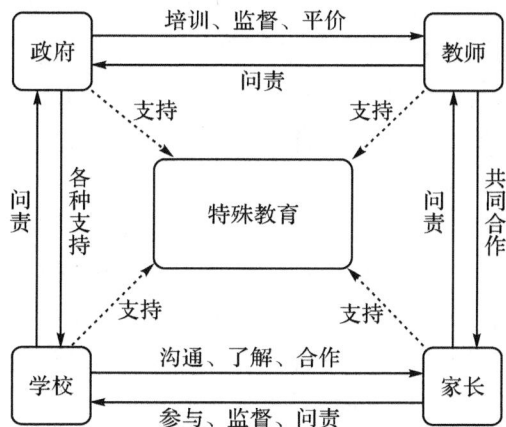

图6-5　政府、学校、教师及家长对特殊教育的支持关系

（二）树立平等、参与、融合、共享的社会观念

一个社会对待弱势群体的态度，将决定这个社会中的公民在行动中的具体表现；同理，弱势群体对待自身障碍的态度以及对待外部社会的态度是开放或封闭，也就影响了残健融合进程的实施。作为普通学生，首先应该树立"平等、参与、融合、共享"的目标理念，意识到为特殊学生提供体育锻炼的无障碍环境不是对特殊学生的特殊照顾，更不是恩赐，而是他们作为一个学生应该获得的权利。政府管理部门、学校乃至全社会，都有义务宣传并普及无障碍环境基本知识，提高全社会公民对无障碍环境建设重要性的认识。

（三）建立并健全特殊学生体育服务人才培养体系

推进残疾人社会保障和服务体系建设是《中共中央国务院关于促进残疾人事

业发展的意见》的重要部署。在我国高校,特殊学生与普通学生在参加校园全民健身服务中往往处于下风,特殊学生健身服务体系中存在着专业教师队伍匮乏、服务能力薄弱的突出矛盾。多途径、多层次培养特殊学生体育服务人才是特殊学生一样可以享受全民健身活动的根本。具有专业知识的特殊体育管理人员、教师、康复医师、体育志愿者,是校园体育服务人才体系的主要骨干,应加大培养力度。体育院校应积极开设特殊体育系列课程培养学校特殊体育专门人才,高校应针对特殊学生开设体育志愿服务选修课程以培养大批合格的特殊体育志愿者。

(四)全盘考虑:提高体育场馆设施无障碍设计能力

我国在无障碍体育场馆设计方面起步较晚。比如高校的公共体育设施从规划到设计基本上是按照健全学生的人体活动空间参数考虑的,因而造成特殊学生使用上的止步。无障碍的理念要求专业设计人员能够根据不同人群的独特要求,不断致力于圆满解决所有学生的使用问题,在特定经济环境和社会道德标准下能营造出一种最舒适便利的无障碍设计。要求设计者在设计过程中始终将人性化无障碍设计摆在第一位,最大限度考虑所有人的行动问题,动之以情、晓之以理,不仅体谅普通人的感情,更要体谅特殊学生群体的难处,使所有人能舒适地来、健康地回。

在同一个世界里,只要给予同一个机会,每个人都能实现同一个梦想。通过让特殊学生共同参与体育锻炼,将会使社会各方面更加了解特殊学生群体的体育生活状况与需求,更加重视特殊学生体育生活中存在的种种问题,使得特殊学生群体平等参与校园各项活动,让所有人平等参与的理念深入人心。为了保障所有特殊学生都能获得体育健康权,营造一种体育锻炼无障碍环境很有必要。学校在特殊学生体育锻炼无障碍环境建设方面,任重而道远。

第七章
普通高校特殊学生群体体育教育的改革诉求与政策应答

> **提纲介绍**
>
> 　　第七章主要介绍了我国特殊教育发展与改革机遇,我国特殊体育教育改革的时代诉求,特殊体育教育改革诉求的政策应答思考。

　　改革开放以来,我国特殊教育的发展经历了从规模和数量急剧膨胀和扩张,在当前社会全面转型的历史时期,正处于向以"公平和质量"为主要特征的"普及—提高"并重的发展方向转型结构调整;同时也正面临着各种压力集聚问题,亟待特殊教育政策做出及时应答。

　　特殊教育发展方式的转型调整,实质上是对特殊教育发展改革逻辑的选择以及对特殊教育要素结构的调整。笔者认为,当前我国特殊教育发展方式的转型调整应在统筹特殊教育稳定、效率、质量和公平目标协调发展的基础上,以特殊教育质量和公平为主要特征,实现以人为本的科学发展。特殊教育政策设计安排的总体性思路是:立足以人为本与民生意义的特殊教育发展价值定位,选择综合性改革逻辑和深化道义论的政策价值伦理,主要从特殊教育对象、目标以及特殊教育管理体制政策、经费政策、教师政策、课程与教学政策六大要素方面进行政策调整,特别是重视统筹投入的充足高效、师资的优质均衡、课程与教学的现代化等,建立形成现代化的特殊教育治理体系和治理能力,实现教育稳定、教育效率、教育质量、教育公平四个价值目标协调发展。为此,本章揭示了我国特殊教育当代发展的转向及其相应的改革方向,并根据当前面临的特殊教育权力结构调整、特殊教育支持保障体系建设、重度障碍儿童教育、义务教育质量提升与均衡发展以及残疾儿童学前教育等几个时代热点问题,做出相应的政策建议回应。

第一节　我国特殊教育:发展转向与改革机遇

特殊教育的好坏是衡量人类社会文明发展的标尺,特殊教育每一次变革都反映着人类社会文明发展的新高度。在当前的文明社会,特殊教育既是国家利益和政治意志,也是残疾人的人权和民生福利。在新的历史时期,我国特殊教育正面临着新的转向,同时也需要相应的改革逻辑和政策价值来支撑。

一、我国特殊教育发展转向

在我国改革开放前相当长的特定历史时期内,虽然注重了特殊教育发展观,但特殊教育一直存在着国家利益和民生福利的隔离。尽管这具有一定的历史合理性,但不可回避的是在其背后掩盖的是对残疾人民生问题的轻视,是特殊教育改革无法绕开的一个重要问题。党的十七大、十八大特别是十九大以来,随着党和政府执政理念和方式的改变,特殊教育的性质、地位等获得了重新认识,包括特殊教育在内的整个教育被重新定位为"以改善民生为重点的社会建设"。这种以民生意义的定位和转向是特殊教育发展的阶段特征和社会现实需要。

(一)党和国家对特殊教育在社会建设中的新认识

党和政府是特殊教育发展与改革的权威决策主体。特殊教育政策在很大程度上就是党和政府意志的一种表达。特殊教育发展离不开党和政府政治决策的认识定位。2007 年党的十七大报告指出,"教育公平是社会公平的重要基础""教育与人民幸福安康息息相关",要求"关心特殊教育",并把它作为以改善民生为重点、推进和谐社会建设的内容。党的十八大则进一步强调教育是人民"最关心最直接最现实的利益问题",是"让人民过上更好生活"的民生之利,要求"支持特殊教育",且以"人民满意"为标准,"努力办好人民满意的教育"。从党的十七大的"关心"到党的十八大的"支持",再到 2017 年 4 月颁布《关于做好残疾学生少年义务教育招生入学工作的通知》明确指出:各地政府对特殊学生入学要高度重视、要统筹安排,按照"全覆盖、零拒绝"以及"一人一案"的要求进行教育安置等表明,党和国家不再把特殊教育仅仅视为实现国家政治等利益的工具,而重视把特殊教育作为残疾人应享有的一项基本人权和民生福利,把残疾人的成长作为和谐社会建设和经济社会进步的重要基础,强调特殊教育在实现残疾人民生改善和自身成长发展中的目的价值。这种新的认识和定位,从根本上改变了过去单纯注重国家利益的特殊教育发展观,而转向以民生为本位的特殊教育发展观,反映了党和国家对特殊教育之于残疾人人权性质的充分肯定,反映了党和国家对特殊教育民生意义的高度认同,体现了党和国家对新时期发展特殊教育的科学认识和合理定位。2010 年《国家中长期教育改革和发展规划纲要(2010—2020 年)》再次强调了特殊教育在推动改善残疾人民生、促进社会公平正义中的重要作用,指出"特殊教育是促进残疾人全面发展、帮助残疾人更好地融入社会的基本途径",并要求把特殊教育事业纳入政府经济社会发展规划中。这既表明了特殊教育的民生性质,也表明了特殊教育不是一个机构的"局部性事情",而是整个经济社会"全局性事业"的组成部分。2014 年国务院转发的《特殊教育提升计划(2014—2016 年)》明确指出,"发展特殊教育是推进教育公平、实现教育现代化的重要内容,是坚持以人为本理念、弘扬人道主义精神的重要举措,是保障和改善民生、构建社会主义和谐社会的重要任务",并提出"全面推进全纳教育,使每一个残疾孩子都能接受合适的教育"的总体目标,表达了对残疾人民生意义的教育关注。这些重大的政策表述,以权威的话语建构了特殊教育在和谐社会建设中的价值和意义,充分显示了特殊教育的民生意义及其在经济社会发展中的重要地位。2017 年 7 月正式启动实施《第二期特殊教育提升计划(2017—2020 年)》。"这是继 2017 年 5 月 1 日施行新修订的《残疾人教育条例》后,党中央、国务院送给广大残疾人的又一份厚礼,是落实党的十八届五中全会提出的'办好特殊教育'的举措"。[46]《第二期特殊教育提升计划(2017—2020 年)》重点提到了健全专业支撑体系的三方面工作,即:①建立跨学科的残疾人教育专家委员会,健全残疾儿童入学评估机制;②支持特殊教育资源中心建设;③配备专职和兼职特殊教育教研员,建立健全志愿者助学机制,加强家校合作等。当前及今后相当长的时期内,特殊教育的质量问题被提到前所未有的高度。为了确保国家层面出台的二期特殊教育提升计划落到实处,各地需全方位加强对区域内特殊教育发展和运行进程的监控与督导,建议建立问责制度并形成有效工作机制。

(二)特殊教育发展的主要矛盾产生位移

特殊教育是社会实践活动,特殊教育发展变迁是社会需要和自身结构调整的结果。在改革开放初期及其以前的相当长时期内,基于中国经济发展的基本现实,特殊教育主要以解决"残疾人教育有无的问题"和体现"社会主义人道主义精神"的意识形态问题,主要重视体现比较宏观的形式意义。当前我国社会处于转型时期,各种矛盾和利益相互交织,严重影响了特殊教育的发展。其中,特殊教育发展不均衡、不公平,以及特殊教育支持体系不完善造成特殊教育质量不高等问题十分突出,城乡残疾人教育和非义务教育发展的不均衡、不同区域及不同残疾人群体间教育不公平等成为影响教育公平和教育整体发展的重要因素。2014 年国务院转发的《特殊教育提升计划(2014—2016 年)》开宗明义指出,"我国特殊教育整体水平不高,发展不平衡。农村残疾儿童少年义务教育普及率不高,非义务教育阶段特殊教育发展水平偏低,特殊教育学校办学条件有待改善,特殊教育教师和康复专业人员数量不足、专业水平有待提高"等表明:在新的历史条件下,特殊教育存在与发展的矛盾已由规模和数量扩张转移到以公平和质量为特征的新阶段,特别是残疾儿童学前教育、多重和重度障碍儿童教育、高质量的教师队伍建设、面对残疾儿童特殊需要的个别化教育以及教育与康复结合等。特殊教育公平和质量应该关涉残疾人教育质量的成长问题,也是关涉残疾人教育公平的社会问题。公正是现代社会追求的一个目标,共享是现代社会的一个特征。但社会排斥造成一部分社会成员的权利和机会被剥夺,甚至一部分社会成员最基本的生存权和发展权都遭到剥夺,这是与现代社会发展目标相背离的。[47]党的十六届六中全会决议把加强制度建设、保障社会公平正义作为构建社会主义和谐社会的重要目标之一,指出"发扬人道主义精神,发展残疾人事业",因此残疾人的社会公平问题应当得到足够的重视。如何让改革发展成果更多更公平惠及所有残疾人,解决好他们最关心最直接最现实的利益问题,是一个以教育公平为主要特征的民生问题。由此,特殊教育向以人为本与民生意义的转向和定位,体现了新的历史时期,基于新矛盾、新问题等社会现实需要对特殊教育改革发展自身定位的结构调整。

(三)特殊教育内部结构发生的变化

特殊教育改革本质上是自身结构要素的重组和优化,而特殊教育要素依赖于社会现实条件。当前,随着经济社会的全面变革,直接带来特殊教育要素结构发生变化,从而奠定了特殊教育向民生意义转向的内部要素基础。这主要体现在经费投入、师资配比和生源重组三个方面。第一,在经费投入方面。随着整个财政性教育经费支出占国内生产总值4%目标的实现,包括特殊教育在内的教育经费也应该能获得较充足的财政投入保障。也就是说,制约特殊教育发展的要素已发生了深刻变化,投入已不再是制约特殊教育发展的瓶颈,而投入怎么分配、如何提高效益、如何促进公平,以及投入之外的教育思想理念、技术方法等已成为特殊教育能不能像健康教育一样快速发展的主要制约因素。以教育投入增长为特征的特殊教育发展将逐渐转轨为以公平分配为主要特征的体制建设和以教育理念更新、教育技术提高为特征的特殊教育内涵建设上来。其中,如何让残疾人获得公平优质的教育是一个核心问题。第二,在师资配备方面。随着我国特殊教育师资培养培训质量水平的提升和优化,已经为支持实施更科学、更专业、更精致的特殊教育奠定了一定师资基础;同时,特殊教育办学物质条件的改善、教育技术的进步,以及整个社会文明的进步,特别是在融合教育理念的影响下,特殊教育政策决策和教育教学的实践都受到融合教育的深刻影响,关注残疾人的生存、关注残疾人的尊严、关注残疾人教育公平和质量,已经逐渐成为共识,为特殊教育向民生意义转向奠定了重要基础。第三,生源变化方面。当前我国受教育人口受优生优育带来的人口素质提升,给教育带来深刻影响。表明我国特殊教育生源越来越向好的结构变化,必将带来特殊教育需求结构和特殊教育发展方式的深刻变化。在我国 GDP 和教育投入增长的情况下，推进特殊教育向精致化、质量化、全面化、均等化、以人为本的特殊教育发展转变，已成为必然。

二、我国特殊体育教育发展改革的机遇

问题矛盾和任务目标是改革的逻辑起点。有什么样的问题矛盾和什么样的任务目标，就会有什么样的改革逻辑。特殊教育发展对民生意义的定位，以及公平和质量为特征的"普及—提高"矛盾，需要与之相适应的新的改革逻辑来支撑。这种改革逻辑就是整体改革。

（一）特殊体育教育发展改革的必要性

关于改革，最权威的设计源自十八届三中全会通过的《中共中央关于全面深化改革若干重大问题的决定》对全面深化改革、推进教育领域综合改革的思路设计。这对特殊教育而言既是一个改革推动的政策植入，也是一个适应特殊教育新定位的主动跟进。因为一方面，特殊教育作为教育的一部分，其改革自然属于教育整体改革的设计之中；另一方面，这也是与特殊教育新定位以及新的问题矛盾相适应的逻辑必然。

从特殊教育发展的目标任务看，特殊教育发展逐渐向民生意义方向转变，揭示了特殊教育改革的重心必然是以公平和质量为核心，既要面向特殊学生量的改革，为改善残疾人教育提供充分的量的增长保障，又要面向特殊学生质的改革，为解决既有矛盾、特别是体制束缚和制度缺陷提供合理路径。从特殊教育内外部关系看，特殊教育改革重心就是既面向特殊教育系统内部要素改革，促进特殊教育系统自身的制度优化、完善创新，又面向多学科知识及其工作者，以及政府、学校、社区、家庭关系的改革创新，促进特殊教育多部门的共同协作、多主体治理，形成良性互动和有效配合的机制，特别是与残疾人成长关系密切的卫生医疗、民政、社区和社团组织等部门的良性互动和有效配合。这表明特殊教育改革所要面对的是一个错综复杂的制度问题，特别是部门间利益分配、权力交割和制度建制等问题的相互沟通支持，仅凭某些局部改革就难以实现特殊教育的真正改革。譬如，不同部门对发展特殊教育的政绩考核、人事和财力配置、掌控权力的分配、组织协调和政策统筹安排等的交织和束缚，使得对一些特殊教育问题的解决，往往停留于表面的、暂时性的矛盾缓解状态，因此，特别需要一种超越于任何局部改革或零散改革而追求全面逐步深入的整体改革思维，要坚持一种整体改革的逻辑。

从特殊教育改革发展存在的问题矛盾性质看，特殊教育改革发展面对的"普及—提高"矛盾，实质上是一个以公平和质量为核心，以资源分配为重点，以发展方式转型为内涵的制度建设问题。这既涉及特殊学生成长的目的和意义，也涉及资

源分配的特殊教育发展的自身价值定位。一方面,特殊学生作为社会弱势群体,其获得公平的有质量的、有意义的教育,实现改善社会民生和幸福,关系到分配和再分配的问题,不可能依靠人为自发的社会道德良知来保障。特别是在以公平和质量为特征的新阶段,教育公平、教育质量和教育普及相互交织,在解决深层次核心问题上,构成了一个以体制机制为核心的制度建设问题。对这些问题的解决已不是单靠增加供给总量的改革所能解决。供给总量的增加适宜于效率的提高,但不能解决公平分配问题,更不能解决特殊学生健康成长的意义问题。这充分表明了特殊教育改革是一个系统存在的问题。另一方面,特殊教育资源的分配作为差别原则为主的"补偿公平",应予以整体设计。

（二）特殊教育整体改革的方法论特征

整体改革是根据十八届三中全会《中共中央关于全面深化改革若干重大问题的决定》对深化改革和推进教育领域的设计。整体改革是一种方法论,注重改革的系统性、全面性和协同性。本文所指的特殊教育整体改革,就是立足特殊教育发展的民生意义定位,按照整体性改革、系统性调整和协同性治理的思路方法,进行制度建构、完善和创新。它以促进组织变革与制度创新完善为主要手段,追求特殊教育改革的整体推进和全面深化,具有以下方法论特征。

第一,特殊教育改革是一种整体性改革。在现代社会,特殊教育的存在不是孤立的,而是彼此联系的。它一方面有机嵌入社会结构中,是一个依赖于整个社会系统的开放结构;另一方面,其自身也有着一定的组织制度、活动方式和对象人群以及较完善的学科知识体系,是一个相对完整、稳定的学科领域。同时,构成特殊教育的整体与部分之间,特别是特殊教育投入、师资和学生等要素之间,及其与社会之间、卫生部门等其他组织,是相互联系、相互影响的整体动态平衡过程。特殊教育每个局部问题的解决都离不开对整体的分析,局部问题需要被放置到特殊教育整体及其存在的社会系统之内来考察,明晰要素构成及其存在的联系和矛盾,并以特殊教育结构整体优化提升和相关社会制度结构调整来促进局部问题的根本解决。特殊教育的改革就是基于对这一整体性状况的认识,认为特殊教育部分的某些属性功能优化和问题解决,不仅仅是其本身的属性功能问题,而且来自特殊教育整体结构和相关社会制度调整对部分属性功能的影响和制约,是整体结构之间相互作用、相互联系、相互影响的结果。譬如,优秀教师并不是在任何条件下都很优秀,只有在适宜的、能激发其积极性的整体制度环境中才显得突出,实现其"优"的价值;随班就读并不是在任何地区都是最好、最适用的教育安置策略,只有和本地区教育资源(特别是经济和教育基础、师资和技术条件等)相匹配,才能取得较好的效果。也就是说,特殊教育任何一个要素功能的充分发挥并不是无条件的,而是受到整个体系结构的制约。

特殊教育整体改革就是要从全局出发来认识和分析问题,坚持特殊教育整体性改革观,把特殊教育整体作为认识的出发点。一是要把特殊教育整体发展和相关社会制度设计联系起来,在充分理解和把握的基础上确定改革的整体目标,尤其是要重视特殊教育的主要问题矛盾以及社会发展变革的总体方向和目标。譬如,全纳教育思潮、个别化教育等主流方向。二是要从整体视角分析特殊教育存在的全局性矛盾和问题,分析每个部分之间的矛盾及其各种条件限制,找到满足和实现整体目标的条件,提出各种可供选择的策略,并选择最优方案,特别是要重视影响目标实现的结构性矛盾。譬如,《特殊教育提升计划(2014—2016年)》中提出的,"每一个残疾孩子都能接受合适的教育"目标的实现,涉及合理的特殊教育体系和工作格局,其中特殊教育服务保障机制是一个重要领域,特别是保障的体制机制创新,譬如"送教上门"和"特教学校"等普及教育的制度创新、经费保障的政策设计、师资保障的管理制度创新、课程标准建设为主的课程教学改革、学校基础能力建设等,就是直接影响全局目标实现的关键因素。三是要正确处理好短期目标与长远目标,以及改革、发展和稳定的关系,坚持增量改革和存量改革相结合、特殊教育系统内部要素改革与外部关系改革创新相结合,科学、系统地推动特殊教育整体、和谐、可持续发展。譬如,还是以《特殊教育提升计划(2014—2016年)》为例来看,"每一个残疾孩子都能接受合适的教育"目标实现,尽管设计了三年的任务措施的政策安排,任务措施是提出来了,但对"特殊学校办学质量标准"这一具有稳定和持续作用的长期目标缺乏政策性的思考,可能会导致上述目标实现面临"缩水"的困境。特殊教育整体结构优化是促进各要素及其相互关系优化的基础。

第二,特殊教育整体改革是一种系统性调整。特殊教育是一个复杂完整的结构系统,每个结构要素都与整体是不可分割的,每个结构要素的"短板"都可能会导致整体的缺陷。同时,特殊教育整体水平的提升都受每个结构要素的限制。基于这个认识,特殊教育改革认为特殊教育整体发展是通过其每个结构要素的属性和功能相互作用、相互联系来实现的。譬如,投入要素的结构调整优化会直接导致教育条件的改善,薪酬分配体制的结构优化会直接导致师资配置的优化,而这些又会直接导致教育水平和效益的提高。实现特殊教育成功改革就要立足对特殊教育每个结构要素的考察,特别是要立足牵一发而动全身的关键结构要素(如体制机制问题)"限制性"的分析和解决,来实现整体水平的提高。在这里,构成特殊教育整体的不同要素结构属性的差异性,是整体得以存在的核心因素,也是促进整体发展关键因素。其中,不同要素结构属性之间的彼此联系使得特殊教育整体成为可能,准确把握不同要素结构属性之间的彼此联系也就成为综合改革的一个基点。它超越了简单的线性思维,强调系统结构是与每个结构要素的功能及其关系紧密相连的,每个结构要素及其关系是系统整体功能的构成要素,有什么样的特殊教育结构要素及其关系就有什么样的特殊教育存在样态。

特殊教育整体改革坚持系统性结构调整的思维,就是要立足特殊教育优化调整每个结构要素及其关系,使特殊教育整体改革发展能产出最大效益。一是要把特殊教育结构要素及其关系作为特殊教育整体发展的基础,注重结构要素的合理配置与优化。如重视优化特殊教育领导体制、师资培养和配置体制、经费投入与使用体制、特殊学校内部管理制度、特殊学校教育质量评估制度等内容。二是要注重通过发挥不同要素结构的不同功能和作用,促进它们之间的紧密联系和关系优化,形成高效优质的整体结构。也就是说,并不是全优的要素结构才能产出全优的教育效益。譬如,教育条件和师资水平较一般的学校,通过制度创新,促进学校教育结构的整体优化,也可以产生较好的质量和效益。三是要重视对特殊教育中占据主要矛盾和基础地位要素的变革,注意抓住主要矛盾和关键环节。如,在坚持增量改革和存量改革相结合的同时,要注重以存量改革的制度建设为重点;在坚持特殊教育系统内部要素改革与外部关系改革创新相结合的同时,要注重以内部要素结构调整为重点,集中精力在主要矛盾和关键环节上攻克难关,求得突破。在这里,除了一般的资源条件外,注重破解师资素质能力及其结构配置等方面的制约,发挥骨干教师以及师资队伍良好的整体结构等方面的效能;注重解决学校管理制度上的问题,发挥管理的激励效能,是十分重要的结构要素。

第三,特殊教育整体改革需要协同性治理。特殊教育它是一个开放性系统,需要与教育学、解剖学、运动医学、社会学等学科的共同教育合作。首先,它以教育学、医学、社会学等多学科知识及其工作者的多维合作而存在。其存在与发展离不开教育、医学等多知识技能的支持和参与。其次,特殊教育作为社会系统的元素,又离不开来自政府、教育部门、卫生部门、社会组织等多元主体、多元方式的参与。也就是说,特殊教育是由若干个子系统构成的,各个不同系统之间是要协同配合的。特殊教育发展及其系统要素的调整组合必然遵循一种开放的、合作的思维逻辑。基于此认识,特殊教育综合改革逻辑应该是特殊教育整体发展中其每个系统之间协同合作的公共治理过程,特殊改革发展成效就取决于不同系统及其之间的结构优化程度,以及不同系统之间的协同合作效果。

特殊教育整体改革坚持协同性治理思维,就是要通过多学科知识及其工作者的多元参与,以及不同社会角色和职能的主体多元参与,建立一个多个主体、多种途径、多样方式共同参与的民主、开放的公共治理结构体系。一是要以坚持政府责任主体治理为主导、其他部门和社会组织等广泛参与的协作治理思路,促进形成公开公平开放、富有效率和活力的组织结构;特别是注重吸纳社会组织、社区、医疗机构参与进来与特殊教育合作,获得广泛的、多主体、多方式的技术与资金、监督管理、购买服务等支持。二是要重视政府公共服务职能转变下的特殊教育管理职能定位，特别是各级政府在把特殊教育纳入经济社会整体发展规划时，要注重根据不同区域实际，合理确定发展目标和方式，合理划分各级政府在发展特殊教育中的管理职能，引导特殊教育健康发展；其中，特别重视以财政投入和师资管理为主导的管理职能，以及政府组织领导的权力结构改革，加强特殊教育的科学设计。三是要坚持把特殊教育作为一个全社会的系统工程，一个关涉经济社会全局的事业，健全与完善社会参与特殊教育的制度安排，特别是重视特殊学校与医疗、康复机构、社团组织等部门组织的合作制度建设，重视通过共同合作、无偿支持、有偿服务等合作方式创新，吸引各方面力量持续有效地参与特殊教育。

三、我国特殊教育发展改革的政策建构

在构建社会主义和谐社会的大背景下，如何抓住机遇，全面推进我国特殊教育向以民生意义的方向发展和改革，必然要求有相应的政策跟进。其中，确立特殊教育政策价值正当性，是适应特殊教育发展、完善特殊教育政策设计的首要前提。根据前面第二章对特殊教育政策的审视，应对我国特殊教育发展改革的政策进行完善设计。

（一）正义优先原则

特殊教育本源于人类文明发展到一定高度的"正义关照"，是"人性之花""文明之花""道德之花"，其产生、发展显现着人类文明正义的价值观念。

特殊教育应体现以补偿公平消除或缩小差异而最终达到结果平等的正义优先思想。把公平作为特殊教育政策的首要价值，以差别原则、补偿公平为主要原则，以教育权利、教育机会、教育规则、教育资源分配在教育起点、教育过程和教育结果上的差别对待与特殊学生需要加以满足为公平尺度，在当前及今后相当长时期内把教育公平作为特殊教育政策的一个独立的发展目标，强调残疾人对教育获得的补偿公平并以教育全过程的公平来衡量这种教育的获得。残疾人作为最少受惠者，特殊教育政策设计应当关注他们不平等的身心自然禀赋和社会地位，且把他们作为正常的存在，从他们的最大利益出发补偿公平。

残疾人教育利益分配应优先考虑。强调特殊教育是社会文明进步的象征，也是社会和谐合作的产物，对残疾人教育的补偿公平是社会的"应为"和义务，也是残疾人的"应得"和权利。根据残疾人教育利益极易受损的事实，特殊教育政策对残疾人教育利益保障优先安排、教育资源优先分配，是缩小"天赋"差异而追求实质平等的正义之举。

特殊教育政策应当把教育公平作为一个独立的、优先的尺度和标准。

特殊教育政策应当强调通过满足残疾人特殊需要，防止个体权利在多数原则中被架空。

残疾人特殊教育需要的差异性对普遍性优先。

强调特殊教育及其政策应当根据残疾人成长变化和环境变迁提供不同的相应的教育。

(二)坚持程序与结果统一原则

特殊教育政策出台对各利益主体的约束和规范其实是一种责任和义务。然而责任和义务的履行是受到特定条件制约的,其过程和结果都不能对应契约的保证和承诺。譬如,公共权力部门的"公共"在不同人群间的教育实施中会出现不公平。问题困境说明,特殊教育政策需要坚持"道"与"德"的统一。道即规范、规律、准则,德即仁、义、善。道为本,德为体。德无道不立,道无德不载。特殊教育政策应坚持程序与结果统一的原则。

1.公共治理

把社会公众作为平等伙伴而不是下级雇员,以价值与利益分享的方式,畅通学校、家长、社会组织等利益表达通道倾听他们的诉求,邀请他们参与监督和评价,建立并疏通特殊教育公共治理结构。

2."底线公平"

应提供保障所有残疾人教育公平的最基础的学习机会和权利,基本健全的、合格的师资与设施设备,最起码的救助与社会支持体系,作为任何特殊教育政策的最底线设计,防止他们在教育利益的博弈中落下风。

3.满足特殊教育需要的物品创造与供给

提供满足残疾人特殊教育需要的设施设备等物品是确保特殊教育质量和实质教育公平的重要基础。因此我们的注意力应"从分配本身转移到创造和构想物品上来"。残疾人特殊需要的物品(如康复医疗、专用工具设施设备等)与他们之间有紧密的联系,有着满足特殊需要的自然价值和排斥其他健全人群体的功用,有助于形成一个特殊的分配领域,给残疾人带来更多的实质平等。特殊教育政策设计应注重满足残疾人特殊教育需要的物品创造与供给,并确立和维护好残疾人公共教育物品领域边界,可改变现实中许多物品从社会意义拒绝他们参与平等分配的现象。

(三)坚持全纳教育的价值原则

在国际特殊教育潮流中,全纳教育体现了对残疾人人本主义的关怀。主张用全纳、融合、共享的教育理念重建教育之于残疾人价值秩序的位移、防止他们生命价值被剥夺。特别是对残疾儿童侧重用民主、平等、合作的社会学方法解决发展问题,拓宽特殊教育政策的视野。

1.多元合作

根据特殊教育深刻涉及社会学和医学、心理学等多学科、多部门、多专业人员的特点,充分重视各个层面的教育合作,通过康复医疗、行为治疗等干预,确保有质量的结果。

2.全纳性教育环境

"残疾人身心缺陷的障碍,与其说是自身障碍,不如说是环境危机"。环境特别是社会环境与残疾人成长关系极为密切。美国等西方国家的实践表明,通过创造全纳性教育环境,进行最少受限制的教育安置,促进社会关怀和全纳融合,能最大限度地保障残疾人平等社会参与,最大限度地促进他们获得有意义、有质量的生活。

3.满足特殊需要的教育

强调满足残疾人的特殊教育需要保证他们获得实质教育公平中的价值和作用。特殊教育政策应当侧重"个别化""专门化""合作化"的教育政策设计(如,实施个别教育计划、安排个别化干预和训练等),满足残疾人个别化的特殊教育需要。

4.特殊教育政策分层分类设计

根据不同地区、不同障碍类型和不同障碍程度的残疾人人群以及不同背景和条件等的差异性、多样性,进行分层分类的政策设计,避免教育政策刚性的"统一要求"或"统一设计"等宏大安排对不同情况的残疾人接受适宜教育的利益架空和剥夺。

(四)坚持公平与责任的原则

特殊教育政策活动是公共空间的活动。坚守特殊教育公共性价值表明,特殊教育是全社会的一个系统工程。每个社会成员都有关爱特殊教育的责任。每个人对特殊教育的关爱不仅体现了关爱他人,也是体现关爱自己,为自己搭建人生的正义土壤和环境。对特殊教育政策公共性的坚守,其中,首要的是坚守公平与责任的原则。公平原则是特殊教育政策价值正当性的基石,但是公平原则还需要相应的责任来保障。这对防止和抵制利益分化、利益博弈带来的公平紧张,特别是在资源有限的情况下,纠正特殊教育政策活动可能在教育目标、水平等方面的不公平具有重要意义。在这里需强调的是,由于特殊教育政策对残疾人的利益补偿往往是事后再补,特殊教育政策保障也往往是跟随某些政策的补偿性或补救性的责任保障,这种责任保障非常被动,具有责任保障动机不足、积极性不高、责任意识不强等先天缺陷,难以从根本上为特殊教育政策提供伦理依据。因此,树立前置责任原则更具有奠基特殊教育政策合理性的作用。从责任的内部机制看,核心内容是以教育公平为宗旨,以法律责任和义务、契约责任和义务、博爱仁慈同情等道德自律来维护残疾人所应享有的教育利益。把对残疾人教育的关怀作为一种义务,一种社会行动,一种形成社会良知的公共精神,这是责任意识最高境界的养成方式。

第二节 普通高校特殊体育教育改革的时代诉求

体育教育是学校教育的重要组成部分,也是现代教育主要支点之一。由于身体活动及运动技能学习是体育教育的重要特性,学生的生理条件和体育教育设施资源对其接受体育教育的机会影响更大。而特殊学生与健康学生相比存在生理上、心理上和运动能力上的短板,其接受体育教育或参与体育活动的能力往往低于平均水平。在体育教育改革实践中,给这些特殊学生适当的关怀与帮助,是一个社会不可推卸的责任和义务。正如萨马兰奇所言:"残疾人运动是唤醒人类良知的运动。"[48]对特殊学生的运动进行研究不仅是出于当前这一块研究的匮乏,还出于确保学校体育教育是人人都有享受运动参与机会的政治和政策压力驱使。[49]在学校体育教育中,对特殊学生群体的关怀不仅能体现出学校教育的完整程度,同时,也能反映一个社会的发展进程。当前,我国的学校体育教育改革正逐步深化。体育教育改革不能停留在只针对健全学生。探索惠及全体学生、满足每一位学生需要的体育教育是当今时代的诉求。我国正处于教育改革的"深水区",学校体育改革也进入攻坚阶段,而特殊学生群体的体育教育问题则是当前我国体育教育改革的软肋之一。体育教育改革的成功与否直接关系到全体学生的健康发展,也势必会影响到体育事业和教育事业的发展。因此,我们应积极顺应时代要求,对特殊学生的体育教育方法进行优化,构建出系统、实效的方法体系,以适应高校体育教育改革的需要。

一、特殊学生群体的界定与体育学习特征

特殊学生群体的概念已在前面第一章中比较清楚地阐述,这里就不再赘述。他们由个人生理性、自然环境性和社会排斥性三大类型构成。在学校体育教育中,特殊学生群体由于运动参与障碍或体育教育资源的匮乏,难以满足体育教育需要,导致其在学校体育活动中处于边缘状态。在现有境况下失去或减弱了获得相应的权利或能力的机会,或者在特定的社会关系中,对于对方强加的意识没有回应能力。

由于体育教育强调一定的身体负荷和运动技能的学习,特殊学生在接受体育教育时往往处于边缘地带。对于大部分特殊学生而言,其本身就属于生理性弱势群体,理应受到更多的积极关怀,否则会使他们陷入双重弱势的困境。整体而言,

特殊学生在体育学习过程中常常表现出以下特征：①运动能力低下、竞争性不强，不适合参与剧烈的体育项目；②身体条件参差不齐，体育教学内容无法统一；③体质虚弱，心理自卑，参加体育运动勉为其难；④特殊体育教育资源匮乏，声音微弱，利益表达不畅。

二、特殊学生群体的体育教育诉求

（一）践行融合体育教育，体现生命关怀的诉求

教育高扬"人"字，这本身也是任何关注与投身于教育的人们的"金科玉律"。把任何受教育者都作为生命的存在、人的尊严与主动能量的共有来接受，这就是教育的最高理论。[50]反观人类教育历史之长河，从"精英教育"到"全民教育"的转型无不体现出生命之关怀。特殊教育从无到有，其理念从"同情"到"权益"、从"隔离"到"融合"、从"缺陷补偿"到"潜能开发"的转变都充分体现出对个体差异的认识、对生命的尊重。就体育教育而言，生命关怀主要包括生命意识、生命教育和生命自觉3个层次。这3个层次是相互关联、相互依存和相互促进的。具体而言，生命意识包括3个方面：①对生命的承认，认为每一个生命都是宝贵的，都是独立存在的；②对生命的尊重，每个生命都是平等的，没有主次和贵贱之分，一切都应以人为本，必须用一切办法去满足所有人的需要；③对生命的理解，生命之间存在一定的差异，这种差异是普遍存在的，而不是特殊学生的个别现象。对生命的关注是体育教育的出发点和归宿。体育作为人的一种直观感性活动，其丰富的内涵给人提供了一种体验生命的方式，不断变化的运动体验使生命主体和对象融合为一体。体育课程和生命无论从课程的性质、功能和目标来看，都具有内在的一致性。体育课程是生命教育的重要途径，生命教育是体育课程的重要内容。[51]体育教育的宗旨在于养成学生的生命自觉，在生命自觉过程中的教育实践才能真正促进人生命价值的提升。体育教育是使人走向自主、自由发展的教育，是促进人在有限的世界中勃发生命力的教育。毫无疑问，对特殊学生的关怀不是偶然为之的举动，也不只是在部分课堂或教学活动中体现的照顾。也就是说，生命自觉最终是要回归到日常生活当中的，在自觉中形成对特殊群体的关怀。因此，对特殊学生的关怀应该是在自然的环境下开展，也只有在融合的环境下，才能体现出新时期的生命关怀。

（二）践行融合体育教育，促进全面发展的诉求

践行融合体育教育是学生全面发展的必然要求。"人的全面发展"是我国教育目的的理论基础，也是科学发展观的基本出发点。1999年，《中共中央国务院关于深化教育改革，全面推进素质教育的决定》中指出，"实施素质教育……造就有理想、有道德、有文化、有纪律的，德智体美等全面发展的社会主义事业建设者和接班

人"。这一要求把促进学生的全面发展作为素质教育的重要目标,明确提出了学校教育的内容和方向。全面发展包括以下要义:首先,就教育的全体对象而言,全面发展强调的是所有学生的发展,不让一个学生掉队。只有实现了个体的全面发展,才能最终实现人类的全面发展。因此,作为特殊学生同样也需要得到全面的发展。其次,就教育内容而言,全面发展是包括德、智、体、美、劳等方面的发展,这些方面可以存在发展程度的差异,但是,任何方面都不可或缺。而体育教育是学生全面发展的重要因素,未接受体育教育的学生的发展必定是不全面的。最后,就发展程度而言,全面发展还必须是学生的协调发展。也就是说,人的发展各个基本因素应该相互协调,而不能出现失调发展,否则谈不上全面发展。特殊学生如果在体育方面不被重视过于落后,这不仅会影响其他素质的发展,同时也会影响综合素质的发展。更重要的是,体育教育可以培养学生坚忍不拔的意志、顽强竞争的意识和同学间相互协调的沟通能力等。特殊学生和健全学生一起锻炼可以体会体育教育带来的益处,最后获得双赢。

（三）践行融合体育教育,实现教育公平的诉求

教育公平,是指公民在教育活动中的地位平等和公平地占有教育资源。教育公平是社会公平的基础,也是构建和谐健康校园的基石。党的十七大强调,教育公平是我国教育发展重要的价值取向。党的十八大进一步强调:"大力促进教育公平,合理配置教育资源。"可见,教育公平问题已经提升到了空前的高度。体现在学校应该指每位学生在享受公共教育资源时受到公正和平等的待遇,[52]包括受教育的权利义务、受教育的机会条件和教育成功机会及教育效果的相对均等。

教育平等不仅是指一个国家不同区域之间、不同群体之间的教育平等,还包括同一学校中,不同需要的学生群体之间的平等。从教育的本质看,教育公平不仅涉及教育起点的平等,还包括教育过程、教育结果的平等。首先,如果体育教育只针对健全学生,而特殊学生仍是采用免修、免考,这无疑是教育起点不公平的体现。显然,只有在融合共享的环境下,让所有学生在一起接受体育教育,并且让所有学生在集体中感受自己是其中一员并积极地参与学习,才能实现教育起点的公平。其次,强调教育公平,让特殊学生在融合的环境下接受体育教育,并不否定其享有接受适当的个性化体育教育的权利。正如在教育过程中应该针对学生的差异实施因材施教一样,体育教育可以通过调整课程内容、教学方式等方面实现教育过程的公平。最后,教育公平追求的结果不是指每个学生的平均发展,而是注重学生潜能的开发,实现学生个人的发展程度与自身发展潜能差异的最小化。毫无疑问,只有实现每个学生潜能充分开发的教育才是公平教育。

因此,让特殊学生在融合的环境下接受体育教育就是实现教育公平的途径。

（四）践行融合体育教育，构建无障碍和谐健康校园诉求

党的十六大提出，"本世纪头 20 年中国全面建设小康社会的发展目标，社会更加和谐"。2004 年，党的十六届四中全会上正式提出了"构建社会主义和谐社会"，明确要求"把和谐社会建设摆在重要位置"。2006 年，党的十六届六中全会对构建和谐社会问题着重进行了研究。党的十七大报告指出："深入贯彻落实科学发展观，要求我们积极构建社会主义和谐社会。"党的十八大提出"加强和创新社会管理，推动社会主义和谐社会建设"。可见，建设和谐社会成为当前我国发展社会主义事业的主旋律。学校是社会的缩影，和谐校园则是和谐社会的重要体现。特殊学生在体育教育中的融合程度，则直接反映整个校园乃至整个社会的和谐状况。

融合教育倡导的是关注所有学生、反对歧视排斥，注重合作，营造人人平等、无障碍的校园环境。无须讳言，将特殊学生与健全学生的体育教育分开也是不合理的。没有足够的证据表明特殊学生需要采用与其他学生截然不同的教学方法。因此，当前的隔离式体育教育模式是多余的，效率也是极低的，它限制了特殊学生对课程与教学的选择。特殊体育教育与普通体育教育应该重新组合，建构融合式的体育教育体系以满足所有学生的学习需要。正如刘延东在第 48 届国际教育大会上所指出："全纳教育的提出，体现了对所有人的尊重和对人权的保护，顺应了时代要求和未来趋势，对建设和谐世界将产生积极而重要的影响"。[53] 在融合的教育环境中，学生可共享挑战的艰巨和赢得挑战的荣誉，共享厚德载物的宽广与和谐，共享文明进步的希望和曙光。可以说，没有特殊学生体育教育的发展，我国体育教育和特殊教育事业必定是不完整的。同理，没有教育事业的深入发展和完善，和谐社会的构建同样是存在欠缺的。从此种意义上讲，让特殊学生同样参与体育、共享体育运动的愉悦是我国构建和谐社会不可或缺的组成部分。

（五）践行融合体育教育，完善赋权增能保障诉求

"赋权增能"是管理领域内一种旨在激发潜能的新观念。提升能力、激发潜能是增权的核心，也是特殊教育的最高目标。赋权是赋予弱势群体本身应具有的权利，从而对其生活空间的力量施加影响的能力。增权的核心假设是相信每个人即使处于艰难的环境之中也是有潜能的，个体的无权地位和无权感、无力感可以通过自身努力或通过外部帮助加以改变。[54] 因此，赋权不是直接赋予对象以权力，其实质是挖掘或激发服务对象的潜能。对于特殊学生群体而言，教育政策、主流社会文化等都有可能导致他们失权，使其陷入无权状态。事实上，残疾人和健全人一样，都是全面参与社会生活的权利主体，让残疾人融入社会，并非是对残疾人的特别关照和给予，而是残疾人应有的权利。[54]

"赋权增能"一般是指帮助个人、家庭、团体和社区提高个人的、人际的、社会经

济的和政治的能力,从而达到改善自身状况的目的的过程。[52]延伸到特殊学生的体育教育,就是要求管理部门、教育部门、教师、学生家长等依托资源保障与服务体系,建设一个充满能量的特殊场所让特殊学生参与进来。通过对特殊体育教师、特殊学生的赋权,激发他们的权利意识、参与能力,注重体育教育结果的公平,可以让特殊学生充分利用权利享受、运用、监督公共资源,还可以让体育教师在课程设计、教材安排和考核评价等方面的开发贴近特殊学生的需要。体育教育不仅可以增强特殊学生原本丧失的机体功能,而且能增强他们的自信心,发挥自身潜能,实现自身价值。通过体育教育的赋权,达到弱势学生增能的目的。

(六)践行融合体育教育,提升特殊体育师资队伍的诉求

经过几年的发展,多数高校已经设置了特殊体育或体育保健等课程,虽然各校的叫法不一,但至少证明特殊学生的体育课有了雏形。但由于政策尚未对特殊体育课程教师的性质、待遇、权利、义务做出明确规定,特殊体育教师在具体开展工作中积极性总是不高,缺乏必要的资源条件,导致特殊体育师资隐性流失现象严重。高校为了应付上级检查,多数采用由其他教师临时凑数、所有体育教师轮转授课或者干脆让年长的老教师代劳等途径解决特殊体育师资紧缺的问题。说明学校对特殊体育教育工作重视的程度不高,特殊体育教师配置不足,专业素养存在欠缺。笔者认为,这样的特殊体育师资要面对一个身体条件参差不齐、连基本的一个上下肢活动都无法统一完成的受教群体的教学情况下,如何保证教学任务的顺利完成?结果只能造成教学流于形式、得过且过的局面,助长学生忧郁等心理障碍。因此,如何提升特殊体育教师的执教能力,更好地指导特殊学生的体育活动,就顺理成章地成为培训管理研究中的一个重要命题。

第三节　普通高校特殊体育教育改革诉求的应答思考

当前,我国正处于社会全面转型的历史时期,特殊体育教育发展改革面临着各种压力的集聚。针对我国特殊体育教育发展改革的时代诉求,找出合适的途径做出及时应答,是当前特殊体育教育改革的一个重要命题。我们可以根据特殊学生就体育教育改革的诉求做出应答。

(一)转变观念,让"一切为了学生,为了每一位学生的一切"的融合教育理念落地

残疾人观是人们对残疾现象和残疾人问题的基本看法、态度和观点。在历史文明进程中,认识和看待残疾现象,经历了从医疗模式向社会模式的转变。树立正

确的特殊学生教育观,是我们开展体育教育的基础,也是特殊教育人文关怀的真正体现。受传统供养理念的影响,当前对运动弱势学生的体育教育不是为其提供帮助,促进其运动参与,而是让特殊学生的体育教育实行"免修"或"单独开设保健课",认为这是对特殊学生的"恩赐"。这种消极的关怀方式与将运动弱势学生排斥出社会主流的做法"异曲同工",也与当前世界各国倡导的全纳教育理念背道而驰。

学生是开展教育活动的主体,任何教育活动的展开都要始终以学生为中心,从学生的实际需要出发,而不是以教师或管理者的角度出发,对学生的需要主观臆断地加以猜测。因此,当前开展特殊学生体育教育的首要任务就是要改变人们不恰当的观念和态度,消除任何形式的歧视。全纳教育理念的提出为我国特殊学生体育教育的开展提供了千载难逢的机遇与条件。应抓住"十二五"时期大力发展残疾人事业的契机,借"残疾融合发展战略"之东风,加强融合共享理念的宣传,为特殊学生接受体育教育扫除思想藩篱。

对高校特殊体育课程建设而言,应以"一切为了学生,为了每一位学生的一切"为理念加强政策调控,加强对弱势学生参与体育活动的补偿性政策研究,如体育课程资源的扶持、课外体育活动的援助体系和特殊体育课程个性化评价措施等,并应使政策具有约束力。建议残联、教育、体育等部门协同做出努力,真正帮助特殊学生走出自己的生理心理阴影,更健康、更有质量地在高校学习和生活。

(二)健全政策法规,保障特殊学生群体接受体育教育的权利

接受体育教育是每个学生应有的权利。[55]即每个学生都有接受体育教育的权利,同时每个学生都有接受适合其身心发展需要的权利。

特殊学生和普通学生一样,具有同等的接受教育的权利。融合是一种权利,不是少数人的特权。[56]虽然体育课程与普通文化课程之间存在一定差异,再加上特殊学生的个体差异较大,让特殊学生参与体育教育存在一定困难,但并不能因为这些困难而剥夺特殊学生参与体育的权利。相反,应该提供辅助设施,提供相应的帮助,以保障特殊学生应有的权利。特殊学生的法律保护是为了实现法的价值,实现自由、平等、人权、公平、正义乃至整个人类的全面自由发展。[57]政策法规制定的核心就是通过政府的强制力量来对社会资源进行二次分配,并对弱势群体予以补偿,促进社会公正。当前,虽然有些法律条文对特殊学生的体育教育进行了规定,但由于缺乏统一的指导思想,各项法律法规之间没有形成有机的衔接和整合,对特殊学生体育教育的要求也不尽相同(即可开设也可不开设,可单独开设也可融合开设)。这样一来,就给了一些学校和教育机构推诿责任的机会。体育教育不应该成为学生成长发展的桎梏。

教育有关部门应立足高校的实际情况,制定出适应不同学生需要的普适性特殊体育课程指导纲要。在体育课程指导纲要的设计上应重点考虑几个方面:第一,应考虑特殊学生与全民健身工程建设协调发展以求平衡;第二,应从特殊学生的具体实情出发以求循环;第三,应加强社会各阶层力量的开放发展以求支持;第四,应定位特殊学生与健全学生共享发展以求公平;第五,应致力于制度创新以提高治理水平。从诸多方面考虑到特殊学生的需要,保障每一位特殊学生接受体育教育的权利。

(三)整合资源改善场地器材设施,营造共同参与氛围

任何人权利的实现和能力的发挥都离不开社会的补偿条件。[58]学校作为公共服务场所,应该为全体受教育者提供均等化的公共服务。也就是说,学校提供的体育教育资源不能只考虑大部分学生的需求,却忽略另一部分学生的需求,而应给予每个学生参与体育教育的同等机会。受传统隔离式特殊教育的影响,在分配教育资源和体育资源时,大部分人认为,特殊教育经费和体育经费理所当然应分配到特殊教育学校,普通学校中特殊学生的体育教育资源往往被教育主管部门所忽视。为突破这一藩篱,可采取以下措施:在经费方面,应将特殊教育经费资助对象由"特殊教育学校"转向"特殊学生",任何有特殊学生的学校都应该得到特殊教育经费的资助;在物质资源方面,将无障碍体育场馆(地)建设、特殊学生体育器材和设施建设纳入学校硬件设施的指标范畴,并且对现有的体育资源进行再次开发和设计,满足不同学生对体育器材和设施的需求。

需要强调的是,加大特殊学生体育教育的投入并不是要走"毕其功于一役"的道路,而应该建立长效发展机制,均衡区域之间、城乡之间在今后一段时间内所应达到的总体水平,制定各区适应体育发展的阶段性目标和具体目标。各级学校应将特殊学生的体育教育纳入学校体育教育整体规划之中,并制定相应的专项发展规划。

整合资源可以将学校人力、物力、财力等资源最大化地利用。各高校在体育场馆、运动场地的建设上可要求有关部门通过政府的强制力量来对校园公共资源进行二次分配,根据特殊学生身体的特殊性来进行解剖、补齐。比如体育馆的楼梯坡度甚至洗手间的设计都要符合特殊学生以最少限制的原则。在配置器材时应提倡根据实际需要适当向特殊学生倾斜,购置或开发方便特殊学生运动的产品。建立多部门密切配合的协同机制,共同为特殊学生提供专业化、多样化、个性化的场馆与器材服务,缩短资源供给链条,减少途中"蒸发"与"截留"风险,营造与健全学生一起锻炼的氛围。

(四)加强人力资源建设,提高体育教师专业素养

我国著名教育家陈鹤琴说过:"没有教不好的学生,只有不会教的教师。"从某种程度而言,教育问题的核心就是教师的问题。在融合教育环境下,教育对象的特

殊性也就决定了体育教师职业的专业性。体育教师必须拥有足够的特殊体育知识及能力,才可能为特殊学生提供适当的教育。[59]当前,我国已有少量高等院校开设了特殊教育专业体育方向体育师资的培养,这开启了我国特殊学生体育教师专业化的建设。与普通教育一样,特殊教育也应该有不同的学科门类,而不应该将特殊学生的教育笼统地归类为特殊教育。在特殊教育发展初期,将适应体育纳入特殊教育专业下的体育教育方向,可弥补我国残障学生体育教师教育的空白,在一定程度上促进特殊教育的发展。但是,随着特殊教育的发展,必定要进行学科分化,将特殊体育教育设为独立的专业。

事实上,在全纳教育背景下,应该提高每一位体育教师的特殊教育素养及其特殊教育能力。《中华人民共和国残疾人保障法》和《残疾人教育条例》明确规定:"在普通师范院校开设特殊教育课程或者讲授有关内容,使普通教师掌握必要的特殊教育知识,确保随班就读教学新教师的来源。"据了解,当前我国除了少数几所院校开设了相关专业外,其他院校尚未开设特殊教育或特殊体育相关课程。导致这一问题的主要原因是特殊体育学科发展迟缓,高校的特殊体育教师几近空白,特殊学生体育教师的培养成为"无源之水"。

针对当前存在的问题,建议从如下方面完善特殊体育教师的培养:第一,在体育教育专业中开设融合体育教育、特殊体育教育等课程,并加强特殊学生体育教学的实践,培养"双师型"(兼备普通体育教学能力和特殊体育教学能力)体育教师;第二,根据各类学校的实际需求开展特殊学生体育教师岗前培训,注重师资岗前培训的实用性和针对性,提高体育教师解决实际问题的能力,也可以利用假期、休息天进行在职培训进修,学习不同的培训课程并要求不同的实践;第三,采取多部门联合培训的做法,利用体育部门的行政资源、医疗部门的专业资源、高等院校的教育资源等,共同参与培训;第四,建立体育教师与特殊体育教育专家的互动交流平台,构建全方位的特殊体育教学专家支持系统,加强特殊学生体育教师的经验交流;第五,打破一劳永逸的认证资格,还要执行继续教育。这样,在高校特殊体育教师的培养上,多层次、多渠道、多模式培训特殊体育教师是缓解目前特殊体育师资紧缺的一个有效途径。通过培训,要求重视特殊教育的体育教师能根据特殊学生的特殊情况做到因材施教,保证特殊课程的高质量教育效果。

(五)畅通特殊学生的利益表达通道,完善诉求表达机制

学生是受教育的主体。学校任何政策的制定如果没有学生的参与都是有问题的。[60]一直以来,高校教学中教育对象的限定、教材内容的选择、教学方法的运用都是教师根据自身的能力或个人的偏好来加以选择的。在教学中倡导的以学生为中心实质上是以教师为中心。学生话语权受阻已经折射出当前教育中存在许多的弊端:体育教学变成了教师的"独角戏",课外体育活动变成了"一人导"。特殊学生

利益表达能力的缺失和表达机制的缺陷,自然使其利益受损。尽管特殊学生的能力和素质是正处于发展中,但这并不能否定特殊学生对参与体育教育有着自身的判断和想法。无须讳言,正是由于特殊学生的利益诉求难以得到应有的关注,体育教育部门更应该打开特殊学生的话语通道,沉下来认真倾听特殊学生对体育教育改革的诉求。建议特殊学生作为教学主体可以了解教师的资质,也可以要求教师了解自己个别化的教育计划、学习内容和动态的评价标准,让他知道自己可以通过如何努力达到自己的学习目标。

畅通特殊学生的诉求表达机制是构建和谐校园的必然要求。为特殊学生提供完全、充分、畅通的表达渠道显得尤为重要。一方面,特殊学生应该认识到自身的权利,积极踊跃表达个人的观点和想法,当学校对特殊学生的体育教育采取免修、免评、免测等方式侵犯其体育权利时,特殊学生群体应敢于站出来"反抗";另一方面,建立特殊学生体育监控机制,完善权利救济制度,在实施特殊体育监控时,可让教育主管部门、残疾人组织、学生家长和社区服务部门共同参与特殊学生体育教育的监控工作。同时,为避免单一的救济带来的不良后果,应通过多种救济方式相结合,灵活地使用不同救济手段,使其相互补充,共同发挥作用。

特殊体育教育的改革与发展是高校体育可持续发展的基础,也是培养学生关怀与被关怀的举措。特殊学生属于高校大学生群体中的弱势群体,他们的受教育问题会直接影响"和谐健康校园"建设。亟须加强科学组织和促进机制、路径和载体的研究,以更好地适应和谐社会对大学体育的新要求。我们只有与特殊学生共生、共建、共融,才有可能让平等、参与、共享不再是蓝图规划,而是触手可及的现实,真正实现每一位学生的共同进步。

第八章
普通高校特殊学生群体与学校体育教育改革

提纲介绍

　　第八章主要介绍学校体育工作的具体内容及目前学校体育工作面临的重要问题；重点分析了学校特殊学生的出现对学校体育教育改革提出的挑战，如：体育课程、课外体育活动及运动竞赛等需改革，体育师资队伍建设、场馆设备和经费保障、教育管理和组织机构及督导评价和服务支持等问题；高校特殊体育志愿者的培养与运作。

第一节　学校体育工作概述

　　1999 年 6 月 13 日，中共中央国务院发布《中共中央国务院关于深化教育改革全面推进素质教育的决定》（以下简称《决定》）。《决定》指出，实施素质教育就是全面贯彻党的教育方针，以提高国民素质为根本宗旨，以培养学生的创新精神和实践能力为重点，造就"有理想、有道德、有文化、有纪律"的德智体美等全面发展的社会主义事业建设者和接班人。健康体魄是青少年为祖国和人民服务的基本前提，是中华民族旺盛生命力的体现。学校教育要树立"健康第一"的指导思想，切实加强体育工作，使学生掌握基本的运动技能，养成终身体育锻炼的良好习惯。

　　学校体育工作是学校教育工作的重要组成部分，在人才培养教育中具有特别重要的意义。我国自从全面实施素质教育以来，学校体育工作在《决定》等相关文件精神的指导下取得了可喜成就，同时也面临着新的挑战。

一、学校体育工作的基本内容

　　《学校体育工作条例》于 1990 年 3 月 12 日经国务院批准，以国家教育委员会令第 8 号和国家体育运动委员会令第 11 号向社会发布。全文共计九章三十一条，包括:总则、体育课教学、课外体育活动、课余体育训练与竞赛、体育教师、场地器材设备和经费、组织机构和管理、奖励与处罚和附则。详细规定了学校体育各项工作的基本任务、主要职责以及奖励与处罚规定等内容,是指导全国学校体育工作的法规性文件。

学校体育工作是指普通中小学校、农业中学、职业中学、中等专业学校、普通高等学校的体育课教学、课外体育活动、课余体育训练和体育竞赛。

学校体育工作的基本任务是:增进学生身心健康,增强学生体质;使学生掌握体育基本知识,培养学生体育运动能力和习惯;提高学生运动技术水平,为国家培养体育后备人才;对学生进行品德教育,增强组织纪律性,培养学生的勇敢、顽强、进取精神。

学校体育工作应当坚持普及与提高相结合、体育锻炼与安全卫生相结合的原则,积极开展多种形式的强身健体活动,重视继承和发扬民族传统体育,注意汲取国外学校体育的有益经验,积极开展体育科学研究工作。

学校体育工作应当面向全体学生,积极推行国家体育锻炼标准。

二、学校体育工作面临的重要问题

(一)学生体质健康状况令人担忧

大学生的体质健康状况直接关系到我国未来的发展和民族的盛衰。在 2006 年 8 月 19 日举行的"首届中国青少年体质健康论坛"上,杨贵仁出示了一组触目惊心的数据:最近一次全国青少年体质健康调查报告表明,学生肥胖率在过去 5 年内增加迅猛,25％的城市男生是"胖墩";眼睛近视比例居高不下,初中生接近 60％,高中生为 76％,大学生高达 83％;学生的爆发力、力量、耐力等素质持续下降……我国学生体质下降尚未得到遏制,已引起国家领导人和全社会的高度重视。教育部、国家体育总局于 2006 年 12 月联合颁布了关于进一步加强学校体育工作、切实提高学生健康素质的意见。教育部在第八届全国大学生运动会上提出了"每天锻炼一小时,健康工作五十年,幸福生活一辈子"的响亮口号。今日的大学生到底能为祖国健康工作多少年?谁为学生体质健康水平持续下降买单?大学体育课程改革研究已成为举足轻重的问题,如何让学生走出教室、走向运动场?如何让学生最大限度地利用体育资源进行锻炼?加强学校体育工作,把各项工作真正落到实处,具有战略意义。

(二)体育教学改革势在必行

《国家学生体质健康标准》是在"健康第一"指导思想下,为加强学校体育工作,促进学生积极参加体育锻炼,养成良好的锻炼习惯,提高体质水平而制定的。

《国家学生体质健康标准》是评价学校教育工作的基础性指导文件和教育质量基本标准，是衡量体育教育教学质量和学校办学水平的重要指标。

《国家学生体质健康标准》是学生体质健康的个体评价标准，也是促进学生体质健康发展、激励学生积极进行身体锻炼的重要教育手段。

《国家学生体质健康标准》是学生完成学业取得毕业证书、评奖评优的必要条件，是学生学年体育综合测评的主要评价依据。

《国家学生体质健康标准》自实施起，对改善学生体质水平起到了一定的作用，但在长期的实施过程中，也凸显出许多问题，学生体质健康水平下滑趋势并未得到根本性扭转，大学生身体素质依然持续下降。教育部领导于 2007 年 4 月在北京召开的义务教育课程标准修订工作会议上说：中央领导高度重视加强青少年体育、增强青少年健康工作。指示要给社会发信号，要更加重视青少年的健康成长，加强体育，要有具体措施，在全国范围内动员起来，掀起体育运动的高潮，把体育摆到更重要的位置上，把增强学生体质作为学校体育的基本目标，全面落实加强青少年体育的举措，"每天锻炼一小时，多睡一小时"，形成体育热潮。他同时强调：要把学校体育作为抓好素质教育的"抓手"。

三、党和国家对学校体育工作的高度重视

中华人民共和国成立以来，党和国家领导人都非常重视教育和青少年体质健康工作。

中共中央总书记、国家主席、中央军委主席习近平 2017 年 8 月在会见全国群众体育先进单位、先进个人代表和全国体育系统先进集体、先进工作者代表以及第十三届全运会群众比赛项目中获奖的运动员代表时发表重要讲话。习近平强调，体育承载着国家强盛、民族振兴的梦想。体育强则中国强，国运兴则体育兴。要把发展体育工作摆上重要日程，精心谋划，狠抓落实，不断开创我国体育事业发展新局面，加快把我国建设成为体育强国。近日在全国卫生与健康大会上，又提出"推动全民健身和全民健康深度融合"要求，进一步指明了体育与国民体质、人民生活、国家富强的密切关系。习近平指出："全民健身是全体人民增强体魄、健康生活的基础和保障，人民身体健康是全面建成小康社会的重要内涵，是每一个人成长和实现幸福生活的重要基础。"在党中央的部署下，全民健身上升为国家战略，群众体育与竞技体育双轮驱动，超越自我的精神成为体育排序最优先的追求。近年来，《关于加快发展体育产业促进体育消费的若干意见》《全民健身计划（2016—2020 年）》等文件发布，政策红利持续释放。全民健身国家战略的实施，使中国体育变得更有温度、深度、气度。

德、智、体全面发展是我国一贯坚持的教育方针，学校体育工作是学校各项教

育工作的重要组成部分。国家制定了《教育法》《高等教育法》《体育法》以及《学校体育工作条例》等一系列法律法规性文件,对学校体育工作的全面开展和健康发展起到了积极的规范和促进作用。

2006年12月26日,自中华人民共和国成立以来的首次全国学校体育工作会议在北京召开。为全面推进素质教育,进一步加强学校体育工作,切实提高广大青少年学生的健康素质,促进青少年学生的全面发展,教育部和国家体育总局联合出台了《关于进一步加强学校体育工作,切实提高学生健康素质的意见》(以下简称《意见》)。

《意见》从学校教育要树立"健康第一"的指导思想、切实贯彻落实国家对学校体育工作的要求、完善学校体育的保障机制、完善学生体质健康和学校体育的评价制度、采取有力措施加强学校体育的督导检查和服务支持等五个部分,对新时期全国学校体育工作进行了全面的部署,并提出了更高的要求。

《意见》强调:贯彻党的教育方针,全面实施素质教育,培养德智体美等方面全面发展的社会主义建设者和接班人,必须始终坚持"健康第一"的指导思想。学校体育是提高青少年健康素质的关键环节。青少年学生的健康是一个民族健康素质的基础,是每个学生健康成长的基本条件,关系到千家万户的幸福,关系到民族的未来和国家的竞争力。学校体育是促进青少年全面发展的重要内容,对青少年的思想品德、智力发育、审美素养的形成都有不可替代的重要作用,是进行爱国主义、集体主义教育、弘扬民族精神、传承民族文化的重要途径。加强学校体育工作、提高学生健康素质,是学校教育全面落实全民健身、坚持以人为本、促进青少年学生全面发展的必然要求,是把提高教育质量作为当前教育工作重点的必然要求,必须把学校体育摆在学校教育的突出位置,作为各级各类学校的一项重要任务,各级教育行政部门和学校必须充分认识加强学校体育工作的紧迫性。

《意见》同时要求:广泛宣传"每天锻炼一小时,健康工作五十年,幸福生活一辈子"这一具有时代特征的口号。要求各级教育、体育行政部门必须采取坚决有力的措施,把加强学校体育工作作为今后一个时期实施素质教育的重要突破口。

第二节　普通高校特殊学生群体与学校体育改革

一、体育课程教学改革

(一)体育课程教学目标多样化

特殊学生群体体育理论的构建是在我国教育改革与发展,尤其是教育规模不断扩大的历史背景下,根据现代教育理论及体育教育特殊规律而提出的,是在主要以学生认知水平为区分标准进行分类的基础上,从学生体质发育水平的层面进行了再划分,基本克服了当前笼统分班的局限性,为实现提高体育课程教学质量、较好达到体育教学的多样化目标提供了理论依据。根据特殊学生群体的理论和分类标准,从体质状况的层面,将特殊学生分为 A 班(残障的学生组)、B 班(特殊体形学生组)和 C 班(体弱或患有某种不适宜参加剧烈体育运动的疾病学生组)。这样一来,我们将原来较笼统的体育教学目标进行了具体划分,即针对 A、B、C 三个不同体质健康状况的学生群体提出各自不同的具体教学目标:A 班(残障学生)的主要教学目标是能够积极参与一些适合自身特点的保健、康复养生练习,愉悦身心等;B 班(特殊体形学生)的主要教学目标是改善体质状况,巩固和提高运动素质,通过体育锻炼逐步改变体型等;C 班(体弱或患有某种不适宜参加剧烈体育运动的疾病学生组)的主要教学目标是发展体质,增进健康和改善身体素质等。三个层次的教学目标紧密联系、各有侧重,共同实现体育教学的整体目标。

体育教学目标的具体化、多样化,并具有层次性,有利于体育教师选择切实可行的教学策略,开展有针对性的教学行为,可以更好地达到和完成大多数学生体育教学的目的与任务,更好地贯彻落实"健康第一"的教育思想。

（二）体育课程教学内容多样化

1. 对现有课程内容体系进行再划分

在此前提下,可根据实际需要,有针对性地开发适合特殊学生群体新的教学内容,极大丰富现有体育课程教学的资源。如在原有体育教学——体育保健班教学内容(公共体育)的基础上,保留那些主要是为了适应患有某种疾病以及残障学生学习的教学内容,并加以丰富和发展,形成不同班组的主要教学内容:体育保健、康复、养生、休闲等。同时,分离出那些主要是为了适应特殊体形学生的教学内容,并加以重点开发和拓展,形成 B 班的主要教学内容:以中等运动负荷的各种各样的身体练习方式方法为主。教学内容在其他班的基础上突出运动性特点。这样,根据三个不同层次的教学目标,选择和开发相对应的教学内容,实现体育教学内容的多样化,以促进多层次教学目标的顺利实现。

2. 把立德树人内化到大学体育课程建设各环节

习近平总书记在北京大学师生座谈会上的重要讲话,围绕高校立德树人的根本任务,对高校的办学治校、使命担当和重点任务做出了一系列重要指示。这既包含了对高校坚定正确办学方向的政治要求,也包含了对教师师德师风的素质要求,还包含了对青年学生德才兼备的成长要求。对我们牢牢把握社会主义办学方向,推进"双一流"建设,培养社会主义建设者和接班人具有十分重要的指导意义。

立德树人必须坚持正确办学方向,把培养德智体美全面发展的社会主义建设者和接班人作为办学治校的根本。古今中外,每个国家都是按照自己的政治要求来培养人的,大学都是在服务自己国家发展中成长起来的。我国社会主义教育就是要培养社会主义建设者和接班人。我们的大学也在立德树人中不断发展壮大,不断走向更高的水平,不断赢得社会的认可和世界的赞誉。

立德树人必须以师德师风为第一标准,建设高素质的教师队伍。教师的职业本身就是人类灵魂的工程师,是智慧、学识、科学的化身,教师的工作本质就是春风化雨、以德育德、以爱育爱,是一个示范、教化、引领的过程。教师一言一行的影响远远超出了个人范围,要对学生成长负责,对公众社会负责,对国家负责。因此,要大力加强师德师风建设,完善工作机制,讲好身边的师德故事,塑造高校教师师德高尚的品行面貌,自觉维护教师的良好形象。

同时,必须把立德树人的成效作为检验学校一切工作的根本标准,强化德育对青年学生成长成才的基础性作用。每一代青年都有自己的机遇和机缘,中国特色社会主义进入新时代,中华民族迎来了从站起来、富起来到强起来的伟大飞跃,当代青年是同新时代共同前进的一代,中华民族伟大复兴将在这一代人的奋斗中变为现实。因此,高校作为人才培养的前沿阵地,必须把德育摆在突出位置,帮助这一代年轻人坚定沿着中国特色社会主义道路走下去。

高校以德育人培养青年学生,要把形成高水平的思想政治工作体系摆在重要位置,作为高水平人才培养体系的基础和主干。要培养青年学生的"四个自信",增强对党的领导和国家发展的认同,要以中国梦激扬青春梦,激励学生自觉把个人的理想信念追求融入国家和民族事业中,勇做走在时代前列的奋进者、开拓者、奉献者。要坚持不懈培育和弘扬社会主义核心价值观,引导青年学生做社会主义核心价值观的坚定信仰者、积极传播者、模范践行者。要引导广大青年打好马克思主义的鲜亮人生底色,把理想信念建立在对科学理论的理性认同上,建立在对历史规律的正确认识上,建立在对基本国情的准确把握上,永远坚定信念跟党走。

(三)体育课程教学方法多样化

教学目标与教学内容的变化,必将导致教学手段与方法的革新。针对不同的个体,采取多样化的教学手段也将成为今后体育课程教学改革的热点课题。如针对B班(特殊体形)学生的具体情况,在选择教学内容时,可以大大简化运动的竞技性,增加一些耐力持久性的项目,因此,动作的示范性教学成分将随之减少,而学生参与练习的成分将大大增多,即学生自主练习及相互合作练习的时间可以加长。

(四)体育课程教学评价多样化

教育教学评价一直以来都是教育教学改革的重要课题,体育教育教学也不例外。近年来,不少体育工作者对于体育教育教学评价进行了广泛而深入的研究,并取得了很大成果,但是关于评价标准的研究始终未能取得突破性进展。体质弱势群体理论的提出,可在评价标准方面迈出一大步,对于发展和完善多样化的体育教育教学评价提供有益的参考。

本书提出的体育教学目标的多样化即三个层次,围绕三个不同的目标选择各自的主体教学内容与手段,因此,理应选用与之相适应的教学评价标准和手段,提高体育教学评价的客观性。如对于 A 班学生应当突出学生体育教学的评价,应当突出身体的参与、残疾部位的相对康复效果和合作交往等;对于 B 班学生体育教学的评价,应当突出体型、体质状况的改善,如"减肥""增重"的效果及运动素质的提高;对于 C 班学生则应当突出身体的参与、疾病的康复效果及身体素质的改进与提高等。

当然,关于体育课程学业的评价是个十分重要而又敏感的问题,它涉及学生的毕业、升学、奖励等方面的教育权利问题,这也是当前学校体育教育改革与国家教育制度(如升学考试制度等)改革必须面临的难点问题。

二、课外体育活动、课余体育训练与竞赛改革

广泛开展群体性的学生体育活动。学校要把开展丰富多彩、形式多样的课外体育活动作为日常教育工作和校园文化建设的有机组成部分,并纳入教育教学活动安排,形成制度。为吸引广大青少年学生走向操场、走进大自然、走到阳光下,积极参加体育锻炼,教育部、国家体育总局、共青团中央于 2007 年 4 月共同组织开展全国亿万学生阳光体育运动。各级教育、体育行政部门和各级各类学校积极行动起来,开展人人参与、个个争先的群众体育活动,探索学生有兴趣、学校有特色的群体活动形式,不断增强广大青少年学生的体育健身意识,激励他们自觉参加体育锻炼,掀起校园青春健身活动的热潮,形成生动活泼、生机勃勃、生龙活虎的校园体育文化氛围。体育行政部门要加大依托学校创建青少年体育俱乐部和社区俱乐部工作的力度,组织和吸引广大青少年学生积极参加体育活动。

加强对学生课余体育训练、竞赛活动的指导和支持。开展课余体育训练是普及体育人口和培养、选拔优秀体育后备人才的重要基础。要把面向全体学生的群体活动与提高课余体育训练水平有机结合起来,通过更加广泛的群体竞赛活动形式夯实课余体育训练的基础,通过课余体育训练、竞赛活动带动促进学生群体活动,激发学生参加体育锻炼的热情。要坚决纠正少数地方和学校把开展面向全体学生的群体活动与培养、选拔优秀体育人才割裂开来的做法。今后,对体育传统项目、学校高水平运动队的评估,必须将学校开展群体活动的情况和形成体育特色的水平作为重要条件。要加强学生运动员的思想品德教育,合理解决学习与训练的矛盾,保证他们的文化课学习。教育部门和体育部门要加强合作,实现优势互补、

资源共享。

坚持因地制宜、分类指导的原则。体育课、课外体育活动和课余体育训练都要从学生的特点和本地区、本学校的实际情况及历史传统出发。在保证有效促进学生体质健康水平提高的前提下,低年龄段学生的体育课和体育活动要强调趣味性、集体性和安全性,通过科学的体育教学和锻炼过程,全面发展学生的身体素质,提高其心理健康水平,并有机地渗透德育内容。高年龄段学生的体育课程和体育活动,要根据学生的自身特点和发展要求,增加课程内容的选择性,强调活动的多样性,增强学生自觉参与体育锻炼的意识。有条件的学校要开设具有时代特点的体育项目,并逐步形成自身的体育特色。农村学校要根据校园环境和地域特点设计体育课程,开展体育活动,并从当地传统体育活动中汲取营养。少数民族地区的学校应积极开展富有当地民族特色的体育活动。

三、体育教师队伍建设

要把加强体育教师特别是特殊体育教师队伍建设作为当前教师队伍建设的重点。各级教育行政部门要根据基础教育课程改革中体育教师的师生配备,重新核定学校体育教师的编制数额,保证体育教师特别是特殊体育教师的合理配备。加强对现有体育教师的轮训,并纳入教师培训工作规划。对高校兼职的体育教师,实行岗前培训、持证上岗制度。同时,要保障体育教师的合法权益,参照教育和劳动部门制订的相关标准,落实体育教师室外工作的劳保待遇。

四、场地器材设备和经费保障

增加对学校体育工作经费的投入是实现学校体育工作根本好转的基本保障。各级教育行政部门要加大对学校体育经费的投入力度,学校公用经费要按一定的比例专项用于学校体育工作,学校体育经费也要按比例专项用于特殊体育工作。要重点保障农村学校体育经费的投入,并将其纳入农村义务教育保障新机制。实施"农民体育健身工程",要与农村中小学体育设施建设有机结合起来,以此改善农村学校体育条件。同时,体育设施向广大村民开放,充分提高体育资源的有效利用率。要认真执行《普通高等学校体育场馆设施、器材配备目录》和《中小学校体育场馆设施配备目录》,做好规划,力争实现。同时,学校要因地制宜开发和利用各种体育资源,努力满足学生开展体育活动的需要。各级教育、体育行政部门和学校要相互配合,积极创造条件,在保证正常教学秩序的情况下,使学校体育场馆在课余和节假日向广大学生和社区居民开放。

五、组织机构和管理

　　明确学校校长和教师在学校体育工作中的责任,并将其作为业绩考核的重要内容。学校校长作为学校体育工作和学生体质健康的第一责任人,要加强对学校体育工作的督促与领导,把体育工作真正摆上议事日程,认真解决体育工作中存在的实际问题,切实履行促进学生健康成长的第一责任。班主任、辅导员教师负责监督班级落实国家规定的课程要求,防止体育课程、体育活动时间被挤占挪用。体育教师要切实履行职责,上好每一节体育课,积极营造学校体育氛围,及时向学校、班级和家长报告学生体质健康状况。其他任课教师要提高课堂教学质量,坚持做到不挤占体育课和体育活动时间,并在课堂教学中注意纠正学生不健康的坐姿和用眼方法,关心每一个学生的健康成长,切实将青少年身心健康作为重要工作推进。

六、采取有力措施加强学校体育的督导检查和服务支持

　　在教育督导工作中强化对学校体育工作的督导。在综合督导的评估指标体系中,要加大学生体质健康和学校体育工作的权重。定期开展以保证体育课时、落实学生每天一小时体育活动和实施《学生体质健康标准》为重点的学校体育工作专项督导,督导结论作为评价各地区、各学校教育工作的重要依据。体育行政部门要加强对学校体育工作的指导、配合和支持,并根据《体育法》的有关规定,定期对学校体育工作进行监督。

　　把学校体育工作状况作为评价地方、学校教育质量和办学水平的重要指标。对地方和学校综合性的教育工作评价,必须充分体现促进学生德智体美等方面全面发展的要求,在对各级各类学校的不同层次的合格性评估、示范性评选和先进性奖励工作中,要纳入反映学生体质健康状况和学校体育工作水平的关键性指标。对那些不能保证体育课课时和学生体育活动时间、学生体质健康水平连续下降的地区和学校,不能评为示范学校和先进单位,其负责人年终考核不得评为优秀。

七、提升学生身体素质　夯实民族健康之基

　　少年强则中国强。青少年的体质健康不仅关乎个人成长,也关乎家庭幸福,关乎民族的未来。如何提升青少年的身体素质,让孩子做到心明眼亮身体棒,已成为家庭、学校、社会乃至整个国家普遍关注的大事。

　　目前,各级政府将青少年健康作为健康中国建设的重要内容,不同地区建立和完善了多部门合作机制和市、区、学校三级健康促进管理网络,从健康政策、物质环

境、社会环境、社区关系、健康技能、健康服务六个方面推动学校卫生工作及学校素质教育广泛开展。在长期不断努力下,青少年健康水平整体呈现上升趋势,城乡学生身高差距持续缩小。进一步提升青少年身体素质,夯实民族健康之基,需要社会、学校、家庭形成合力。

（一）将"健康"作为学校各项活动的关键词

视力不良率和身体肥胖率是衡量青少年学生体质健康水平的两项重要指标,因此学校要把"防近控肥"的干预作为健康工作的重中之重。首先可将所有学生视为视力干预的对象,对全校学生每学期进行视力检查,对边缘视力学生分段管理、定期监测,进行干预。针对肥胖问题,学校可建立超重肥胖学生健康档案进行重点干预。同时,注重防患于未然,一年级学生刚入学起,学校可通过印制"标准书写姿势桌贴",时刻提醒学生保持正确的书写姿势。此外,针对需要重点关注的人群还可以给予个性化干预,如保健医生可将肥胖应重点干预的学生信息反馈给体育部,体育老师可在课上重点关注,有针对性训练。

（二）提升青少年身体素质具有综合性和长期性的特点

提升青少年身体素质,倡导热爱体育、重视健康的文化,还需要多部门合作,形成合力。

从"指挥棒"入手,中学可在中、高考中加强体育测试的权重,高校可在自主招生环节中选测体育,通过者将被给予适当加分。还可探索形成"政府主导、部门配合、专家指导、项目运作"的一体化管理机制,积极推进"监测、干预、共管"的工作方法。

从根本上提升青少年的身体素质,需要从倡导和弘扬重视体育、重视健康的理念入手。需要充分发挥家校教育合力,以家长影响家长,以家长带动孩子,充分发挥家长在提升孩子身体素质中的监督和指导作用。

当然,提升青少年身体素质具有综合性和长期性的特点,特别是在工作中会不断发现新问题。以学生视力不良为例。从近几年的监测数据看,学生视力不良问题明显呈现出低龄化的趋势,应该值得我们高度重视。面对新情况、新问题和新挑战,我们应继续强化管理、持续统筹资源,动态、精细、持续而深入地加强理论研究,融合学校教育和家庭社会,扎实、全面、深入地推进健康教育。

总之,学校体育工作应当面向全体学生,把增进学生身心健康、增强学生体质放在首位,促进学生全面发展;体育课程教学应当突出学生"身心并完"的思想;落实各项保障措施,通畅运行体制,形成长效机制。只有这样,学生才有可能从中获益,学校体育工作才能健康持续发展。

第三节　普通高校特殊体育志愿者的培养与运作

特殊体育志愿者团队应该是整个学校教育志愿团队的一个组成部分,它的运作也只是整个学校志愿活动的一部分。在此将其分离出来只是为了更好地对特殊体育志愿者的功能进行阐述,目的是利用现有条件和资源,高效率地构建特殊体育志愿者团队,更好地服务于学校特殊学生的体育学习、锻炼和康复。

一、特殊体育志愿者

关于志愿者的定义有很多种,但本质并无多大区别。志愿者首先具备的特征就是:自愿的;不计报酬的;为社会或他人提供必要服务的。这里的自愿可能出于不同的动机:有"实现自我价值的""出自爱心的""结交朋友的""为找工作积累资本的""展示自己能力的"……但不管出于何种动机,如果最终的目的是有益的,那么都是应该提倡的。关于报酬,对于志愿者本身而言,应该是不以主动索取报酬或利益为目的的,否则就失去了志愿服务的意义,但作为政府或非政府组织的志愿者活动,在一些特殊场合,提供给志愿者必要的交通费、餐饮费等也是无可厚非的。根据志愿者情况,志愿者提供的服务分为"技能型"和"非技能型"两种。技能型是指参与志愿活动的志愿者参与过类似活动或参加过类似培训或自身掌握了一定的经验、基本技术或专业知识,能提供一定的专业帮助和服务。而非技能型也可以称之为普通型志愿者,就是不具备类似经验、基本技术或专业知识的志愿者。

特殊体育志愿者应该是综合性多样化的。在特定的康复训练时,技能型志愿者显然是必要的。而涉及一些简单教学辅助、生活辅助时,非技能型志愿者基本可以胜任。在没有技能型志愿者时,就需要通过特定培训将普通志愿者转变为技能型志愿者。或通过较长期参与,在参与中不断学习和积累经验,逐渐成为技能型志愿者。总体而言,特殊体育教育因为涉及特殊学生群体的健康和安全,以及志愿者自身的安全,如果志愿者仅凭借一腔热血,有时反而会起到相反的作用。因此,原则上前期的观摩、培训是必需的,这也是特殊体育教育的特殊之处。

二、特殊体育志愿者参与的目标和意义

志愿者是为他人服务的。因此,志愿者一旦参与进来,自己就要担负起相应的职责,需要有热情、有爱心、有责任感。志愿者在初期参与时往往会有新鲜感、兴奋感,但真正的志愿活动一旦开始,许多时候会枯燥乏味,还会占用自己的精力和时间,甚至还会导致不愉快的事情发生。这些仅靠热情是无法胜任的,必须具

有责任感和使命感,同时自己也从中学习、感悟,在付出劳动的同时收获喜悦。参与志愿者活动强调的是"辅助",也就是说,不放大特殊学生的特殊性。首先要认识到他(她)也是普通人,只是和我们有所差异,志愿者只是旁观者;志愿者的素养还体现在能够清楚特殊群体什么时候需要什么帮助,或在他们需要帮助时提供恰当的帮助。

(一)辅助课堂教学与康复治疗

辅助教学和康复治疗分为课堂内、课堂外两部分。前者是在教学过程中,辅助特殊学生参与体育教学活动,包括讲解、示范、笔记、陪同练习等;必要时辅助进行教学范围内的康复治疗,包括助力、按摩等。课堂外则需要志愿者利用业余时间,辅助特殊学生将课堂上未掌握的或需课后练习的内容进行复习、巩固和提高。同时,协助特殊学生完成自己康复训练或去治疗室完成康复训练等。

志愿者的参与,能够帮助特殊学生群体尽快适应学习、适应环境,在心理上不产生自卑感、孤独感;能够完成康复治疗和掌握体育教学任务,对体育学习能够建立足够的信心和兴趣。在遇到困难时,有志愿者的鼓励和帮助,能够减少排斥感,养成良好的锻炼习惯和康复意识。

(二)辅助课外体育锻炼及运动参与

按照目前国内特殊事业的发展现状来看,特殊学生在进入高校之前就缺乏相应的社会支持,因此,进入高校后往往缺乏主动参与的动力和信心。如果不主动给他们提供支援,很容易陷入自己狭隘的生活、学习圈,这对于他们的身心发展是极为不利的。在课堂上,他们可能还有主动或被动与教师、同学互动的机会;但在课堂以外,一方面需要特殊学生自己去把握,另一方面则需要为他们提供能够参与的机会。此时,志愿者就更为重要了,其起到的是桥梁作用,引导特殊学生参与到各项体育活动中去,同时,在活动的组织、设置和实施中,不同分工的志愿者依然要发挥作用,共同营造一个体育共享平台。

(三)建立友谊与自信,产生辐射效应

特殊体育志愿者团队的建设,不仅能够辅助特殊学生解决并克服困难,同时通过体育参与,增强了自信,扩大了特殊学生的交流范围,架起了普通学生与特殊学生之间的友谊桥梁,在学校内外部将会产生辐射效应。而这种影响往往更真实、更直接,因为他们中的一员可能就是我们的亲人、朋友、同学。因此,特殊体育志愿者其实就是体育和特殊教育能量的传递者,它所构成的志愿者体育文化是我们不能忽视的。

伴随着对体育理解的加深,人们与体育联系的方式也开始多样化,从"观看体育""参与体育",开始扩大到"支援体育"。体育的功能除了娱乐、健身,还加强了人

与人之间的联系,扩大了人与人之间的交流。它的社会、文化功能越来越凸显,体育志愿者的意义和价值被认可与接受,通过体育为他人服务的同时,自身的价值、人生意义也得到了体现和升华,这是对体育新的理解。

三、特殊体育志愿者的培养与运行

高校特殊体育志愿者培养由招募宣传体系、培训体系和运行体系组成,它只是高校志愿者巨大网络结构的一个节点而已。我们在分析和研究时,既要保证其自身的完整性和独立性,又要考虑到其所具有的网络特性,不能将其孤立起来,一定要考虑到它与外界的互动和联系,使其成为一个既能稳定运行,又能保持开放,不断自我更新的开放体系。

目前,国内高校一般都有自己的志愿者组织。协会有自己的组织机构、章程和志愿者管理体系,实行例会制度、经费制度和活动记录制度,也积累了许多志愿者服务的经验。但是协会的整体运作缺乏对于特殊体育志愿者培训的支撑,如果要进行特殊体育志愿者的培养,必须充分利用各种条件,对现有运作体系进行补充和完善,以满足特殊体育志愿者的需求(见表 8-1)。

表 8-1　高校特殊体育志愿者培养体系

分类	具体内容	具体要求
招募宣传体系	1. 招募宣传内容介绍	特殊学生情况介绍(包括种类、程度等),需要帮助类别
	2. 特殊学生志愿请求	特殊学生的情况与需要何种帮助
	3. 注册申请分类登记	有意向成为志愿者学生进行信息登记
	4. 咨询服务	开通渠道,提供咨询
培训体系	1. 培训资料	培训手册、教材
	2. 培训设施	场馆设施、器材
	3. 培训人员	相关人员
	4. 培训方式	线上、线下
	5. 培训信息管理、交流	志愿者培训信息登记、交流
运行体系	1. 运行信息管理	信息登记、联络、反馈
	2. 运行设施	场馆设施、器材
	3. 设计与协调	计划、活动安排、协调
	4. 安全保障	安全事务、相关保险
	5. 评价	对志愿者行为进行评价

　　特殊体育志愿者工作是特殊体育教育的重要组成部分,是特殊学生更好地进行体育学习、锻炼和康复的有力助手,也是特殊教育传播和宣传的重要窗口。因此,特殊体育志愿者的组织和培养是特殊体育教育的重要课题。

附　录
特殊教育及特殊体育教育教学政策

　　当前,社会正义与教育公平问题分外突出,特殊教育政策可以规范和引领特殊教育的健康发展。改革开放以来,特殊教育与政策的关系日益密切。一是特殊教育的发展越来越依赖政策的支持,国家的支持保障和政策引导成为影响特殊教育发展的重要因素;二是和谐社会建设、民生保障和和谐校园越来越依靠特殊教育,特殊教育成为一项重要的民生工程,加强特殊教育政策研究也越来越成为迫切的现实诉求。

Ⅰ 特殊教育政策

国务院办公厅转发国家教委等部门
关于发展特殊教育若干意见的通知
（1989 年 5 月 4 日）

　　国家教委、国家计委、民政部、财政部、人事部、劳动部、卫生部、中国残疾人联合会《关于发展特殊教育的若干意见》已经国务院同意,现转发给你们,请研究执行。

　　中华人民共和国成立以后,特别是近十年来,我国的特殊教育事业有了一定发展。但由于种种原因,我国特殊教育,特别是残疾少年儿童教育,已经成为普及初等教育最薄弱的环节,目前全国盲、聋学龄儿童入学率还不足 6％。这一状况引起了有关部门和社会各界的普遍关注。为加快特殊教育的发展步伐,进一步提高包括残疾人在内的全民族素质,现提出以下意见:

一、方针与政策

　　1. 我国《宪法》规定:"国家和社会帮助安排盲、聋、哑和其他有残疾的公民的劳动、生活和教育。"有计划、有步骤地发展残疾人教育事业,切实保障残疾人受教育的权利,是国家、社会和残疾人家长的共同责任。

发展特殊教育,是提高残疾人素质的根本途径,是社会主义人道主义精神的具体体现。它对促进残疾人自强自立,平等参与社会生活,从而成为社会主义建设的参加者具有重要作用。

2.发展特殊教育要贯彻普及与提高相结合,以普及为重点的原则。在当前和今后一个时期,发展特殊教育事业的基本方针是:着重抓好初等教育和职业技术教育,积极开展学前教育,逐步发展中等教育和高等教育。

把残疾少年儿童教育切实纳入普及义务教育的工作轨道。各级教育部门要把残疾少年儿童教育同当地实施义务教育工作统一规划,统一领导,统一部署,统一检查。今后,要将残疾少年儿童教育发展规划执行情况作为检查、验收普及初等教育的内容之一。

3.各级各类特教学校都应贯彻执行德、智、体、美、劳全面发展的方针,在对残疾学生进行思想品德教育、文化教育和身心缺陷补偿的同时,切实加强劳动技能和职业技术教育,为他们参与社会生活,适应社会需要创造条件。

4.发展残疾少年儿童教育应遵循地方负责,中央给予指导帮助,有关部门分工协作,社会各界积极支持的原则。

5.多种渠道办学,充分调动各方面办学的积极性。在国家办学的同时,积极提倡并鼓励社会团体、工矿区、林区、垦区、集体经济组织、私营经济组织和个人办学或捐资、捐物、出力助学,欢迎港澳同胞、海外侨胞和国际友好人士捐资助学。

6.多种形式办学,加快特殊教育事业的发展。

——各地要充分利用现有普及小学,积极招收虽有一定残疾,但可以在普通班学习的残疾儿童入学。

——在普通小学附设特教班,吸收随普通班学习困难较大的残疾儿童入学。

——积极创造条件,举办多种形式的特教学校。可以直接办校,也可以先办班后办校;可以办全日制学校,也可以办半工半读学校;可以办课程设置齐全的学校,也可以办课程设置暂不齐全的学校;可以每年招生,也可以隔年招生。

——各地学校要继续创造条件,积极吸收肢体残疾和有学习障碍、语言障碍、情绪障碍等少年儿童入学,并努力改进教学方法,探索教学规律,使他们受到适当的特殊教育。

——高等院校、中等专业技术学校和技工学校要继续认真贯彻落实招收残疾学生的有关规定。有条件的省、自治区、直辖市,要选择一两所大专院校,试招盲、聋等残疾学生在适合的专业中学习。

——儿童福利机构要积极创造条件,采用多种形式,对残疾儿童进行特殊教育和训练。

——各地还可因地制宜,积极探索其他办学形式。

7.特殊教育的布局。

——盲童教育,原则上以省、自治区、直辖市为单位划片设校,或以城市为单位设校,并有计划地在聋童学校和普通小学附设盲童班,或吸收掌握盲文的盲童在普通小学随班就读。

——聋童教育,根据生源情况原则上以县为单位办班办校。

——弱智教育,城市可以在普通小学、残疾儿童福利机构分散办班或随班就读,也可以集中办校;农村实行就近入学,随班就读,加强个别辅导;有条件的县、乡(镇)也可以办班或建校。

——在特教学校(班)合理布局的基础上,各省、自治区、直辖市及其所属地、市,应有重点地办好几所盲、聋和弱智学校或特教班,作为教学研究中心,发挥以点带面、典型示范的作用。

8.学制和入学年龄。目前,我国残疾少年儿童实行义务教育的年限原则上与当地健全儿童相同。各类特教学校的学制应根据各地的不同情况和各类残疾少年儿童教育的特点,确定不同年限。

——盲童初等学校(班)和初级中等学校(班),原则上实行五、四制,如果需要也可以实行六、三制。各地应在盲童中,先普及五年或六年初等教育,有条件的地方可适当发展四年或三年制初级中等教育。

——聋童学校(班)原则上实行九年制,即在现行八年制的基础上,再增加一年职业技能教育。条件不具备的地方,可实行六、三分段,先在聋童中普及六年教育。

——弱智儿童学校(班)的学制一般为九年。条件不具备的地方,可实行六、三分段,先普及六年教育。

——招收残疾少年儿童随班就读的普通学校,其学制不变。

残疾少年儿童的入学年龄现在一般为七至九周岁,有条件的地方可以逐步过渡到六、七周岁。初等教育阶段,在校学生的年龄一般不得超过十八周岁。

二、目标与任务

9.《中国残疾人事业五年工作纲要》(国发〔1988〕59号)提出:"今后五年,要采取多种措施,使盲童、聋童的入学率从现在的不足6%,分别提高到10%和15%,弱智儿童入学率要有大幅度提高;发达地区的残疾儿童入学率应有更大的提高。"各地要制订具体计划和措施,切实完成或超额完成这一任务。

各地应加强调查研究,摸清各类残疾少年儿童的人数,并从当地经济文化的发展情况出发,统筹规划,分类指导,既要积极创造条件,又要稳妥可行,自下而上,上下结合,逐步制订发展残疾少年儿童教育事业的近期年度计划和中、长期规划,争取在"七五"后两年和"八五"期间打好基础,并有较大的发展,到二〇〇〇年,力争全国多数盲、聋和弱智学龄儿童能够入学。

10.各地应根据本地区经济、文化发展的不同情况,分别制定发展特殊教育的规划目标。

——大中城市和经济、文化比较发达的沿海地区,以及经济、文化中等发达的地区中经济条件较好的县(市),到"八五"的最后一年,盲、聋和轻度弱智学龄儿童入学率达到 70%以上。"九五"期间,在继续发展、巩固、提高初等教育的基础上,使初级中等以上的残疾人教育有适当的发展。

——经济、文化中等发达地区中的一般县(市),到二〇〇〇年,盲、聋、轻度弱智学龄儿童入学率达到 50%左右,并创造条件发展初级中等以上教育。

——经济、文化不发达的地区,在普及初等教育的进程中,要积极创造条件,发展残疾少年儿童教育。

——大中城市应积极创造条件发展残疾人初级中等以上的职业技术教育和普通教育。今后五年内,各省、自治区、直辖市的残疾人联合会应会同当地民政、劳动、教育部门,为残疾青年举办一所职业技术教育机构。

11.早期发现、早期矫治、早期教育对于残疾儿童的身心发展具有重要意义。要在特殊教育学校、残疾儿童康复机构和普通幼儿园举办残疾儿童学前班,并依靠家庭的配合,对残疾儿童进行早期智力开发和功能训练。

12.采取多种形式,积极开展残疾成人教育,加强在职岗位培训、农村实用技术和文化学习。要积极创办扫盲班,对残疾青少年文盲进行扫盲教育。

13.积极开发优生优育的宣传教育,采取有力措施,降低残疾儿童出生率。残疾儿童出生率比较高的地方,要努力探索通过特殊教育提高残疾人素质的方法与途径。

三、领导与管理

14.各地要认真贯彻执行《中华人民共和国义务教育法》及国务院有关文件中对发展盲、聋和弱智等各类残疾少年儿童教育的规定,并根据本地实际情况制定具体办法。

要加强特殊教育的法制建设工作,尽快制定有关残疾人教育方面的法规。各地应按照实际情况,积极制定地方性法规和规章,以保障残疾人受教育的权利。

15.在各级人民政府的统一领导下,以教育部门为主,民政、卫生、劳动、计划、财政和残疾人联合会等部门和组织紧密配合,各司其职,共同做好特殊教育工作。

——教育行政部门负责贯彻执行国家关于特殊教育的方针政策;制订教学计划、教学大纲和有关规章制度;会同计划等部门做好特殊教育规划;对特殊教育工作进行宏观指导和具体管理;负责特教师资的培训和组织特教教材的编审。

——民政部门要负责组织儿童福利机构和社区服务机构,对残疾儿童进行学前教育、文化教育和职业技术教育。

——劳动部门要积极协助有关部门,组织推动残疾青年的就业前培训和在职培训。

——残疾青年的就业,在国家统筹规划和指导下,实行劳动部门介绍就业、自愿组织起来就业和自谋职业相结合的方针,由民政、劳动部门共同负责安排和指导。

——卫生部门负责残疾少年儿童的残疾分类分等和检查诊断,并配合做好招生鉴定工作,对特教学校(班)的残疾少年儿童的康复医疗进行指导;宣传、普及康复医学知识。

——计划和财政部门要对特殊教育事业发展规划做好综合平衡,并制定政策,在基建投资和经费方面给特殊教育事业以积极的支持。

——残疾人联合会要把发展特殊教育作为自己的重要任务之一,协助政府,动员社会,做好特殊教育工作。

——请工会、共青团、妇联等社会各界热情支持特殊教育事业。

16.各级教育部门要加强对特殊教育的领导和管理。要充实国家教委和各省、自治区、直辖市教育部门管理特殊教育机构的人员,切实抓好特殊教育。地、市、县教育部门要有人专职或兼职管理特殊教育。

17.多渠道筹措办学经费和基建投资。

——按照基础教育由地方负责、分级管理的原则,发展特殊教育所需经费,应由地方人民政府负责安排。根据中央关于教育经费"两个增长"的原则,特殊教育经费应随着教育事业费的增加逐步增加。这是解决特殊教育经费的主要渠道。

——国家举办特殊教育学校(班)所需基建投资,由各级地方政府统筹安排,列入当地基建投资计划。

——各地应从已征收的教育费附加中,拨出一定比例用于特殊教育。

——各地社会福利有奖募捐委员会和残疾人福利基金会要从募捐资金中拨出一部分用于发展特殊教育。

——各地政府要积极扶持特教学校开展勤工俭学,以弥补办学经费之不足。

——财政部、国家教委、中国社会福利有奖募捐委员会和中国残疾人福利基金会从一九八九年起,设立残疾人教育专项补助费,专款专用,扶持各地发展特殊教育事业。

18.加强师资队伍建设。

——各省、自治区、直辖市应根据本地特教事业发展的需要和实际情况,本着师资优先的原则,在五年内,积极创造条件筹办特教师资培训机构。可以单独设立特教师范学校,也可以在普通中师、特教学校或其他教育机构附设特教师范班、特教师范部。

——为补充特殊教育急需的师资,各地应统筹规划,选调一部分应届中师毕业生和普通中小学、儿童福利机构的在职教师进行专业培训,分配到特教学校(班)和残疾儿童福利机构任教。同时,还可选调一部分高中毕业生或民办教师进行专业培训,分配到特教机构任教。所需劳动指标,由省、自治区、直辖市及计划单列市在国家下达的年度增加职工人数计划指标内解决。

——各地要采取多种形式,对在职特教师资进行培训,提高他们的业务素质。

——国家教委要统筹安排,积极创造条件,在部分高等师范院校开办特教专业,为各地培训特殊教育的专门人才。

——各地普通中等师范学校、幼儿师范学校的有关专业课,可根据当地需要适当增加特殊教育内容;高等师范院校应有计划地增设特殊教育选修课程。

19.改善特教学校(班)和残疾儿童福利机构教职工的待遇,提高他们的社会地位。各地在表彰教师时,要从特殊教育的实际出发,给予适当照顾。

20.各地应根据特教学校(班)的特点和实际需要,本着节约、精简的原则尽快制订各类特教学校(班)的公用费标准和人员编制比例。国家教委要编制各类特教学校的校舍建筑面积定额及有关设计规范、通用教学设备和特殊教学设备的参考目录。要搞好特教学校教具、学具的研制和供应工作,残疾儿童福利机构也要根据特殊教育的需要,努力改善办学条件。

21.特教教材工作由国家教委有关机构归口管理,负责组织教材的编写、审定,并会同有关部门做好出版、发行工作。要鼓励地方和学校自编教材,经省、自治区、直辖市教育部门审定后供学校择优选用。

22.要高度重视特殊教育的科学研究和教改实验工作。国家教委所属的特殊教育科研机构,要充实人员,逐步完善。有条件的省、自治区、直辖市也可在教育科研机构或师范院校建立特教研究机构。特教研究机构要坚持理论联系实际和为教学实践服务的方向,积极开展工作。各地特教学校也要积极开展教学研究工作。

残疾人教育条例

(1994 年 8 月 23 日国务院令第 161 号发布)

第一章　总则

第一条　为了保障残疾人受教育的权利,发展残疾人教育事业,根据《中华人民共和国残疾人保障法》和国家有关教育的法律,制定本条例。

第二条　实施残疾人教育,应当贯彻国家的教育方针,并根据残疾人的身心特性和需要，全面提高其素质，为残疾人平等地参与社会生活创造条件。

第三条　残疾人教育是国家教育事业的组成部分。

发展残疾人教育事业，实行普及与提高相结合、以普及为重点的方针，着重发展义务教育和职业教育，积极开展学前教育，逐步发展高级中等以上教育。

残疾人教育应当根据残疾人的残疾类别和接受能力，采取普通教育方式或者特殊教育方式，充分发挥普通教育机构在实施残疾人教育中的作用。

第四条　各级人民政府应当加强对残疾人教育事业的领导，统筹规划和发展残疾人教育事业，逐步增加残疾人教育经费，改善办学条件。

第五条　国务院教育行政部门主管全国的残疾人教育工作。县级以上地方各级人民政府教育行政部门主管本行政区域内的残疾人教育工作。

县级以上各级人民政府其他有关部门在各自的职责范围内负责有关的残疾人教育工作。

第六条　中国残疾人联合会及其地方组织应当积极促进和开展残疾人教育工作。

第七条　幼儿教育机构、各级各类学校及其他教育机构应当依照国家有关法律、法规的规定，实施残疾人教育。

第八条　残疾人家庭应当帮助残疾人接受教育。

第九条　社会各界应当关心和支持残疾人事业。

第二章　学前教育

第十条　残疾幼儿的学前教育，通过下列机构实施：

（一）残疾幼儿教育机构；

（二）普通幼儿教育机构；

（三）残疾儿童福利机构；

（四）残疾儿童康复机构；

（五）普通小学的学前班和残疾儿童、少年特殊教育学校的学前班。

残疾儿童家庭应当对残疾儿童实施学前教育。

第十一条　残疾幼儿的教育应当与保育、康复结合实施。

第十二条　卫生保健机构、残疾幼儿的学前教育机构和家庭，应当注重对残疾幼儿的早期发现、早期康复和早期教育。

卫生保健机构、残疾幼儿的学前教育机构应当就残疾幼儿的早期发现、早期康复和早期教育提供咨询、指导。

第三章　义务教育

第十三条　地方各级人民政府应当将残疾儿童、少年实行义务教育纳入当地义务教育发展规划并统筹安排实施。

县级以上各级人民政府对实施义务教育的工作进行监督、指导、检查,应当包括对残疾儿童、少年实施义务教育工作的监督、指导、检查。

第十四条 适龄残疾儿童、少年的父母或者其他监护人,应当依法使其子女或者被监护人接受义务教育。

第十五条 残疾儿童、少年接受义务教育的入学年龄和年限,应当与当地儿童、少年接受义务教育的入学年龄和年限相同;必要时,其入学年龄和在校年龄可以适当提高。

第十六条 县级人民政府教育行政部门和卫生行政部门应当组织开展适龄残疾儿童、少年的就学咨询,对其残疾状况进行鉴定,并对其接受教育的形式提出意见。

第十七条 适龄残疾儿童、少年可以根据条件,通过下列形式接受义务教育:

(一)在普通学校随班就读;

(二)在普通学校、儿童福利机构或者其他机构附设的残疾儿童、少年特殊教育班就读;

(三)在残疾儿童、少年特殊教育学校就读。

地方各级人民政府应当逐步创造条件,对因身体条件不能到学校就读的适龄残疾儿童、少年,采取其他适当形式进行义务教育。

第十八条 对经济困难的残疾学生,应当酌情减免杂费和其他费用。

第十九条 残疾儿童、少年特殊教育学校(班)的教育工作,应当坚持思想教育、文化教育、劳动技能教育与身心补偿相结合;并根据学生残疾状况和补偿程度,实施分类教学。有条件的学校,可以实施个别教学。

第二十条 残疾儿童、少年特殊教育学校(班)的课程计划、教学大纲和教材,应当适合残疾儿童、少年的特点。

残疾儿童、少年特殊教育学校(班)的课程计划和教学大纲由国务院、教育行政部门制订;教材由省级以上人民政府教育行政部门审定。

第二十一条 普通学校应当按照国家有关规定招收能适应普通班学习的适龄残疾儿童、少年就读,并根据其学习康复的特殊需要对其提供帮助。有条件的学校,可以设立专门辅导教室。

县级人民政府教育行政部门应当加强对本行政区域内的残疾儿童、少年随班就读教学工作的指导。

随班就读残疾学生的义务教育,可以适用普通义务教育的课程计划、教学大纲和教材,但是对其学习要求可以有适度弹性。

第二十二条 实施义务教育的残疾儿童、少年特殊教育学校应当根据需要,在适当阶段对残疾学生进行劳动技能教育、职业教育和职业指导。

第四章　职业教育

第二十三条　各级人民政府应当将残疾人职业教育纳入职业教育发展的总体规划,建立残疾人职业教育体系,统筹安排实施。

第二十四条　残疾人职业教育,应当重点发展初等和中等职业教育,适当发展高等职业教育,开展以实用技术为主的中期、短期培训。

第二十五条　残疾人职业教育体系由普通职业教育机构和残疾人职业教育机构组成,以普通职业教育机构为主体。

县级以上地方各级人民政府应当根据需要,合理设置残疾人职业教育机构。

第二十六条　普通职业教育学校必须招收符合国家规定的录取标准的残疾人入学,普通职业培训机构应当积极招收残疾人入学。

第二十七条　残疾人职业教育学校和培训机构,应当根据社会需要和残疾人的身心特性合理设置专业,并根据教学需要和条件,发展校办企业,办好实习基地。

第二十八条　对经济困难的残疾学生,应当酌情减免学费和其他费用。

第五章　普通高级中等以上教育及成人教育

第二十九条　普通高级中等学校、高等院校、成人教育机构必须招收符合国家规定的录取标准的残疾考生入学,不得因其残疾而拒绝招收。

第三十条　设区的市以上地方各级人民政府根据需要,可以举办残疾人高级中等以上特殊教育学校(班),提高残疾人的受教育水平。

第三十一条　县级以上各级人民政府教育行政部门应当会同广播、电视部门,根据实际情况开设或者转播适合残疾人学习的专业、课程。

第三十二条　残疾人所在单位应当对本单位的残疾人开展文化知识教育和技术培训。

第三十三条　扫除文盲教育应当包括对年满15周岁以上的未丧失学习能力的文盲、半文盲残疾人实施的扫盲教育。

第三十四条　国家、社会鼓励和帮助残疾人自学成才。

第六章　教师

第三十五条　各级人民政府应当重视从事残疾人教育的教师培养、培训工作,并采取措施逐步提高他们的地位和待遇,改善他们的工作环境和条件,鼓励教师终身从事残疾人教育事业。

第三十六条　重视残疾人教育的教师,应当热爱残疾人教育事业。具有社会主义的人道主义精神,关心残疾学生,并掌握残疾人教育的专业知识和技能。

第三十七条　国家实行残疾人教育教师资格证书制度,具体办法由国务院教育行政部门会同国务院其他有关行政部门制定。

第三十八条　残疾人特殊教育学校举办单位,应当依据残疾人特殊教育学校教师编制标准,为学校配备承担教学、康复等工作的教师。

残疾人特殊教育学校教师编制标准,由国务院教育行政部门会同国务院其他有关行政部门制定。

第三十九条　国务院教育行政部门和省、自治区、直辖市人民政府应当有计划地举办特殊教育师范院校、专业,或者在普通师范院校附设特殊教育师资班(部),培养残疾人教育教师。

第四十条　县级以上地方各级人民政府教育行政部门应当将残疾人教育师资的培训列入工作计划,并采取设立培训基地等形式,组织在职的残疾人教育教师的进修提高。

第四十一条　普通师范院校应当有计划地设置残疾人特殊教育必修课程或者选修课程,使学生掌握必要的残疾人特殊教育的基本知识和技能,以适应对随班就读的残疾学生的教育需要。

第四十二条　从事残疾人教育的教师、职工根据国家有关规定享受残疾人教育津贴及其他待遇。

第七章　物质条件保障

第四十三条　省、自治区、直辖市人民政府应当根据残疾人教育的特殊情况,依据国务院有关行政主管部门的指导性标准,制定本行政区域内残疾人学校的建设标准、经费开支标准、教学仪器设备配备标准等。

第四十四条　残疾人教育经费由各级人民政府负责筹措,予以保证,并随着教育事业费的增加而逐步增加。

县级以上各级人民政府可以根据需要,设立专项补助款,用于发展残疾人教育。

地方各级人民政府用于义务教育的财政拨款和征收的教育费附加,应当有一定比例用于发展残疾儿童、少年义务教育。

第四十五条　国家鼓励社会力量举办残疾人教育机构或者捐资助学。

第四十六条　县级以上地方各级人民政府对残疾人教育机构的设置,应当统筹规划、合理布局。

残疾人学校的设置,由教育行政部门按照国家有关规定审批。

第四十七条　残疾人教育机构的建设,应当适应残疾学生学习、康复和生活的特点。

普通学校应当根据实际情况,为残疾学生入学后的学习、生活提供便利和条件。

第四十八条　县级以上各级人民政府及其有关部门应当采取优惠政策和措施,支持研究、生产残疾人教育专用仪器设备、教具、学具及其他辅助用品,扶持残疾人教育机构兴办和发展校办企业或者福利企业。

第八章　奖励与处罚

第四十九条　有下列事迹之一的单位和个人，由各级人民政府或者其教育行政部门给予奖励：

（一）在残疾人教育教学、教学研究方面做出突出贡献的；

（二）为残疾人就学提供帮助，表现突出的；

（三）研究、生产残疾人教育专用仪器、设备、教具和学具，在提高残疾人教育质量方面取得显著成绩的；

（四）在残疾人学校建设中取得显著成绩的；

（五）为残疾人教育事业做出其他重大贡献的。

第五十条　有下列行为之一的，由有关部门对直接责任人员给予行政处分：

（一）拒绝招收按照国家有关规定应当招收的残疾人入学的；

（二）侮辱、体罚、殴打残疾学生的；

（三）侵占、克扣、挪用残疾人教育款项的。

有前款所列第（一）项行为的，由教育行政部门责令该学校招收残疾人入学。有前款所列第（二）项行为，违反《中华人民共和国治安管理处罚条例》的，由公安机关给予行政处罚。有前款所列第（二）项、第（三）项行为，构成犯罪的，依法追究刑事责任。

第九章　附则

第五十一条　省、自治区、直辖市人民政府可以依照本条例制定实施办法。

第五十二条　本条例自发布之日起施行。

国家教委、民政部、中国残疾人联合会
关于贯彻《残疾人教育条例》的通知

发文单位：国家教委、民政部、中国残疾人联合会

文号：教基〔1994〕30号

发布日期：1994-12-28

执行日期：1994-12-28

《残疾人教育条例》（以下简称《条例》）已经国务院批准，于1994年8月23日颁布实施。《条例》是我国第一部有关残疾人教育的专项法规，它的颁布实施，将从法律上进一步保障我国残疾人平等受教育的权利，促进残疾人教育事业的发展。

1994年6月，党中央、国务院召开了全国教育工作会议，国务院领导同志在会上的讲话和最近国务院和国家教委先后发出的《关于〈中国教育改革和发展纲要〉的实施意见》、《关于颁发〈普及义务教育评估验收暂行办法〉的通知》等重要文件，对发展残疾人教育，提出了新的目标和要求。

为学习、宣传和贯彻《条例》以及全国教育工作会议的精神,进一步推进全国残疾人教育工作,提出以下意见:

一、各有关部门要重视和组织好《条例》和全国教育工作会议有关文件的学习,领导干部要带头学好。要组织各级各类有关学校及其他有关团体、企事业等单位的教师和工作人员认真学习《条例》和有关文件,使大家了解和尊重残疾人受教育的权利,积极为残疾人教育的发展作出贡献。

基层残联组织和街道有关部门应深入残疾人家庭宣传《条例》,使每个残疾人家庭都能了解《条例》的内容和精神,并使残疾人懂得运用法律手段维护自己受教育的权利。

各地应利用电视、广播、报刊等新闻媒介,对社会进行广泛的宣传,动员全社会关心和支持残疾人教育事业。

二、各省、自治区、直辖市应结合学习、宣传《条例》和全国教育工作会议的有关精神,认真检查本地的残疾人教育工作,采取切实有力的措施,进一步推进这项事业的发展。要保证国家"八五"期间发展残疾人教育规划的完成,已提前完成的应提出新的要求,使残疾儿童与其他儿童同步接受义务教育;各地在贯彻全国教育工作会议精神,制订普及九年义务教育规划和有关方针政策时,应对残疾儿童少年义务教育作出规划安排。

三、各省、自治区、直辖市应尽快制订贯彻实施《条例》的细则或办法。细则或办法的制订应与贯彻全国教育工作会议的精神联系起来;要结合本地的实际,特别是本地普及九年义务教育的规划;对于发展残疾人教育所需要解决的师资、经费等问题,要有较为具体的规定。各地制订的细则或办法,请及时报送国家教委、民政部和中国残疾人联合会。

国家教委、民政部、中国残疾人联合会

关于开展残疾儿童少年随班就读工作的试行办法

发文单位:国家教委

文号:教基〔1994〕6 号

发布日期:1994-7-21

执行日期:1994-7-21

一、总则

1.深入贯彻执行《中华人民共和国义务教育法》和《中华人民共和国残疾人保障法》,开展残疾儿童少年随班就读工作,是发展和普及我国残疾儿童少年义务教育的一个主要办学形式,是建立适合我国国情的残疾儿童少年义务教育新格局的需要。实践证明,这是对残疾儿童少年进行义务教育的行之有效的途径。

2.残疾儿童少年随班就读有利于残疾儿童少年就近入学,有利于提高残疾儿童少年的入学率,有利于残疾儿童与普通儿童互相理解、互相帮助,促进特殊教育和普通教育有机结合,共同提高。

3.各级教育行政部门必须高度重视和积极开展残疾儿童少年随班就读工作,并使其逐步完善。

二、对象

4.残疾儿童少年随班就读的对象,主要是指视力(包括盲和低视力)、听力语言(包括聋和重听)、智力(轻度,有条件的学校可以包括中度)等类别的残疾儿童少年。

5.招收残疾儿童少年随班就读,一般应当对其残疾类别和程度进行检测和鉴定。

视力、听力语言残疾儿童少年应由医疗部门、残疾儿童康复部门或当地盲、聋学校的专业技术人员进行检测鉴定。

对智力残疾(特别是轻度)儿童少年的确认一定要慎重,一般先由家长或学生所在班级的教师提出名单,由乡镇组织有医疗、教育部门人员参加的筛查小组,在家长和班级教师的参与下进行严格的筛查(其主要内容是了解被查儿童的病史、家族史及日常行为表现,并进行医学检查,智商测定和教育、行为测定,然后进行综合分析)。名单确定后,由县鉴定小组鉴定。城市可由区组织鉴定小组进行筛查和鉴定。鉴定小组应当由医疗、教育、心理等专业人员组成。有关人员应经过专业培训。使用量表人员要有资格认定。对被确认为智力残疾的儿童少年,要定期复查,如发现有误,必须立即纠正。

在暂不具备筛查鉴定条件的农村地区,对被怀疑智力有问题的儿童少年(指轻度),可以作为有特殊需要的儿童少年,接收其在普通班就读,暂不作定性结论。

6.智力残疾儿童少年的鉴定结论,仅作为对其采取特殊教育方式的依据,不得移作他用。其姓名和档案材料应该严格保密,仅由有关管理人员、科研人员和任课教师掌握,不得在学生中扩散。

三、入学

7.残疾儿童少年随班就读,应当就近入学。在城市和交通便利的地区,也可以相对集中在指定学校就读。

8.残疾儿童随班就读的入学年龄与普通儿童相同。特殊情况可以适当放宽。

9.在普通学校随班就读的残疾儿童少年每班以 1—2 人为宜,最多不超过

3人。

10.县级教育行政部门应当把接受残疾儿童少年随班就读纳入普及九年义务教育发展规划,并把任务落实到乡镇和学校,切实保证残疾儿童少年按时入学。

11.普通学校应当依法接收本校服务范围内能够在校学习的残疾儿童少年随班就读,不得拒绝。

四、教学要求

12.学校应当安排残疾学生与普通学生一起学习、活动,补偿生理和心理缺陷,使其受到适于自身发展所需要的教育和训练,在德、智、体诸方面得到全面发展。

13.学校应当对残疾学生加强思想品德教育,培养其良好的行为习惯,使其逐步树立自尊、自爱、自强、自立精神。同时要加强对普通学生的思想教育,以逐步形成普通学生与残疾学生互相关心、互相帮助的良好校风和班风。

14.随班就读残疾学生使用的教材一般与普通学生相同(全盲学生使用盲文教材),轻度智力残疾学生也可以使用弱智学校教材。学校可以根据学生的实际情况,对其教学内容作适当调整。

对视力、听力语言残疾学生的教学要求一般与普通学生相同,特殊情况允许有适度的弹性。对轻度智力残疾学生的教学要求可以参考弱智学校的教学计划、大纲和教材作出安排。对中度智力残疾学生的教学和训练也应作出适当安排。

15.对随班就读的残疾学生应当贯彻因材施教的原则,制订和实施个别教学计划。应当采取多种形式和方法,激发残疾学生的学习兴趣,挖掘其学习潜力。各科教学应当结合本学科的特点,在教授文化科学知识的同时,注重对残疾学生适应社会生活能力的培养和心理、生理缺陷的矫正、补偿。

16.教师在随班就读班级的课堂教学中,要处理好普通学生与残疾学生的关系,应当以集体教学为主,并要对残疾学生加强个别辅导。

17.对残疾学生的考核评估,应当包括思想品德、文化知识、缺陷矫正和补偿以及社会适应能力等方面。此项工作应该有利于残疾学生自信心的培养和提高,不要简单套用对普通学生的考试方法。

18.随班就读班级教师应当指导残疾学生正确使用助视器、助听器等辅助用具,并教育全体学生爱护这些用具。

19.有条件的乡镇中心小学或随班就读残疾学生人数较多的学校要逐步设立辅导室,配备必要的教具、学具、康复训练设备和图书资料。

辅导室应配备专职或兼职辅导教师。辅导教师应当受过特殊教育专业培训,其主要工作是帮助残疾学生补习文化知识,指导学生正确选配和使用助视器、助听器等辅助用具,对其进行康复训练,培养社会适应能力等;帮助随班就读班级教师制订个别教学计划和评估残疾学生的进步情况；宣传、普及特殊教育知识、方法及提供咨询等。

五、师资培训

20.随班就读班级的任课教师，应当遴选热爱残疾学生，思想好、业务水平较高的教师担任。他们应当具备特殊教育基础知识和基本技能，了解随班就读班级教育教学的基本原则和方法。

21.地方各级教育行政部门应当把视力、听力语言和智力残疾儿童少年随班就读的师资培训工作列入计划，设立培训基地，采取多种形式，对教师进行岗前和在职培训。

普通中等师范学校要分期分批开设特殊教育课程，以保证从事随班就读教学新师资的来源。

22.省、市（地）级教育行政部门应当组织有关专家，为县、乡两级培训残疾儿童少年的检测人员。

23.对随班就读班级教师工作的考核评估，应当包括普通教育和特殊教育两个方面，并应充分肯定他们为残疾学生付出的劳动。

24.地方各级教育行政部门和学校应当根据实际情况，制订奖励和补贴的办法，鼓励教师积极从事随班就读班级的教育教学工作。对表现突出的教师，应当给予表彰。

六、家长工作

25.学校和班级教师应当与残疾学生家长建立经常的联系，随时交流学生情况，以取得家长的配合和帮助。

26.学校要采取多种形式，加强对残疾学生家长的培训，使他们了解其子女的心理、生理特点，基本的教育训练方法和辅助用具的选配、使用、保养常识，对其子女做好家庭教育训练工作。

七、教育管理

27.地方各级教育行政部门应当在调查摸底的基础上，制订规划和有关规定，建立残疾儿童少年随班就读工作的目标责任制。要加强对残疾儿童少年随班就读工作的领导和管理，对工作中出现的问题，应及时研究，认真解决。

28.各级教育行政部门应逐步增加对残疾儿童少年随班就读的经费投入，并在教师编制、教师工作量计算、教具、学具和图书资料等方面照顾随班就读工作的需要。

地方教育行政部门和学校应当为残疾学生在校学习提供便利条件,帮助残疾学生购置或配备特殊需要的教材、学具和辅助用具等。

29.省、市(地)及有条件的县级教育行政部门要充分发挥教研、科研部门的作用,配备专职或兼职特教教研、科研人员,组成由教育行政管理人员、教研人员、科研人员、特殊教育学校和普通学校教师参加的研究队伍,积极开展残疾儿童少年随班就读的教育教学研究工作,不断提高教育教学质量。

应当充分发挥特殊教育学校在教学研究、师资培训和提供资料、咨询及残疾儿童少年测查等方面的作用,做好残疾儿童少年随班就读的教育教学指导工作。

30.县级教育行政部门应当委派指导教师,对残疾儿童少年随班就读工作进行巡回指导。应当注意发挥乡镇中心学校在当地开展残疾儿童少年随班就读工作中的积极作用,组织各校随班就读班级教师进行经验交流,开展教学研究等活动。

31.学校应当建立残疾学生档案,主要包括个人和家庭情况、残疾鉴定、个别教学计划、学业、考核评估等资料。

32.学校如无特殊原因,不得随意让随班就读残疾学生停学、停课或停止参加学校和班级的各项活动。

33.智力残疾学生通过随班就读,其学习能力、社会适应能力有明显改善,能跟上普通学生学习进度的,应当不再视为随班就读对象。

34.残疾学生一般不留级。智力残疾学生可视其具体情况,在小学阶段适当延长其学习年限。学习期满,发给毕业证书或完成义务教育证书。

35.对小学毕业的残疾学生,可根据本地和学生的实际情况,安排其进入初级中等学校随班就读,或进入特殊教育学校学习。

36.各级教育行政部门在开展残疾儿童少年随班就读的工作中,要加强与当地卫生、民政、残联等有关部门的协调,并争取社会的支持和帮助。

关于印发《全国随班就读工作经验交流会议纪要》的通知

教基司函〔2003〕4号

各省、自治区、直辖市教育厅(教委)、残联,新疆生产建设兵团教委、残联:

现将《全国随班就读工作经验交流会议纪要》印发给你们,请根据会议精神和提出的各项要求,结合本地实际情况执行。残疾儿童少年在普通学校随班就读,是今后发展残疾儿童少年义务教育的主要形式和特殊教育的重点工作。它关系到在新形势下能否保证使广大残疾儿童少年接受义务教育,关系到能否保证完成国务院办公厅转发教育部等九部门《关于"十五"期间进一步推进特殊教育改革和发展的意见》中提出的有关任务,关系到能否实现党的十六大报告中确定的"人民享有接受良好教育的机会""消除文盲,形成全民学习终身学习的学习型社会,促进人的全面发展"的目标。希望你们以十六大精神为指导,在推进残疾儿童少年随班就读工作过程中要有新思路,采取新举措,争取新突破,创造新局面,力争在现有的基础上再上新台阶。

此件请转发至县级教育行政部门和残联部门。

附件:《全国随班就读工作经验交流会议纪要》

教育部基础教育司

中国残疾人联合会教育就业部

二〇〇三年二月九日

全国随班就读工作经验交流会议纪要

2002 年 12 月 17 日至 19 日,教育部基础教育司和中国残疾人联合会教育就业部在北京联合召开了全国随班就读工作经验交流会。会议的目的就是在总结、交流近些年来各地开展随班就读工作经验的基础上,以党的十六大精神为指导,继续加大工作力度,使全国残疾儿童少年的随班就读工作再上新台阶。各省、自治区、直辖市、新疆生产建设兵团教育厅(教委)、残联负责特教的同志,部分地(市)县教育行政部门领导、特教学校校长、特教教研员、有关特教研究机构的专家、学者和部分高校特殊教育学院(专业、系)的 100 多位同志出席了会议。教育部党组成员、部长助理、基础教育司司长李连宁到会并做了重要报告,10 个省(市、区)、地、县教育行政部门、残联部门负责同志、特殊教育学校校长、特教专家和特教教研员介绍了各自的经验;与会代表参观了北京市随班就读现场;大会分组交流了各地开展随班就读工作的经验做法,讨论了《残疾儿童少年随班就读工作办法》(征求意见稿),基础教育司负责同志做了大会总结,并对今后继续开展随班就读工作做了部署。

(一)

会议回顾了我国随班就读工作的状况,认为目前我国随班就读工作取得了较好的成绩。随班就读的学生从 1993 年统计部门第一次正式统计的 6.88 万人增加到 2001 年的 25 万人,这使得残疾儿童少年义务教育的普及率有了较快提高,特殊教育事业因此有了很大的发展。

会议认为,随班就读工作的开展,具有如下几个方面的意义:首先,开展随班就读工作有效地提高了残疾儿童少年义务教育入学率。我国受教育的残疾儿童少年的数量从 1990 年的 7.2 万人达到目前的近 40 万人,随班就读起了决定性作用。

其次,实行随班就读促进了残疾儿童少年的身心发展和社会的融合。开展随班就读为残疾儿童少年提供了一个与普通儿童少年进行沟通与融合的外部环境,使他们有更多的机会和条件与普通儿童少年接触和交流,这对他们各个方面的发展,对他们的良好社会行为习惯的养成,以及自信心的培养,平等参与意识的形成等都起到了积极的作用。

再次,开展随班就读工作,促进了教育思想观念的转变。开展随班就读使普通学校对素质教育有了新的认识,促进了普通学校领导对教育的功能、教育价值进行重新认识和思考,促进了教师对教学方法的改进和提高,使教师的教学尽可能适应每个学生的发展需要。

最后,开展随班就读使全社会更加了解和理解残疾人这个特殊的弱势群体,提高了社会的文明程度;也使正常学生通过和残疾孩子一同学习,密切接触,培养了关心、同情和帮助弱势群体的良好思想品德和人道主义精神。

此外,采取随班就读方式,充分利用现有的教育资源,既节约了国家和各级政府的大量投入,也减轻了残疾学生家长的经济负担。

十多年来的实践证明,随班就读在普及残疾儿童少年义务教育中发挥了非常重要的作用,是发展我国特殊教育事业的重要策略,是我国基础教育工作者特别是特殊教育工作者参照国际上其他国家的融合教育做法,结合我国的特殊教育实际状况所进行的一种教育模式创新,从一开始就深受欢迎并不断显示出其强大的生命力,是一条符合我国国情的普及残疾儿童少年义务教育的有效途径,它对发展我国特殊教育乃至推动整个基础教育工作具有十分重要的意义和作用。

会议回顾十多年来的随班就读工作,总结了如下几点经验:

第一,坚持落实残疾儿童少年随班就读工作的政府责任。

开展残疾儿童少年的随班就读工作在很大程度上是政府行为。只有各级政府和教育行政部门以及社会其他有关部门重视这项工作,加大工作力度,才能切实保证其顺利展开。不少地方的党政领导亲自过问随班就读工作,教育行政部门的主要负责同志直接主抓这项工作,残联系统积极配合这项工作,不少地方将特殊教育纳入了九年义务教育规划之中。

落实政府的责任,还体现在增加随班就读工作的投入上。必须保证经费投入和落实承担随班就读工作教师的相关待遇。随班就读工作搞得好的地方,经费投入到位是一个很重要的因素。

第二,坚持随班就读工作的社会参与、社会动员和社会合作。

开展随班就读工作涉及政府的各个部门,涉及社会的各个方面。此项工作开展以来,得到了各级政府、各有关部门全力、密切的配合,得到社会各界的大力支持,特别是各级教育、残联和民政以及有关部门达成了共识,密切合作,保证了这一工作的顺利进行。尤其是各级残联在推进随班就读工作的领域里,发挥了重要的作用。

在进行社会动员的过程中,各级教育、残联和民政部门通过各种媒体和宣传渠道,进行了广泛的宣传,同时在普法教育中把宣传《义务教育法》和《残疾人保障法》结合起来,使人们认识到残疾儿童少年应与普通儿童少年一样有同等受教育权利和学习条件,国家、社会、学校和家庭都有责任为残疾儿童少年提供学习机会。通过宣传教育,提高了大家对随班就读意义和作用的认识,形成了领导关心重视随班就读,社会热情支持随班就读,学校积极接纳残疾儿童随班就读,家长主动送孩子随班就读,残疾孩子愿意到普通学校随班就读的可喜局面。

第三,坚持发挥特殊学校在随班就读工作中的骨干辐射作用。

我国的特殊教育体系已经形成了"以大量的随班就读和普通学校附设特教班为主体,以特殊教育学校为骨干"的体系,这是我国特殊教育发展的基本格局。在实施随班就读的过程中,特殊教育学校具有明显的资源优势。在十多年的随班就读过程中,许多特教学校成了普通学校的资源中心,派出专业教师到普通学校巡回辅导,让学生定期回到特教学校接受强化训练,向家长提供咨询和指导,这对提高随班就读的教育教学质量起到了非常关键的作用。

第四,坚持随班就读工作的能力建设。

第一方面,积极开展随班就读工作的教育教学研究,这是能力建设的一个非常重要的领域。从随班就读工作开始,各地就非常重视随班就读的科研工作,对随班就读进行长期的实验研究,取得了一定的研究成果,并将研究成果进行推广,保证了随班就读工作能在科学的基础上顺利地开展。第二方面,加强了随班就读工作的师资培训。通过对识别、筛查、管理、教学、评价等方面进行培训,使教师初步掌握了残疾儿童的身心特点和基本的教学方法,为各普通学校实施随班就读做好了基础性工作。第三方面,加强了对有随班就读任务的普通学校的管理,形成了一些制度,明确了责任,完善了一些程序,对搞好随班就读工作奠定了基础。

(二)

会议指出:我们在开展残疾儿童少年随班就读工作中虽然取得了很大成绩,同时也存在不少的问题。如果看不到这些问题,或对这些问题认识不足,不加以分析研究,不及时解决,那么将会在很大程度上影响随班就读工作的深入持久开展,影响残疾儿童少年义务教育普及率的巩固和提高。会议分析了随班就读工作中存在着的一些主要问题。

整体上看,我国的随班就读工作教学质量不高,随班就读工作还处于低水平、低层次的发展阶段。虽然它解决了大量残疾儿童少年入学的问题,但它的教学质量、工作水平应该说还是比较低的。和国内普通教育相比,还有较大的距离。这主要表现在:

1.随班就读人数在应受教育人数中偏少,发展规模不能适应残疾儿童少年接受教育的需要。教育教学质量偏低,普通中小学教师队伍中熟悉残疾儿童少年教育特点的教师不多;还有相当部分学生是在"随班就坐",或随班"混"读;专门服务于随班就读学生的设备设施严重短缺;对随班就读工作经费保障体系也未有效地建立起来,投入明显不足;一个维系随班就读工作正常运转的支持保障体系尚未真正建立起来。

2.各地随班就读工作发展不平衡。20 世纪 80 年代末 90 年代初,在全国部分省市区开展了随班就读的实验工作,后来又将实验成果在全国推广。但是,还有一些地方没有积极地开展这项工作,或者抓而不实,抓而不紧,使这项工作流于形式、流于表面,有的地方甚至根本没抓,出现了随班就读工作的盲区,因而在随班就读的数量、质量、效益、成果等方面,存在着地区性的不均衡。

3.部分地方放松了对随班就读工作的管理。在 20 世纪 90 年代前半时期,随班就读工作发展势头很好,但随着有些地方"普九"验收的通过出现的辍学率的反弹回升,随班就读学生数量也在减少,甚至出现有的中小学校公开拒绝符合条件的残疾儿童少年进入普通中小学随班就读的现象。不少地方对随班就读工作放松了管理,乃至没有管理,不再管理,使随班就读工作处于停滞不前、放任自流状态,甚至名存实亡。原来还没开展的,也不再开展了;原来已经开展的,也逐步停止了。致使近几年我国随班就读学生的数量徘徊不前。

会议认为,在随班就读工作中出现的这些问题,其产生的原因是多方面的。首先,是思想认识上的问题,这是一个最主要的原因。有些地方的领导包括教育行政部门领导,对残疾儿童少年义务教育的意义作用认识不足,认为这是一个无足轻重的工作,有钱就抓,时间就抓,上级来检查就抓,这实际上是把残疾儿童少年在教育快速发展的过程中进一步边缘化。其次,是行政管理上的原因。客观上管理缺乏经验,既没有形成一套随班就读管理体制,也没有将随班就读工作纳入整个教育管理系统中去。对随班就读工作没有完整科学的制度和规范,随意性较大,对开展了随班就读的普通学校缺少评价鼓励机制,对不开展随班就读的学校也没有约束机制。由于没有制度化管理,随班就读开展得好坏也往往随人而异,随人事变动而变,不能保证这项工作的可持续性发展。最后,是教育教学管理上的原因。有的地方和学校疏于管理,流于形式。有的教师要么对随班就读的学生采取放任自流的态度,对他们不负责任;要么把他们和正常孩子等同起来不加区别地统一要求,不照顾这些孩子生理与心理的差异,挫伤和打击了他们学习的兴趣和积极性。不少地方长期停留在初始的教育教学管理水平上,随着学生年级的升高和随班就读工作的持续,面对出现的新问题,拿不出科学的解决办法,使随班就读工作发展受到了较大的影响。

（三）

会议在充分讨论的基础上，对今后如何搞好随班就读工作达成了如下共识：

第一，深刻理解随班就读工作重要的现实意义，继续将残疾儿童少年义务教育的普及作为工作重点，努力提高入学率。

党的十六大报告中明确指出：在21世纪头二十年，要"形成比较完善的现代国民教育体系"，使"人民享有接受良好教育的机会"，要"消除文盲，形成全民学习、终身学习的学习型社会，促进人的全面发展"。党的十六大对教育战线提出的奋斗目标非常符合社会发展的需要和广大人民群众包括所有残疾人对教育的需求。

残疾人的工作历来是随着社会的文明进步而不断发展的。现在，我们已经进入新的世纪快二十个年头了，新的世纪更加关注人的生存与发展，也更加关注残疾人社会弱势群体的生存与发展。同时，社会对人才的素质，包括对残疾人的素质都提出了新要求。因此，通过随班就读来大力普及残疾儿童少年义务教育，让他们有学上、上好学，迅速提高其思想道德水平和文化素质，这是他们生存与发展的需求，是他们权益保障的体现，是广大残疾儿童少年家长的热切希望，也是社会发展的需要。搞好残疾儿童少年随班就读工作，代表了广大残疾儿童少年和他们的家长的根本利益。因此，各级政府部门和有关行政部门应该站在残疾儿童少年和他们家庭切身利益的立场上，以对党和人民高度负责的态度，来认真严肃地对待随班就读工作。

第二，以高度的责任感来认真部署和积极开展随班就读工作，将随班就读工作纳入普及义务教育的整体部署和规划，加强督导检查，切实抓好抓实。

随班就读是在普教系统中实施残疾儿童义务教育，是充分利用普通教育资源实施对残疾儿童的教育。这一形式打破了传统的普教与特教分离的局面，促进了两个系统的交汇与融合。一些地区的经验充分证明，没有普通教育的整体部署和重视，随班就读工作将无法顺利开展和实施。因此，各地在加强随班就读工作的管理时，必须将其纳入普及义务教育的整体部署和规划。要把重视特殊教育工作，将全面推进随班就读工作列入评估基础教育的重要指标。"十五"期间，各地仍需要建立这方面的机制，并能在机制创新上有新的举措。各地教育行政部门应把残疾儿童少年随班就读工作与基础教育一同规划、一同部署、一同要求、一同检查。应尽快制定出当地残疾儿童少年随班就读的工作意见和实施办法，科学地制定本地的随班就读工作发展规划，并有计划、分步骤地实施规划。各地特别是随班就读人数少的地方要分析其原因，采取切实可行的办法，在大力提高入学率上做文章；以前随班就读工作搞得不错，而近几年由于种种原因出现滑落的地方，要认真总结经验教训，采取措施，使这项工作在最短的时间内回复到历史的最好水平，在这个基础上再上新台阶。各地要结合国务院办公厅2001年转发的教育部等九部门《关于

"十五"期间进一步推进特殊教育改革和发展的意见》中提出的"十五"期间残疾儿童少年义务教育发展的目标,制定本地区达到这个目标的具体实施办法。

要加强随班就读工作的目标管理和过程管理,各级督导部门在"十五"期间内要对残疾儿童义务教育特别是对随班就读工作组织一次专门的督导评估。各地要及时总结经验,推广典型,对随班就读工作开展好的地区、学校、个人要进行表彰,并要广为宣传介绍,有价值的又和本地情况相符合的做法要大力推广。

第三,建立随班就读工作的支持保障体系。

要建立和完善随班就读的支持保障体系,特别是在县(市、区)的范围内,建立起稳定的、强有力的支持保障体系。随班就读工作的开展,不能仅靠一时的热情,不能仅靠某位领导一时一事的重视,要靠科学化、规范化、制度化的保证,靠支持保障体系持续不断的支持与保证。这种支持保障体系主要体现在以下几个方面:

一要建立健全组织管理机构,省、地(市)县要成立随班就读工作领导小组,成员应有政府、教育、残联、民政等部门。教育行政部门要根据实际情况,专门下发文件,对本地的随班就读工作做出明确的部署和提出具体的要求。

二要大张旗鼓地宣传随班就读工作的重要性,通过宣传使社会各界形成共识,从各个方面予以支持。特别要使各个普通中小学校的干部和教师认识到接受符合条件的残疾儿童少年进校随班就读,是每所学校应尽的义务和责任,不得以任何理由加以拒绝。

三要有专职或兼职人员负责管理,包括教育行政人员和教育教学研究人员,县级教育行政部门必须指定领导主抓这项工作,同时有业务部门的同志具体抓这项工作。省、地(市)、县教研室要配备专职或兼职的特教教研员。

四要形成省、地(市)县的管理与指导网络,特别是建立以县为单位的网络。即县教育局→乡镇中心学校→随班就读学校连接的管理网络和县教研(或特教学校、特教中心)→乡骨干校教师(中心校/特教校)→随班就读点教师的教研和指导网络。保证随班就读工作管理上层层抓,层层落实;教研方面层层抓,层层落实。区、县教研室要起龙头作用,对本地区随班就读工作进行分析研究、指导培训、咨询辅导等。要充分发挥县特殊教育学校在随班就读工作中的重要作用。特殊教育学校要配合教研室承担起对全县各随班就读点巡回指导、检查、培训和咨询等任务。

五要加强社会其他有关部门的配合与支持,各级残联、医疗部门、民政部门等应在随班就读工作的各个环节如对残疾儿童的检测、筛查、鉴定,对学前残疾儿童数字的摸底,动员各类残疾儿童按时入学,根据残疾儿童家庭经济状况发放补助等方面发挥积极作用。

六要基层学校人员配备齐,配备好。在随班就读学生较多的学校,要有一名校长或教导主任负责,要选择责任心强、业务能力强且具有爱心的教师做指导教师。校长要经常关心、过问本校随班就读工作情况,做到心中有数。有关规章制度要建立起来,有关场地和设备设施要安排好。要充分发挥乡中心校的作用,使残疾学生尽可能地集中在或分类别地集中在乡中心校或指定的几所学校随班就读。要以随班就读儿童较多的学校为单位建立资源教室,对本校随班就读学生进行针对性教育,对学校教师学习特殊教育的理论与方法提供支持,对学校其他学生进行理解、关心、帮助残疾儿童的教育。同时,资源教室对周边随班就读的普通学校要发挥一定的辐射作用。

七要有关方面加大资金投入的力度。这个投入包括两个方面的内容:一是经常性的、制度化的较高的投入,要结合各地实际制定标准,在预算层面上解决问题;二是项目性的投入,基础教育的项目要向特殊教育倾斜。如"国家贫困地区义务教育工程""学校危房改造工程"等义务教育项目、免费教科书项目、贫困学生助学金项目、学校建设项目、对口支援项目、信息化项目等等,特殊教育也需要专门的项目支持,做到经费有保障。

第四,强化随班就读教育教学工作的业务管理。

加强随班就读教育教学工作的业务管理,主要是以提高教育教学质量为目标,使残疾学生能进得来,还能留得住,更能学得好。加强业务管理,主要在三个方面:

一是加强随班就读教师的业务培训,为他们提供资料,提供咨询,提供指导。各地要以县为单位,以县特殊教育学校为依托,县里没有特教学校的,要以地市特教学校为依托,有计划地开展随班就读教师的业务培训,并做到经常化、制度化。

二是加强随班就读的课题研究。要不断拓展研究的范围和研究的深度,要逐步研究出三类残疾儿童少年随班就读的各种模式,以及各类残疾儿童少年在不同年级段的教育教学模式;要在随班就读的课程设置、教材选用、教学方法、教学评价等方面进行深入的研究。广泛发动特教工作者包括随班就读教师们参加特教科研,以科研为先导,提高随班就读的教育教学质量。

三是加强特殊教育学校与普通学校的沟通,充分发挥特教学校在随班就读中的骨干指导作用。要重新认识和发挥特教学校的功能和作用,要提高特教学校教师的业务水平,以胜任对普通学校随班就读教师的指导咨询工作。

会议认为,开展残疾儿童少年随班就读工作,是历史赋予我们的责任,是社会赋予我们的义务,是党和国家交给我们的任务,我们必须认真地完成,很好地完成。只要我们以"三个代表"重要思想为指导,全面贯彻落实党的十六大精神,解放思想,实事求是,与时俱进,自觉地把思想认识从那些不合时宜的观念、做法和体制的束缚中解放出来,就会在推动随班就读工作中有新思路、新举措,就会使随班就读工作有新突破,新局面。要坚定信心、明确目标、踏实工作,不断开拓、勇于创新,为开创具有中国特色的随班就读工作新局面而努力奋斗。

特殊教育提升计划(2014—2016年)

国办发〔2014〕1号

各省、自治区、直辖市人民政府,国务院各部委、各直属机构:

教育部、发展改革委、民政部、财政部、人力资源社会保障部、卫生计生委、中国残联《特殊教育提升计划(2014—2016年)》已经国务院同意,现转发给你们,请认真贯彻执行。

国务院办公厅

2014年1月8日

为贯彻落实党的十八大和十八届二中、三中全会精神,深入实施《国家中长期教育改革和发展规划纲要(2010—2020年)》,加快推进特殊教育发展,大力提升特殊教育水平,切实保障残疾人受教育权利,特制定本计划。

一、重要意义

发展特殊教育是推进教育公平、实现教育现代化的重要内容,是坚持以人为本理念、弘扬人道主义精神的重要举措,是保障和改善民生、构建社会主义和谐社会的重要任务。新世纪以来特别是近年来,我国特殊教育事业取得较大发展,各级政府投入明显增加,残疾儿童少年义务教育普及水平显著提高,非义务教育阶段特殊教育办学规模不断扩大,基本实现了30万人口以上的县独立设置一所特殊教育学校的目标,残疾学生在国家助学体系中得到优先保障。但总体上看,我国特殊教育整体水平不高,发展不平衡。农村残疾儿童少年义务教育普及率不高,非义务教育阶段特殊教育发展水平偏低,特殊教育学校办学条件有待改善,特殊教育教师和康复专业人员数量不足、专业水平有待提高。因此,必须加快推进特殊教育发展,提升特殊教育水平,进一步保障残疾人受教育权利,帮助残疾人全面发展和更好融入社会,使广大残疾人共享改革发展成果,在全面建成小康社会、实现"两个百年"目标和中国梦的进程中实现幸福人生。

二、总体目标和重点任务

(一)总体目标

全面推进全纳教育,使每一个残疾孩子都能接受合适的教育。经过三年努力,初步建立布局合理、学段衔接、普职融通、医教结合的特殊教育体系,办学条件和教育质量进一步提升。建立财政为主、社会支持、全面覆盖、通畅便利的特殊教育服务保障机制,基本形成政府主导、部门协同、各方参与的特殊教育工作格局。到 2016 年,全国基本普及残疾儿义务教育,视力、听力、智力残疾儿童少年义务教育入学率达到 90% 以上,其他残疾人受教育机会明显增加。

（二）重点任务

1.提高普及水平。针对实名登记的未入学残疾儿童少年残疾状况和教育需求,采用多种形式,逐一安排其接受义务教育。积极发展残疾儿童学前教育,大力发展以职业教育为主的残疾人高中阶段教育,加快发展残疾人高等教育,逐步提高非义务教育阶段残疾人接受教育的比例。

2.加强条件保障。提高特殊教育学校生均预算内公用经费标准。建立健全覆盖全体残疾学生的资助体系。改善特殊教育办学条件,加强残疾学生学习和生活无障碍设施建设。

3.提升教育教学质量。研究制订盲、聋和培智三类特殊教育学校课程标准。健全适合残疾学生学习特点的教材体系。扩大特殊教育教师培养规模,加大特殊教育教师培训力度,提高特殊教育教师的专业化水平。逐步建立特殊教育质量监测评价体系。

三、主要措施

（一）扩大残疾儿童少年义务教育规模

扩大普通学校随班就读规模。尽可能在普通学校安排残疾学生随班就读,加强特殊教育资源教室、无障碍设施等建设,为残疾学生提供必要的学习和生活便利。有条件的儿童福利机构可设立特教班。

提高特殊教育学校招生能力。国家支持建设的中西部地区特殊教育学校,要在 2014 年秋季开学前全部开始招生。支持现有特殊教育学校扩大招生规模、增加招生类别。

组织开展送教上门。县（市、区）教育行政部门要统筹安排特殊教育学校和普通学校教育资源,为确实不能到校就读的重度残疾儿童少年提供送教上门或远程教育等服务,并将其纳入学籍管理。

（二）积极发展非义务教育阶段特殊教育

学前教育。各地要将残疾儿童学前教育纳入当地学前教育发展规划,列入国家学前教育重大项目。支持普通幼儿园创造条件接收残疾儿童。支持特殊教育学校和有条件的儿童福利机构增设附属幼儿园（学前教育部）。

高中阶段教育。普通高中和中等职业学校要积极招收残疾学生。鼓励特殊教育学校根据需要举办残疾人高中部（班）。扩大残疾人中等职业学校招生规模,紧密结合经济社会发展需求和残疾人特点合理调整专业结构,为残疾学生提供更多选择。

高等教育。各地要根据需要,有计划地在高等学校设置特殊教育学院或相关专业,满足残疾人接受高等教育的需求。高等学校要按照有关法律法规和政策,努力创造条件,积极招收符合录取标准的残疾考生,不得因其残疾而拒绝招收。要为残疾人接受成人高等学历教育提供便利。加强残疾人职业培训,提高就业创业能力。

(三)加大特殊教育经费投入力度

切实保障特殊教育学校正常运转。义务教育阶段特殊教育学校生均预算内公用经费标准要在三年内达到每年6000元,有条件的地区可进一步提高。目前标准高于每年6000元的地区不得下调。随班就读、特教班和送教上门的义务教育阶段生均公用经费参照上述标准执行。

进一步提高残疾学生资助水平。针对义务教育阶段残疾学生的特殊需要,在"两免一补"基础上进一步提高补助水平。各地可根据实际对残疾学生提供交通费补助,纳入校车服务方案统筹解决。完善非义务教育阶段残疾学生资助政策,积极推进高中阶段残疾学生免费教育。

各级财政支持的残疾人康复项目优先资助残疾儿童。安排一定比例的残疾人就业保障金,支持特殊教育学校开展劳动技能教育。中央专项彩票公益金继续支持特殊教育发展。鼓励企事业单位、社会团体和公民个人捐资助学。

(四)加强特殊教育基础能力建设

继续实施特殊教育学校建设项目。合理布局,科学规划,支持残疾人中等职业学校和高等院校新建或改扩建一批急需的基础设施,扩大残疾人接受中、高等教育的规模。支持高等学校特殊教育师范专业建设,扩建教学设施,提高特教教师培养培训能力。鼓励有条件的地区试点建设孤独症儿童少年特殊教育学校(部)。

继续实施改善特殊教育办学条件项目。支持承担随班就读残疾学生较多的普通学校设立特殊教育资源教室(中心),配备基本的教育教学和康复设备,为残疾学生提供个别化教育和康复训练。支持特殊教育学校配备必要的教育教学、康复训练等仪器设备,开展"医教结合"实验,探索教育与康复相结合的特殊教育模式。加大对薄弱特殊教育学校配备教育教学和康复设施的支持力度。

(五)加强特殊教育教师队伍建设

完善教师管理制度。各省(区、市)要落实特殊教育学校开展正常教学和管理工作所需编制,配足配齐教职工。针对特殊教育学校学生少、班额小、寄宿生多、残疾差异大、康复类专业人员需求多、承担随班就读巡回指导任务等特点,可结合地方实际出台特殊教育学校教职工编制标准。全面落实国家规定的特殊教育津贴等特殊教育教师工资待遇倾斜政策。对在普通学校承担残疾学生随班就读教学和管理工作的教师,在绩效考核方面给予倾斜。各地要为送教教师和承担"医教结合"实验的相关医务人员提供工作和交通补贴。

提高教师专业水平。研究建立特殊教育教师专业证书制度,逐步实行特殊教育教师持证上岗。制订特殊教育学校教师专业标准。推动地方随班就读教师、送教上门指导教师和康复训练人员等的岗位条件。将特殊教育相关内容纳入教师资格考试。教师职务(职称)评聘向特殊教育教师倾斜,将儿童福利机构特教班教师职务(职称)评聘工作纳入当地教师职务(职称)评聘规划。加大特殊教育教师培养力度,鼓励各省(区、市)择优选择师范类院校和其他高校增设特殊教育专业。鼓励高校在师范类专业中开设特殊教育课程,培养师范生的全纳教育理念和指导残疾学生随班就读的教学能力。加大国家级教师培训计划中特殊教育教师培训的比重。采取集中培训和远程培训相结合的方式,逐级开展特殊教育教师全员培训和校长、骨干教师培训。加强普通学校随班就读、资源指导、送教上门等特殊教育教师培训。

（六）深化特殊教育课程教学改革

健全课程教材体系。根据国家义务教育课程标准,结合残疾学生特点和需求,制订盲、聋和培智三类特殊教育学校课程标准。加强特殊教育教材建设,新编和改编盲、聋和培智三类特殊教育学校的义务教育阶段课程教材,覆盖所有学科所有年级。注重培养学生自尊、自信、自立、自强的精神,注重学生的潜能开发和功能补偿。增加必要的职业教育内容,强化生活技能和社会适应能力培养。

改革教育教学方法。加强个别化教育,增强教育的针对性与有效性。开展"医教结合"实验,提升残疾学生的康复水平和知识接受能力。探索建立特殊教育学校与普通学校定期举行交流活动的制度,促进融合教育。以培养就业能力为导向,强化残疾人中、高等职业学校专业特色,建好实习实训基地,进一步加强对残疾学生的就业指导。

四、组织领导

（一）加强统筹规划

各地要将发展特殊教育作为落实教育规划纲要和办好人民满意教育的重要任务,明确各级政府责任,结合本地实际制订特殊教育提升计划实施方案,明确路线图和时间表。要本着特教特办、重点扶持的原则,统筹安排相关资金,合理配置特殊教育和康复资源,切实解决制约特殊教育事业发展的瓶颈问题。

（二）建立工作机制

各地要建立政府领导负责、相关部门协同推进计划实施的工作机制，落实目标任务和主要措施，确保计划如期完成。教育部门要统筹制定特殊教育计划实施方案，加强对承担特殊教育工作学校的指导，开展特殊教育教师培养培训，依托全国中小学生学籍信息管理系统等平台，加强残疾儿童少年教育信息监测服务和动态管理。发展改革部门要把特殊教育纳入当地经济社会发展规划，加强特殊教育学校建设。财政部门要完善特殊教育投入政策，支持改善特殊教育办学条件，加大对特殊教育学生资助力度。民政部门要做好福利机构孤残儿童抚育工作。人力资源社会保障部门要完善和落实工资待遇、职称评定等方面对特殊教育教师的支持政策。卫生计生部门要做好对残疾儿童少年的医疗与康复服务。残联要继续做好未入学适龄残疾儿童少年实名调查登记工作，加强残疾儿童少年康复训练和辅具配发等工作。

（三）加强督导检查和评估验收

各地要以县（市、区）为单位，对基本普及残疾儿童少年义务教育进行评估验收，将残疾儿童少年入学率、特殊教育教师专业化水平和特殊教育保障水平等作为评估验收的主要指标，评估结果向社会公布。国家有关部门组织开展对特殊教育提升计划实施情况的专项督导检查。残疾儿童少年义务教育入学率不达标的县（市、区），不得申报全国义务教育基本均衡县。

教育部

发展改革委

民政部

财政部

人力资源社会保障部

卫生计生委

中国残联

特殊体育教育政策

特殊体育不单是学校体育，还包括竞技体育、社会体育等十分丰富的类别。本书主要针对学校体育中的特殊体育展开论述，其余将略作介绍。

一、特殊学生学校体育教育的重要地位

特殊学生的学校体育教育是以在心理、生理、人体结构上，某种组织、功能丧失或者不正常，全部或者部分丧失以正常方式从事某种活动能力的学生为教学对象，通过学校有计划、有组织、有步骤进行的各种体育活动，使学生身心健康，促进学生在德、智、体、美、劳等各个方面得到全面发展的体育活动。包括各类高等院校、高级中学、初级中学、小学以及幼儿园的体育课、课外活动、课余体育训练及相关的一些活动。

（一）特殊学生的学校体育教育是学校教育的主要组成部分

特殊学生在学校里接受教育，包括思想政治品德、文化专业知识的获得，也包括体育知识教育。这种教育有体育知识、运动技术和身体训练等。特殊学生与健康学生相比，存在生理上、心理上和运动能力上的短板。在体育教育实践中给这些学生适当的关怀与帮助，不仅是不可推卸的责任和义务，还出于确保高校体育教育人人都有享受运动参与机会的政治和政策压力驱使。可以说，学校教育没有特殊学生的参与是不全面的，也是不完整的。

（二）特殊学生的学校体育教育是残疾人体育视野的重点

近年来，整个残疾人体育事业蓬勃发展。社会体育的参与程度越来越高。全国各地纷纷举行各种形式、丰富多彩的活动来促进残疾人体育事业的发展。中国残疾人竞技体育已在世界强国之列。2008 年北京残奥会提出的"超越、融合、共享"的理念和"同一个世界，同一个梦想"的口号，以及"两个奥运，同样精彩"的承诺，向世界展示了中国残疾人体育的辉煌。当 147 个国家和地区的 4000 多名残疾人运动员进入体育场，共享和欢庆体育盛会时；当在汶川地震中失去左腿的 12 岁小姑娘李月在轮椅上跳起优雅的芭蕾舞时；当盲人杨海涛深情歌唱《天域》并独白：假如给我三天光明……北京、中国、全世界都感受到 6 亿多残疾人发出的同一个声音：超越生理和心理障碍，融入社会大家庭，共享人类文明。成绩的取得告诉我们，要重视学校特殊体育，要意识到学校体育是整个残疾人体育的基础，是培养大批残疾人体育人才的基地。学校特殊体育搞好了，可以为整个社会增加体育人口，培养大量的残疾人体育爱好者、支持者，甚至培养大批残疾人体育骨干，为整个国家残疾人体育事业的发展服务。也可以在学校特殊体育教学中发现好的苗子，不断输送大批的体育人才后备军。

二、特殊体育教育相关政策

中华人民共和国成立后，党和国家各级领导部门对残疾人学校体育工作十分重视，制定了许多的方针政策和法律法规，使残疾人学校体育工作得到了强化，这

些法律法规给予残疾人学校体育强有力的保障。需要强调的是,我国颁布的教育法律、体育法规同样适用于残疾人,其中的条款规定同样对残疾人起作用。它规定了残疾人的权利,同时也明确了残疾人在体育活动中应尽的义务。1957 年《关于改革学制的决定》中规定,各级人民政府应设立聋、哑、盲等特种学校,对生理上有缺陷的儿童、青年和成人施以教育,开始将残疾人体育教育工作重视起来,让残疾人参与体育活动,接受体育教育。之后一直到 20 世纪 70 年代"文化大革命"结束,我国残疾人的体育工作最主要是集中在盲校和聋校。

改革开放后,随着政治、经济、文化的迅猛发展,我国特殊体育教育立法速度之快、内容之广泛都是前所未有的,这充分表明了社会对残疾人的认可,承认残疾人同样是社会平等的一员。残疾人同样需要发展和完善自己,残疾人同样需要接受教育。同时,这充分体现了党和政府对特殊体育教育事业的高度重视。从 1982 年起,党中央对特殊学生教育(包括体育教育)工作有一系列要求,全国人大、国务院等机关制定了一系列的法律,我国残疾人体育教育走上了一条法制化轨道。

1991 年 5 月《中学生体育合格标准实施办法》

第三章　免予执行与降低标准

第八条　凡因病或残疾不宜执行体育合格标准的学生,可向学校提交免予执行体育合格标准申请书,填写有关表格,经学校核准后,可以免予执行体育合格标准。所填表格存入学生档案,这些学生可不再填写体育合格情况登记卡,但在毕业、报考高一级学校方面,与体育合格的学生同等对待。学校定期张榜公布当年核准的免予执行体育合格标准学生的名单。

第九条　个别身体过于肥胖或瘦弱的学生,虽然平时能努力锻炼,但仍达不到体育合格标准,可向学校提交降低标准申请书,填写有关表格。降低标准的内容,体育课和《国家体育锻炼标准》中的仅限身体素质测试或运动技术达标方面的项目,降低的幅度一般每个项目不超过 10 分。

第十条　学校对申请降低标准的学生要从严掌握,体育教师要认真考查申请人要求降低标准项目的成绩,是否比过去有提高,上体育课态度是否积极认真,并签署意见。班主任要考查申请人参加各种体育活动的积极性和进取精神,并签署意见。体育教师、班主任审查同意后,学校要召开专门会议讨论,通过后,张榜公布降低标准者名单、原因、项目及降低幅度。对不认真上体育课、不积极参加各种体育锻炼活动者不得同意降低标准。

1992 年 2 月出台的《小学生体育合格标准实施办法》

《小学生体育合格标准实施办法》（以下简称《实施办法》）是评估小学教育质量的重要内容之一，是衡量小学生体育状况的基本依据。施行《实施办法》，将有助于小学全面贯彻教育方针，落实《学校体育工作条例》；有助于促进广大小学生认真上好体育课，养成经常参加体育锻炼的习惯，从而使小学生身心健康成长。其中，第八条提出了凡因病或残疾不宜执行体育合格标准的学生，可向学校提交免予执行体育合格标准申请书，填写有关表格，经学校核准后，可以免予执行体育合格标准，毕业时，所填表格随学生转入高一级学校。这无疑保护了残疾学生的受教育权利。

〔1992〕11 号文件，原国家教委颁布了
《全国普通高等学校体育课程教学指导纲要》

其中第五条第四点指出："保健课，系为个别身体异常和病、弱学生开设的必修课或选修课（高年级）。应有针对性地组织康复、保健体育教学。"

1995 年 6 月《全民健身计划纲要》

其中"纲要三"中第七条规定了盲校、聋校、弱智学校要重视开展学生的体育活动。第十四条又规定广泛开展残疾人体育健身活动，提高残疾人的身体素质和平等参与社会活动的能力。丰富残疾人体育健身方法，培养体育骨干，提高残疾人体育运动水平。

1995 年 8 月，《中华人民共和国体育法》正式颁布

《体育法》是中华人民共和国成立以来的第一部体育法律，体现了党和国家对体育事业的高度重视，标志着我国体育法制建设进入了一个新的发展阶段。《体育法》是指导我国体育事业发展的基本纲领，是维护人民群众体育权利的法律保障。其中，第十六条提出全社会应当关心、支持老年人、残疾人参加体育活动。各级人民政府应当采取措施，为老年人、残疾人参加体育活动提供方便。第十八条规定学校必须开设体育课，并将体育课列为考核学生学业成绩的科目。也规定学校应当创造条件为病残学生组织适合其特点的体育活动。第四十六条规定公共体育设施应当向社会开放，方便群众开展体育活动，对学生、老年人、残疾人实行优惠办法，提高体育设施的利用率。这部法律为我国残疾人参加体育活动、接受体育教育提供了较好的保障。

1998 年国务院颁布了《特殊教育学校暂行规程》

这个规程对特殊教育学校的培养目标提出了要求。其中第五条特殊教育学校的培养目标是:培养学生初步具有爱祖国、爱人民、爱劳动、爱科学、爱社会主义的情感,具有良好的品德,养成文明、礼貌、遵纪守法的行为习惯;掌握基础的文化科学知识和基本技能,初步具有运用所学知识分析问题、解决问题的能力;掌握锻炼身体的基本方法,身心缺陷得到一定程度的康复。这个规程要求特殊学校要结合学生实际,积极开展多种形式相结合的体育活动,增强学生体质。学校应保证学生在校每天不少于 1 小时的体育锻炼时间。

2002 年教育部颁布的新《纲要》第四部分第十条清楚地界定

"对部分身体异常和病、残、弱及个别高龄等特殊群体的学生,开设以康复、保健为主的体育课程。"为特殊体育课程的开设提供了法律保障。

2008 年 4 月《中华人民共和国残疾人保障法》通过。此法是为了维护残疾人的合法权益,发展残疾人事业,保障残疾人平等地充分参与社会生活,共享社会物质文化成果而制定。其中第三章第二十一条规定国家应该保障残疾人享有平等接受教育的权利。第二十三条又规定残疾人教育应当根据残疾人的身心特性和需要,按照下列要求实施:

(一)在进行思想教育、文化教育的同时,加强身心补偿和职业教育;

(二)依据残疾类别和接受能力,采取普通教育方式或者特殊教育方式;

(三)特殊教育的课程设置、教材、教学方法、入学和在校年龄,可以有适度弹性。

参考文献

[1] 王天一,夏之莲,朱美玉.外国教育史[M].北京:北京师范大学出版社,1985.

[2] 颜绍泸,周西宽.体育运动史[M].北京:人民体育出版社,1990.

[3] 新华时评.感受残奥会上健康心态之美[EB/OL].[2008-09-07].http://www.cdpf.org.cn/2007special/2008paralympic/indexhtm2008-9-7.

[4] 克罗蒂·雪瑞尔.适应体育[M].台北:麦格罗·希尔国际股份有限公司,2001.

[5] 侯晶晶.内尔·诺丁斯关怀教育理论述评与启示[D].南京:南京师范大学,2004.

[6] 黄镜函,王宝生,胡祖荣,等.残疾人与体育[M].北京:科学普及出版社,1990.

[7] 吴燕丹,白永正.高校特殊群体学生体育教育若干问题的思考[J].上海体育学院学报,2005(4):85-87.

[8] 陈云英.2004中国特殊儿童教育权利报告[M].北京:人民出版社,2005.

[9] 马维娜.局外生存:相逢在学校场域[D].南京:南京师范大学,2004.

[10] 施良方.课程理论——课程的基础、原理与问题[M].北京:教育科学出版社,1996:106-110.

[11] 艾伦·C·奥恩斯坦.课程:基础、原理和问题[M].南京:江苏教育出版社,2002:230-232.

[12] 张天宝.主体性教育[M].北京:教育科学出版社,2002:43.

[13] 劳凯声.现代培训——全民学习和终身学习的一种重要形式[J].终身教育,2004,(1):26.

[14] 刘志军.生命的律动[M].北京:中国社会科学出版社,2007:131.

[15] 吴燕丹.生命关怀视野下调适性体育课程的理论与实践[D].福州:福建师范大学,2007.

[16] 滕德政.适应体育教学[M].台北:师大书苑有限公司,2004.

[17] 吴燕丹,黄汉升.我国高校特殊需要学生体育教育三种模式的分析与审视——基于生命关怀的理念[J].中国特殊教育,2005(12):18.

[18] 李群力,罗智波.美国适应体育国家标准对我国特殊体育教育的启示[J].中

国特殊教育,2009,109(7):28-32.

[19] 朱海莲.和谐背景下高职体育教育若干问题的思考[J].浙江体育科学,2007,11(6):55-58.

[20] 第二次全国残疾人抽样调查办公室编.第二次全国残疾人抽样调查主要数据手册[M].北京:华夏出版社,2007.

[21] 中国残疾人联合会官方网站.中国残疾人受教育权得到更好的保障[EB/OL].[2008-11-10].http://www.chinadp.net.cnnewsedu/zixun/2008-11/10-2082.html.

[22] 黄志成.全纳教育[M].上海:上海教育出版社,2004:292.

[23] 肖非.面向21世纪的中国特殊教育——问题与对策[J].人民教育,2001(11):45-46.

[24] 中国残疾人联合会.2010年末全国残疾人总数及各类、不同残疾等级人数[EB/OL].[2012-06-26].http://www.cdpf.org.cnsytjcontent/2012-06.26/content30399867.htm.

[25] 中国网.我国残疾人8300万占全国人口6.34%涉及2.6亿家庭[EB/OL].[2008-8-24].http://www.china.com.cnnews2008-08/24/content16317968.htm.

[26] 中国残疾人联合会.2012年度中国残疾人状况及小康进程监测报告[EB/OL].[2013-06-27].http://www.cdpf.org.cn/.

[27] 戴剑松,孙飘,吴立,等.南京市残疾人群众体育开展现状及影响因素的调查分析[J].武汉体育学院学报,2009,43(2):97-100.

[28] 吴燕丹,吴丽芳.论残疾人健身制约因素与无障碍环境建设[J].福建师范大学学报(哲学社会科学版),2009,(6):150-154.

[29] 中国残疾人联合会.关于使用2010年末全国残疾人总数及各类、不同残疾等级人数的通知(残联〔2012〕25号)[EB/OL].[2012-3-12].http://www.cdpf.org.cnggtzcontent/2012-03/12/content30382667.htm.

[30] 中国残疾人联合会.2012年中国残疾人事业发展统计公报(残联发〔2013〕3号)[EB/OL].[2013-3-26].http://www.cdpf.org.cnsytjcontent/2013-03/26/content _30440284.htm.

[31] 石丹浙,王琦.残疾人就业状况变动趋势分析[A].2013残疾人人权保障与公共服务研讨会论文集[C].济南:山东大学,2013:435-442.

[32] 纪雯雯,赖德胜.中国残疾人劳动参与决策分析——基于2012年全国残疾人状况监测数据[A].2013残疾人人权保障与公共服务研讨会论文集[C].济南:山东大学,2013:413-425.

[33] 中国残疾人联合会.关于印发《中国残疾人事业中长期人才发展规划纲要

（2011—2020 年）》的通知（残联〔2011〕32）[Z].

[34] 中国残疾人联合会.中国残疾人事业"十二五"发展纲要与配套实施方案[M].北京：华夏出版社，2012：2.

[35] 中国残联办公厅.关于印发《残疾人自强健身示范点建设办法（暂行）》的通知[EB/OL].[2016-03-10].http://www.cdpf.org.cn/zc-wjzxwj201603/12016-0310_543841.shtml.

[36] 王聪颖，吴燕丹.浅析残疾人体育健身指导员的能力要求及培养途径[J].福建体育科技，2013，32(2)：17-19.

[37] 朱莉.体育院校特殊教育专业毕业生就业现状分析及对策研究[J].价值工程，2011(25)：206-207.

[38] 戴昕.北京市社区残疾人体育健身现状与对策研究[J].体育文化导刊，2012(8)：22-28.

[39] 于素红，朱媛媛.随班就读支持保障体系的建设[J].中国特殊教育，2012(8)：3-8.

[40] 张爽.上海残疾人就业岗位特征分析及对策研究[A].2013残疾人人权保障与公共服务研讨会论文集[C].济南：山东大学，2013：405-412.

[41] 陈成文，潘泽泉.论社会支持的社会学意义[J].湖南师范大学社会科学学报，2000，29(6)：26-31.

[42] 徐成立.我国残疾人参与全民健身活动的现状与对策研究[D].武汉：华中师范大学，2006.

[43] 周文麟.完善无障碍环境构建和谐社会确保奥运成功[EB/OL].[2008-05-02].北京2008年残奥会官方网站.http://2008.sina.com.cn.

[44] 钟莹，卓彩琴，等.残疾人无障碍环境建设的社会因素分析——以广州市为例[J].绥化学院学报 2006，26(4)：1-3.

[45] 李东梅.突出重点 加强保障 依法推动特殊教育事业发展[J].中国特殊教育，2017(8)：6-7.

[46] 景晓芬."社会排斥"理论研究综述[J].甘肃理论学刊，2004(2)：20-24.

[47] 高路，叶锋.为生命喝彩 残疾人运动是唤醒人类良知的运动[EB/OL].[2008-09-05].http://sports.cctv.com/20080905/101103.shtml.

[48] 颜雪梅，崔世泉.再论教育的起点与终点——兼析教育价值、教育目的、教育功能之关系[J].当代教育论坛，2005(9)：26.

[49] 丁兆雄.透视体育课程中的生命教育[J].体育学刊，2008，15(6)：70-74.

[50] 吴燕丹，王聪颖，张韬磊，等.赋权增能：残疾人体育健身指导员培养管理的优化路径[J].体育科学，2016(5)：91-97.

［51］刘延东.推进全纳教育,促进和谐世界建设［EB/OL］.［2008-12-21］.http://paper.jyb.cn/zgjybhtml2008-12/21/content 1854.htm.

［52］庞文,于婷婷.论残疾人的教育增权［J］.中国特殊教育,2011(7):8-12,43.

［53］刘永风.残疾人体育权利研究［D］.南京:南京师范大学,2008.

［54］吴燕丹.融合与共享:学校特殊体育教育的终极目标(十一)［J］.体育教学,2009(12):38-39.

［55］云书海,秦娟.弱势群体权利保护的价值诉求［J］.中国青年政治学院学报,2010(3):48-51.

［56］吴燕丹,黄汉升.融合与共享:论和谐视域中残疾人体育的可持续发展［J］.体育科学,2008,28(10):9-15.

［57］陈适晖,高乐丽.从分隔到融合:让残疾儿童回到正常体育之中［J］.武汉体育学院学报,2003,37(6):59-63.

［58］教育部基础教育二司负责人就《特殊教育提升计划(2014—2016 年)》答记者问［EB/OL］.［2014-01-20］.http//www.moe.gov.cn/jyb_xwfbs271201401/t20140120_162842.html.

［59］唐栋.关注高校特殊体育教育体现教育公平［J］.中国成人教育,2009(5):147-148.

［60］段媛.构建和谐社会中的公平与公正［J］.红河学院学报,2006(8):4-6.